U1006932

凤凰文库
PHOENIX LIBRARY

凤凰出版传媒集团
PHOENIX PUBLISHING & MEDIA GROUP

凤凰文库·教育理论研究系列

主　　编　顾明远

项目总监　顾华明

项目执行　赵　明

凰文库
ENIX LIBRARY

教育理论研究系列

教育伦理学

Education Ethics

贾馥茗　著

江苏教育出版社
JIANGSU EDUCATION PUBLISHING HOUSE

图书在版编目（CIP）数据

教育伦理学/贾馥茗著．—南京:江苏教育出版社，2012.6
（凤凰文库．教育理论研究系列）
ISBN 978-7-5499-1862-1

Ⅰ.①教… Ⅱ.①贾… Ⅲ.①教育学—伦理学 Ⅳ.①G40-059.1

中国版本图书馆CIP数据核字(2012)第115134号

出版说明

要支撑起一个强大的现代化国家，除了经济、制度、科技、教育等力量之外，还需要先进的、强有力的文化力量。凤凰文库的出版宗旨是：忠实记载当代国内外尤其是中国改革开放以来的学术、思想和理论成果，促进中西方文化的交流，为推动我国先进文化建设和中国特色社会主义建设，提供丰富的实践总结、珍贵的价值理念、有益的学术参考和创新的思想理论资源。

凤凰文库将致力于人类文化的高端和前沿，放眼世界，具有全球胸怀和国际视野。经济全球化的背后是不同文化的冲撞与交融，是不同思想的激荡与扬弃，是不同文明的竞争和共存。从历史进化的角度来看，交融、扬弃、共存是大趋势，一个民族、一个国家总是在坚持自我特质的同时，向其他民族、其他国家吸取异质文化的养分，从而与时俱进，发展壮大。文库将积极采撷当今世界优秀文化成果，成为中西文化交流的桥梁。

凤凰文库将致力于中国特色社会主义和现代化的建设，面向全国，具有时代精神和中国气派。中国工业化、城市化、市场化、国际化的背后是国民素质的现代化，是现代文明的培育，是先进文化的发展。在建设中国特色社会主义的伟大进程中，中华民族必将展示新的实践，产生新的经验，形成新的学术、思想和理论成果。文库将展现中国现代化的新实践和新总结，成为中国学术界、思想界和理论界创新平台。

凤凰文库的基本特征是：围绕建设中国特色社会主义，实现社会主义现代化这个中心，立足传播新知识，介绍新思潮，树立新观念，建设新学科，着力出版当代国内外社会科学、人文学科、科学文化的最新成果，以及文学艺术的精品力作，同时也注重推出以新的形式、新的观念呈现我国传统思想文化的优秀作品，从而把引进吸收和自主创新结合起来，并促进传统优秀文化的现代转型。

凤凰文库努力实现知识学术传播和思想理论创新的融合，以若干主题系列的形式呈现，并且是一个开放式的结构。它将围绕马克思主义研究及其中国化、政治学、哲学、宗教、人文与社会、海外中国研究、外国现当代文学等领域设计规划主题系列，并不断在内容上加以充实；同时，文库还将围绕社会科学、人文学科、科学文化领域的新问题、新动向，分批设计规划出新的主题系列，增强文库思想的活力和学术的丰富性。

从中国由农业文明向工业文明转型、由传统社会走向现代社会这样一个大视角出发，从中国现代化在世界现代化浪潮中的独特性出发，中国已经并将更加鲜明地表现自己特有的实践、经验和路径，形成独特的学术和创新的思想、理论，这是我们出版凤凰文库的信心之所在。因此，我们相信，在全国学术界、思想界、理论界的支持和参与下，在广大读者的帮助和关心下，凤凰文库一定会成为深为社会各界欢迎的大型丛书，在中国经济建设、政治建设、文化建设、社会建设中，实现凤凰出版人的历史责任和使命。

凤凰文库出版委员会

目　录

序

人类生活态度与信念随着生活方式改变而改变，从道德伦理方面说，初时在大社会中大多数人都承认其价值，道德伦理便是衡量人的价值的标准。其时善恶是非分别得相当清楚：以善人做好事为是；恶人做坏事为非。其时对是非善恶的公论对人也有约束力，所以趋善者多，作恶者少。

世界"文明"进步以后，人的"言辞"与"行为"各不相关：口说时"舌灿莲花"，实际做时和所说的却"南辕北辙"。又从"以利为先"、"个人主义"盛行之后，每人都有权"自以为是"，虽然所做的违背道德伦理，却能说出一篇大道理来振振有词地"自圆其说"，于是"是非颠倒"，"善恶不分"，使得人的行为"失据"，社会陷于混乱。

综观今日世界，似乎人类的行为表现不仅使生活不安，甚而危及人类所生存的大环境。细想起来，道德伦理还是有其价值的。而道德伦理是要在后天学习，才能明白其所以必须的道理，相信其实行的必要，而身体力行。那么就要从教育着手。

作者从学教育，到服务于教育，沉浸在教育中六十年，先是感到教育论述虽丰，却迄今无完整的理论体系。例如教育的"基本理论"

建立在何处？教育的实施效果何以始终不尽如人意？其缺失又在哪里？经过多年思考，先是草成《教育的本质》，期为教育奠定“形上基础”；后撰成《教育认识论》，以为“实际认识”教育作指引；继而凑成此书，用作提升人的品质的刍言。非敢徒作妄言，实是有见于居万物之灵的人类，应自我珍惜，自我提升，负起“参天地造化的任务”。

从前许多先哲谈教育，数千年累积起来，多数成为教育的圭臬，后世尊为“教育论述”，今日视之为“教育理论”，列入学术殿堂。然而教育是“实际活动”，徒说无益，尚要依从“其说成理”者，“切实实行”，方见其功。统观起来，“实行”确有“未尽”之处，尤其在人的品格和行为方面，“敦品”之功未尽普遍；“行为”不合“中道”者也所在可见，遂使道德伦理在人的表现上，较之“知识”的获得，瞠乎其后。

世事之“说”与“做”，本是两途。事实是，“说”只是出诸口，鼓动唇舌，不费吹灰之力。“做”则要实际做到，但是做却并不简单，关系到“如何做”的问题。孟子就曾经说：“大将能予人规矩，不能使人巧。”这就是说，在“做”中，有方法可以依循，方法如同工具，但是“如何运用”工具，使之生出效果，却“存乎一心”，就是要在运用之中，试验“掌握工具”的方法，到能“得心应手”，才算是“巧”，这就要到“纯熟”的地步，才算完成。

“巧”既不能言传，教育方法也不能“尽言”。而伦理道德教育之实际做法，在教导之后，必须继之以切身观察，随机指正，到一项规范行为成为习惯，主动表现出来，“一项”教育事实，才算成功。本书以中华文化传统的道德伦理为主，将道德伦理规范项目简化为最基本的数项，即在求教育实行能确实做到。一得之愚，难免贻笑大方，还望方家不吝指教。

贾馥茗

2004年6月5日

导　言

从 20 世纪末到现在，很多人一听到“伦理”、“道德”这样的名词就皱眉头，认为是落伍，既然没有人愿意听，识趣者也就缄口不言。不过还是免不掉有些人不能“已于言”。言者或许所受传统影响根深蒂固，难以释怀；或者由于所见所闻，认为这“陈腔滥调”，自有其重要性，而且时至今日，更有重拾“旧物”的必要。

时势转移，历史虽不会重演，某些事务的兴衰，却常有起伏，旧话重提，就是因为话虽然旧了，却历久弥新，即使到了一个新时代，仍不失其意义，甚至其意义更为重要。提起伦理道德，在现时代，有重新申明的必要，尤其在教育里，不能再漠视下去，所以先要做一些意义的说明与其功能的阐释。

一、伦理道德的名词概念

先从“伦”（其繁体为“倫”）字来看，“伦”字的本义作“辈”，我国古代把车横行排列称为辈（可能是古代作战时，排列战车的说法），到了说人的“辈分”（长幼）时，就像车列的层次井然，有纵有横（长辈在前，幼辈在后为纵，平辈即同辈并列为横），所以“伦”字偏旁从“人”，右边大人字下面的“册”代表编排，如此排列是为了使一群人如车列般井然有序。

再从“理”字看，中国古代非常重视玉石，因为玉石有纹理而又温润：纹理象征秩序；温润表示温和润泽而有光彩。所以古人讲究把玉雕成器物，佩戴在身上，以提醒自己要像玉一般温润而有条理。因为“治玉”从石块中剖出玉以雕成形象时，必须顺其纹理，才不致把玉破坏，既顺应物理，又求其合乎人理，所以“理”字有“条理”、“法理”、“原理”、“治理”的意思，更延伸到人的容貌进止的“礼”上。

“伦理”二字联用，见于《礼记·乐记》中说：“乐者通伦理者也。……礼乐皆得，谓之有德，得者德也。”“伦理”在中国用在人和人相处的“道理”方面，开始得最早，舜命契做司徒，教百姓“五品”相逊，孟子便说是：“使契为司徒，教以人伦。”（《孟子·滕文公》）这“人伦”在《礼运》篇中又说是“人义”，即是“父慈、子孝、兄良、弟弟（后一字同“悌”）、夫义、妇听、长惠、幼顺、君仁、臣忠”。是说五种有关系的人，各有对待对方的道理，至于广泛的对待任何人，则要“讲信修睦”，称为“人利”（相反的“争夺相杀”，称为“人患”）。据此简单地说，“伦理”便是“做人的基本道理”。而“做人”，扼要地说，包括“为人”（立身——在理性）和“作为”（行事——在道理），都以“理”为依归，确实做到便如同本身得到了道理，故而“伦理”和“道德”是相通的。

另从“道”字来看，原是会意字，以“首”之所向，从“行”从“止”（行字左半表示前进，右半代表停止），“道”即譬如道路一般，可行可止。这个字在中国文化里非常重要，其抽象意义是至高无上的“原理原则”，向上可以推到形而上的宇宙根源；在自然界则是万物生长的“形式”或“法则”，含着善和美；对人来说，则是立身行事的“理法”（道理方法），犹如走路头必须向前一般。

至于“德”字原可写作“直”字下面加个“心”字，“直心”意指人心必求正直，如果心歪曲了，就如同失去心一般，“有所失”是谁也不乐于发生在自己身上的遭际，何况是心！故而保住心的正直，便是和“失”相反的“德”，因为“德也就是得”。于是“德”便是人生应该遵循的理，遵循这个理如同拥有了这个理，无所失也就等于有所得，所以称之为“德”。

“道”和“德”原来各是“单名”（一个字的名词），我国先哲常把“道”和“德”相提并论，因为二者各有其意义。如说“道者物之所由，德者物之所得”（见王弼注《老子》：“道生之，德畜之……是以万物莫不尊道而贵德”）；此后又有说“道者人之所共由，德者人之所自得”，“行而宜之之谓道，足乎己，无待于外之谓德”。“道”和“德”分别的说法，在汉代黄石公《素书》的《原始》章中也说：“道者人之所蹈，使万物不知其所由；德者人之所得，使万物各得其所欲。”《中庸》里孔子曾说“天下之达道五”，即“君臣、父子、夫妇、昆弟、朋友”，是为后来所称的“五伦”或“五常”，也是中国“伦理”的主要内涵；至于所说的“君子之道四”中，少了夫妇一项，那是“夫子自道”的话。（据《礼记·檀弓》中记有孔鲤的母亲改嫁亡后孔鲤为其服丧的事，可见孔子的婚姻中途有变，其夫人改嫁而去，也可知道其时妇女是可以再嫁的）另外《中庸》里也有句说：“君子之道，造端乎夫妇。”可知君子之道和天下之达道一样，仍然是五项。又同书中说“智仁勇三者，天下之达德也”，“道”和“德”二者原是分说的。

及至把“道”和“德”二字连起来成为一个“复字名词”，“道德”这个名词对人来说，便成了“做人”极为重要的“美德”（Virtue）。先把“道”视为“体”，把“德”视为“用”，如《周子通书》中《慎动》篇里说：“动而正曰道，用而和曰德。”然后再合而言之，如其《师友》篇里说：“天地间至尊者道，至贵者德而已矣，至难得者人，人而至难得者，道德有于身而已矣。”因为“德”表现在人的比较“具体可征”，有可见的形迹；“道”的原理原则是抽象的，与“德”合起来，体用兼备，便习惯地用这个复合名词了。

二、伦理道德的内涵与名词用法

从中国典籍看，道德的范围最广，“道”是形而上的万物根源，这根源也往往说成是天（兼形上形下的现象而言），所以也说“天道生物”。天道生物是“道”的原理原则，到生成万物便是“天地之德”（《周易·系辞》中说：天地之大德曰生)，因而道德本是充塞于天地之间的。到专论人时，广泛地说，便常用“道德”；若只说“人和人”互相对待的“道理”或“法则”时，便用“伦理”。比较起来，显得道德的范围较广，伦理则是在道德领域中，只就一个人对“关系人”而言，也说是“做人的基本道德”，这样说时，伦理便成了道德中特指的一部分，否则伦理和道德往往通用而不加区分。说到伦理时所印证的仍然是道德，说道德时自然包含伦理，故而伦理道德或道德伦理无论怎么说，都是一回事。

西方的著作中，把道德(Morality)解释为“善”(Good——柏拉图或goodness)，是“正确作为的法则”(rules of right conduct)。至于伦理(Ethics)，则一说是“道德原则的一个系统”(a system of moral principles)；一说是“某个阶级，特别的组群或文化中，经过承认的作为法则”(the rules of conduct recognized in respect to a particular class of human actions, or a particular group, culture)，也和道德相通，哲学中的道德论自成一个论述系统，却常用伦理这个名词，即是一例。

大致从人的方面说，中国把伦理包括在道德之中，若不特指“人伦”而说时，道德是最常用的名词，所以也把合乎伦理的，称为是合乎道德。西方似乎用伦理的时候较多，伦理这个名词的出现，反而多于道德。

本书属于教育领域，重点有二：一在每个人都要学习立身与作为的法则；一在学习和人(别人)的相处之道。伦理与道德相通，虽然定名为“教育伦理学”，但并不只限于人和人之间的一面，可能有时用道德代替伦理。

三、人的智慧与伦理观念的出现

人类群聚以谋生(获取食物)，在早期可能和某些群聚动物类似，如同掠食动物般合作猎取。但动物进食时以强弱分先后，似乎它们服从自然法则，不会或不敢逾越。是出自本能抑或习惯使然，不得而知。不过人却不一定这样，因为一群人中之强而有力者可能在需要出力时“临事偷懒”，到取食时又“争先恐后”，如是便破坏了“合作”与“公道”或“正义”。于是“聪明人”便想出了解决之道（道理），按道理订出一些“法则”，最简单的是，出力多者多享，且领先享受；出力少者少享且居后。这法则是人定的，并非出于自然，因为人有“自作主张”的“天性”，不但不那么愿意顺从“天意”，也不愿意接受“事实”。这法则虽然是可以行得通的“道”，却要经过一番考验，即是不照法则行事，一群人不但无从得食，而且会乱成一团。待到大家“承认”了法则的“必须”，甚至以策划的聪明人为主持者，这个群体才有了“秩序”，人人依法则而行，“谋生”与“生活”才能平和地维持下去，才有所得。

谋生与生活的秩序，首先便蕴含着“义务与权利”的意识，所印证的即是“公道”或“正义”以至“公平”。这“说法”是人所创造的，不似动物之本能的服从自然，但却和自然法则不谋而合。创造出自“智慧的人”，用在人群和人生，其在“法则”下的“通力合作”，对某些人有“勉强作用”，使个人的意愿必须有所改变——法则要求的，虽不愿意也非做不可；法则不许的，虽然愿意也不准做。于是“法则”的成立，便成了“规范”。

推究规范的基本的意义，就是一种“普遍的道理”。这道理之所以能为人所接受，是因为在群体之中，符合“共同”要求“公平”的愿望。在公平之中，不容许个人独行其是的“任意而为”。自古及今，不分中外，都把公道、正义和公平认为是道德，就在于此。

因为“道德规范”本质上即具有约束力——勉强应该，禁止不应该，是人在群体中必须履行的“义务”。对一些自己愿意或不愿意的人来说，如同妨害了个人自由。于是“反对者”有之，“明知故犯者”为数更多。

仔细想来，“道德规范”是人类进入“人文”的产物，存在于人类所创造的文化与文明，原本不在人的“天生自然”之中（人之初只是万物中的一类，和动物无殊，只比动物多了一些智慧而已），所以这些“道德规范”必须在后天经过学习，把所学习的内在化，成为本身的另一种品质，才能脱胎换骨，除去生理的动物性，而表现出“人性”（成为受过教化的人，英文称 educated man）。

后天学习道德规范，是从出生就要开始的（甚至在怀孕期间，母亲的生活起居就要合乎规范，因为此时母子是一体相连的）。因为道德规范的学习，必须内在化成为本身的品质，才能“形之于外”，而成为“道德实践”。“学道”达到表里如一，才算学习成功，才算学而有“德”，才能称为“文明人”或“文化人”。

四、生命之自然、人为与人生价值

生物是有生命的，一个物在“生成”时，便决定了其“类”与“生活期限”，即所谓的“命”，故而说到“生命”时乃是自然状况。（《大戴礼记·本命》第八十中说：“分于道，谓之命；形于一，谓之性；化于阴阳，象形而发，谓之生；化穷数尽，谓之死。故命者，性之终也，则必有终矣。”）

宇宙万物生生不息，说是“形而上的道”（最高的原理原则）本来就如此可以，或者说是“造物”如此也可以，因为在自然界所见的就是如此。至于那最高的原理，可能明白的人并不多。《大戴礼记·易本命》第八十一中载：“子曰：夫易之生，人、禽、兽、万物、昆虫，各有以生，或奇或偶，或飞或行，而莫知其情，唯达道德者，能原本之矣。”所说“达道德者”，应该是懂得形而上的道理和自然界所有事物的人，这样的人，才能追本溯源，明白道德原理；换言之，即是博识通达，“明道”且“至德”的人。

就自然界的“生命”来说，“性命”存在的期限长短不一，《庄子·逍遥游》中说：“朝菌不知晦朔，蟪蛄不知春秋……楚之南有冥灵（冥海灵龟）者，以五百岁为春，五百岁为秋（早期的人用龟卜吉凶，可能就是相信龟有灵的缘故），上古有大椿者，以八千岁为春，八千岁为秋……”可见各类生命有生必有死，是自然中的必然。万物互为消长，才见出生生不息。一般的生命，大致都是应运而生，随机而长，到生命终结时，便消失于无形。它们是否喜于自己的生并欣赏生活，或是为衰亡而悲哀恐惧，人不得而知。但是人却会把自己的情感转寄到它们身上，为它们感到生的喜悦，感到长的满足，也为其衰亡而伤怀。

其实人也具有和其他物类同样的“生理生命”。这样的生命在本能的层次上，同样有两种基本需要：维持生命与延续种族。维持生命在于获取食物；延续族类在于两性结合。可是人与物类的“需要”虽然相同，满足需要的方式却大有差别。物类只靠“本能限度”内的“活动”觅食或求偶，此外别无他法。人则应用天赋的智慧，而有了“自己的行为”。于是活动成为“动作”，成为“作为”，并生出所谓的“手法”以至“手段”。

人的作为（简称“人为”）在出发点上，本来也只在于求满足生活的基本需要。人生活的基本需要源不过“食、衣、住、行”。其中特别首要的是“食”，因为这一项需要在一天之内，就会“威胁”人两三次，饥的痛苦甚于寒。可能人类自古以来，就饱受此苦，所以在下意识里，对于食物的匮乏，存着极端的恐惧感。学习到储蓄食物以至储存粮食，大概就是由惧怕饥饿而起。（柏拉图以为人的欲望就是由于匮乏而生）

试看动物为了争夺食物而占据地盘，雄性动物为争取交配权而相搏，在争斗之中免不了杀伤，不过它们所凭借的只是力量。而它们的一个事实是，“力绌者”会俯首而退，胜利者也就不再穷追猛打。特别是在自然界中，除了习惯的食物之外，不事多求，只有在习惯性的食物缺乏时，另以他物代替，可说是停留在安于现实的状况中。

反观人类，凭借独禀的天赋智慧，把满足基本需要的方式，运用得花样百出。从有人类历史记载看，为了扩充食物来源，把争食物变成争地盘，称地盘为领土，演变成野心家争权夺利的借口，于是出现了人和人相厮杀的战争。一部人类文字记载的历史，其中战争连篇累牍，这是不见于其他物类的争夺厮杀！至于人和人之间不用武器的争夺，用诡计自利以损人，更是屡见不鲜。远在三千年前，舜已经发现“百姓不亲，五品不逊”，大概就是见到人的作为影响了生活的和谐。

如果推究人和人争夺厮杀的原因，可能如荀子所说的：“人生而有欲，欲而不得则不能无求，求而无度量分界，则不能不争。”（《荀子·礼论》）“欲”本是七情之一，如果只是饥而欲食，寒而欲衣，这类的“欲”还在基本需要之中，则凡是可以充饥的食物，或可以蔽体的覆盖，都可以满足需要，而这样起码的满足也并不难求。问题在人对基本需要的满足，没有度量分界，反而毫无止境地追求享受。“享受”的指标越来越高，越来越漫无限制，于是为了享受，就放纵自己，而“无所不为”了。

当然人在满足“欲”的方面，也曾经有许多发明和创造，对改善人的生活有不可磨灭的贡献，那是人类的功绩，不在此处的话题之中。此处所要说的，是如何消除“人为”的消极面，而只向积极面发展。

从“人为”的积极面说，要从人有智慧说起，那就是人认识了自己，确定了自己在天地万物中的地位，要使自己的生活有意义，要为自己的生命建立价值，使自己生命的存在，足以“自许”（现在说是“自傲”，实属不当，因为“傲”并不是人所“期许”的字眼），以期不枉此生，不致生而有愧于心，死后落下骂名或与草木同朽。

人首先认识到“自己是人”，是“顶天立地”的一类。遍观其他物类，都不似“我”之“自由”（意志自由），“我”可以超出本能的限制，在“意境”中任意翱翔。于是自己既生而为人，便要在有生之年，使自己的生活不是只为满足口腹之欲，而是要超出本能需要之上，过“符合人的生活”，才能称之为“人生”。那么自己便要生活得确确实实像一个人。

活得像一个人的“人生”，首先在于自己要做一个怎样的人。

在人群之中，大致上可以分成四类人：一类是从未想过自己是一个怎样的人，只是顺应自然一天天地“活着”，对自己的行为，也从未想过有什么原则或规范，看在别人眼里，这样的人便“有好”、“有坏”（是对行为表现的概括判断）。一类是知道人群之中，有“好人”，也有“坏人”，“好人”是“不妨害别人，甚至做好事帮助别人”的，自己也知道好人之“好”，特别是对自己有好处的时候；至于自己如何做人，则要视具体情况而定（可能好的一面多些，坏的一面少些）。一类是所谓的“坏人”，虽然为数不多，但因其行为结果“妨害”或“伤害”到别人，所以显得特别突出，而为众人所不齿。概括说来，给这三类人定个名称，可以称之为“庸人”、“常人”与“恶人”。这三类人的缺失是，未曾确切辨明是非善恶的道理，不知道坚持“是”与“善”的原则而身体力行。

另外还有一类人，似乎在众人眼里“规行矩步”，“行为毫无瑕疵”值得赞扬，是一般所说的“好人”。不过这样的人，多半出自幼年学习而成，很难说是天生如此，因为“规矩”不是与生俱来的。

如此一个人要确定自己的“正身”时，便先要决定自己想做“好人”还是“坏人”。“好”与“坏”是“价值判断”的形容词，通常认为“好”是有价值的，“坏”则没有价值。好人受人崇敬与赞美，坏人为人所唾弃，犹如“君子”与“小人”之别，是社会普遍的评价。那么在决定做好人后，所作所为便要落在“好”的一面，以确定自己的价值。而知道自己“是一个好人”，“好人”便是自己的“正身”，足以“自许”且“自豪”（不是“自傲”）。

“好人”或“君子”有做人的原则或规范，可以分对己和对人两方面：对己即是前文所说的立身，完全在对自己的要求与约束，我国先哲称为“正己”，一向归入于道德。事实上正己也就包括了“待人”，把对人归入于伦理后，伦理道德相通也就在此，在于人要在生活中为自己建立价值。

五、本书的旨趣

本书作者有见于世道衰微、道德沦丧，人类（几乎全世界都如此）陷入“迷途”。长此以往，来日堪忧，认为睿智的先哲所言，有“重拾”的必要，相信“理”不说不明，希望破解对伦理道德的迷惑，探求其必须与根源，故而重加阐释。

而“明理”是教育与学习的工作，世俗都知道“教子读书”，读书即“所以明理”,伦理道德之理,是最先要明白的。

然而道德伦理并非只在口头说教,更重在知行合一。如此便需要“教育者”身体力行,作为学习者的典范,然后密切观察监督,到学习者将“道理”内在化,成为“品质”,故而对于“教”与“学”试行提出确实的做法,以求达到预期的结果。

第一章　道德伦理的是与非

古今学者谈道德伦理的数不胜数，以文化开始最早的中国和希腊来说，先哲的说法到现在仍然为人所称道，且大部分获得共识。不过也有少数辩论存在异议。就目前情况说，古今异势，论述多有增加，尤其站在教育立场，有再来讨论一番的必要。

道德与伦理，在哲学中是一个重要的领域，但在哲学统摄群学的时候，谈哲学者涉及道德伦理时，也论及教育，因为道德伦理在教育中是更重要的一项。道德与伦理在中外文字中都是两个字可以通用，不过中文的道德涵盖伦理，例如父慈子孝本在伦理之中，但也同样为道德规范。英文的 ethics 或 morality 也相通，只是 ethics 用得比较广泛。

早期哲学家论道德或伦理者，大抵着重“善”的问题。“善”是一个抽象概念，必须加以指实，才能使人把握其意义。好在“善”字本义就“意味”着“好”，这是毋庸置疑的。

早期哲学中论“善”时，中外颇为相似，多数都推究到“最高的善”，即是其形而上的根源，神学更不例外。

从人来论“善”，重在人的“作为”(conduct)与“行动”(action)，意在提示一些“法则”，作为人的“行为规范”。进而论述和行动与作为有关的“人的品格”。这是在人类文化进步到相当程度后，由提高人的品质来考虑人的生活品质，以提高社会的秩序与生活状况。于是涉及人以及人的动作或作为的“好坏”、“对错”，以至“是非”，于是就不免于“判断”作用。

判断动作或行为的价值靠“理性”作用，关联到人的“良知”、“良心”与“责任感”或“义务感”。以人来说，道德伦理概念中含着“理想”或“目的”(end)，即是指人有对自己的理想，同时自己也就成为目的。自己想要做一个“好人”，是对自己的理想；“好人”即是自己的目的。好人有其“应有”的“品格”，有其“应有”的“作为”，而“应该”乃是“义务”。

一个人自己可以求“实现自己”。人早就有了一个信念，相信自己是理性动物，能表现理性行为，所以也有了对自己的义务。这也关系着人类的生存与进步，所以无论中外，特别是早期智者，都讨论到道德伦理的问题。论者各有所见，试来作一简单扼要的介绍。

第一节　早期道德伦理的主张

早期的道德论述者，可见的是他们的见解，就其论述来看，大概可说重在规范人的行动与作为，当然也解释并陈述其道理。

一、中国三家

先以中国为例，可就儒道墨三家的主张作一了解。儒家以孔子为代表，道家以老子为代表，墨家的代表者自然是墨子。

孔子的道德主张源自形而上的“道”。“道”是创生万物的根源，本自两种精神，即是“仁”与“诚”。“道”由这两种精神化生出万物，是“道”的一项伟大的成就，所以《周易·系辞》中说：“天地之大德曰生。”(在中国的哲学概念中，以“生”为“德”，也可以用人之常情来解释。人们“以生为喜”，所以才“庆生”。以至看到草木之生，有欣欣向荣之意，也会感到喜悦，其中也含着对“创造”的惊奇与赞美之意。参见拙著《先秦教育史》第一章）而“道”的伟大并不止于此，还有后续的业绩，是为“继之者善也”，和“生生之谓易”，即绵延不断、永无止息。如果说“道”是“（宇宙本）体”，“德”就是“道”的“用”（活动成就）。由此才有了可见的大自然。

人是自然界中的一类。只有人能认识自然，并体认自然现象以至其上的最高原则或道理；并据以推演出“做人”应有的道理和原则，按道理原则去做，才能有成就，也就是才能有“德”。于是提出人的行为原则与规范，是为“道德伦理”。中国的道德伦理观念，向来是文化思想的重要部分，不过从儒家定于一尊之后，便把伦理涵盖在道德之中，但道德与伦理仍然相通。

孔子是儒家的首创者，扼要地说，若分别道德与伦理，可以说孔子在道德方面主张“忠信”；在伦理方面则主张“孝悌”。前者是普遍的作为原则，用于立身、待人、处世并对物；后者同样是做人的基本原则，但以处家人为基础，二者相通，并无隔阂。孔子确定“道德之善”之在人者，是分别“是非”、“善恶”，要坚持“是”与“善”，避免“非”与“恶”，是人道的准则。因为“人道”上通“天道”，天道生物是善，万物和谐并存而又有其秩序，就是善的表现。人也要如此，要创造、和谐共存，参天地之化育，以见人的成就。反过来说，不体天道，不行人道——不诚不仁，便是“不道德的人”。孔子所承认的道德人，是君子、贤人、圣人或大人。至于“不道德的人”，则是“小人”。孔子不是徒作空言的论者，而是将自己的信念教给多数人，希望人人都能信服，即使不能成为圣人，至少可以成为“君子”，人人都是君子，人类社会、国家，以至全天下，才有幸福快乐的生活。孔子的伦理道德主张，从形而上学引申到道德伦理，重在规范人的行动与作为，后章将作较详细的引述与说明，此处暂不多述。

道家以老子为代表。老子因为崇尚自然，主张“道尚无为”，旨在“反对人为”，所以说，“道可道，非常道；名可名，非常名”。实际上老子认为道体乃是最早的不可名状的一片混沌的存在，如所说：

有物混成，先天地生。寂兮寥兮，独立而不改，周行而不殆，可

以为天地母。吾不知其名，字之曰道。(《老子》二十五章)

老子又说“道常无为而无不为”，这是说“道纯任自然”，没有“有意”或“有目的”的作为，“自然”是“就是如此”。因为不主动有所作为，才有“全部自由”，可以“无所不为”。这“自然”就是最高法则，故而说：“人法地，地法天，天法道，道法自然。”

《老子》有一段看来“反对德”的文字，见三十八章：

上德不德，是以有德。下德不失德，是以无德。上德无为而无以为，下德为之而有以为。上仁为之而无以为，上义为之而有以为，上礼为之而莫之应，则攘臂而扔之。故失道而后德，失德而后仁，失仁而后义，失义而后礼。失礼者忠信之薄而乱之首，前识者道之华而愚之始。是以大丈夫处其厚，不居其薄；处其实，不居其华，故去彼取此。

这段话如果就老子崇尚自然，反对人为来解释，“自然”是没有任何“意向”的，也就是没有出于本身“私心的目的”，所以为“上”(最高)，有了意向或目的，便落于“下乘”，反而不合乎德而“无德”了。(文中的“为”字，如果有的读第二声，意为“作为”；读第四声，则是“为了”的意思，即是有了目的)此后的“为之”都犯了“有目的”的错误。如上仁之无为而为，还可勉强不予贬斥，但却由此衍生出有为之义和礼，到了礼，已是末节，所以只好用力远远地扔出去。因为讲礼是由于失去忠信，造成乱源。而所谓之有前见者，只是华而不实的愚蠢，为大丈夫所不取。老子进而说：

大道废，有仁义。智慧出，有大伪。六亲不和有孝慈，国家昏乱有忠臣。

绝圣弃智，民利百倍。绝仁弃义，民复孝慈。绝巧弃利，盗贼无有。此三者，以为文不足，故今有所属。见素抱朴，少思寡欲。(《老子》十八、十九章)

这段话以为所谓的道德，如仁义、孝慈、忠臣之类，乃是不自然的结果。若没有这些不自然，也就无须讲这些道德，而自然本是“素朴”，且“少私寡欲”的。于此可见以“少私寡欲”为“是”时，“私”和“欲”便为“非”了。

老子既然有是非观念，当然也有道德观念，因为其论述便以“道”和“德”为名（《老子》也称《道德经》，书中分道经和德经）。且曾说：

道生之，德畜之，物形之，势成之，是以万物莫不尊道而贵德。

现在来看老子进一步的说法：

生而不有，为而不恃，长而不宰，是谓玄德。（《老子》十章，并见五十一章）

善行无辙迹。善言无瑕谪。善数不用筹策。善闭无关楗而不可开。善结无绳约而不可解。是以圣人常善救人，故无弃人。常善救物，故无弃物。（二十七章）

名与身孰亲，身与货孰多，得与亡孰病，是故甚爱必大费，多藏必厚亡。知足不辱，知止不殆，可以长久。（四十四章）

修之于身，其德乃真。修之于家，其德乃余。修之于乡，其德乃长。修之于国，其德乃丰。修之于天下，其德乃普。故以身观身，以家观家，以乡观乡，以国观国，以天下观天下。（五十四章）

知者不言，言者不知。塞其兑，闭其门，挫其锐，解其纷，和其光，同其尘，是谓玄同。故不可得而亲，不可得而疏，不可得而利，不可得而害，不可得而贵，不可得而贱，故为天下贵。（五十六章）

祸兮福之所倚，福兮祸之所伏，孰知其极，其无正。正复为奇，善复为妖。人之迷，其日固久。是以圣人方而不割，廉而不刿，直而不肆，光而不耀。（五十八章）

信言不美，美言不信。善者不辩，辩者不善。知者不博，博者不知。圣人不积，既以为人己愈有，既以与人己愈多。天之道，利而不害。圣人之道，为而不争。（八十一章）

从上述引文看来，老子所说的道德，不外纯净素朴、不争、不贪、不务虚华、听其自然，和儒家所说的仁义礼智信，在实质上并无差别，他只是不喜欢那些名词而已。也就是说，没有特意而为的“人为”，顺应人性自然，人自会“不见可欲，其心不乱”，而安于简单朴实的生活，不会出现争夺厮杀、诡诈取巧的不道德行为。

墨家的倡议者为墨子。墨子的道德伦理主张，从其《修身》、《兼爱》、《非攻》、《节用》等篇可以概观。

墨子在《修身》篇中说：

> 君子战虽有陈，而勇为本焉；丧虽有礼，而哀为本焉，士虽有学，而行为本焉。是故置本不安者，无务丰末。近者不亲，无务求远。亲戚不附，无务外交。事无终始，无务多业。举物而暗，无务博闻。……谮慝之言，无入于耳。批扞之声，无出之口。杀伤人之孩，无存之心。……君子之道也，贫则见廉，富则见义，声则见爱，死则见哀。四行者，不可虚假，反之身者也。……志不强者智不达，言不信者行不果。据财不能以分人者，不足与友。守道不笃，偏物不博，辨是非不察者，不足与游。……名不徒生，而誉不自长，功成名遂，名誉不可虚假。……善无主于心者不留，行莫辨于身者不立，名簿可简而成也，誉不可巧而立也。

这些修身之道，以言行信誉为君子的条件，而这些条件都在道德范围之内。试再看其《兼爱》所说：

> ……天下……乱自何起？起不相爱。臣子之不孝君父，所谓乱也。子自爱，不爱父，故亏父而自利。弟自爱，不爱兄，故亏兄而自利。臣自爱，不爱君，故亏君而自利，此所谓乱也。虽父之不慈子，兄之不慈弟，君之不慈臣，此亦天下之所谓乱也。……虽至天下之为盗贼者亦然。盗爱其室，不爱其异室，故窃异室以利其室。贼爱其身，不爱人，故贼人以利其身。此何也？皆起不相爱。……天下兼相爱，爱人若爱其身，犹有不孝者乎！……不相爱，则必相

贼。……以兼相爱、交相利之法易之。

墨子所说的各种“自爱”，实际上就是“自私”的“有己无人”。不知道有别人的存在，只顾利己，甚至“损人以自利”。墨子想用“爱人如己”来实现“人与我”皆舍其利而免害，仍是一种道德观点。此后在中国，道德伦理大抵以儒家为宗，只是增加诠释，并无异议出现。

墨子既然以盗爱其室，不爱人之室为“亏人”而“不仁”，不但不仁，而且不义。推而广之，亏人愈多者，则“不仁滋甚”。在《非攻》中说，一个国家为了自利而出兵攻打另一个国家，以致百姓不得耕作，且死亡不可胜数，更是不仁不义，所以提出详细的“备城门”的方略。并在知道楚国公输盘造了云梯，准备攻打宋国时，特别从齐国步行了十多天，去和公输盘辩论攻守城门之道。公输盘提出九个“攻城”的策略，都被墨子的“守城”计策所破解，遂使楚国取消了攻宋的计划。

在《节用》篇中，墨子认为各种工业“足以奉给民用”则止；饮食“不极”五味之调、芬香之和；衣服冬求轻且暖，夏求轻且清，不一定要奢侈享受。并进而对丧葬等举动礼仪，也提出应该尽量从俭。墨子务实，以“公利”为“义”，名词概念自有解释，但仍以道德为尚。

这些道德伦理主张，在中国存在了两千多年。尽管三家的说法有不同之处，且互有争辩，但对道德伦理的重要性，却并无异议。直到中国的帝制被推翻，引入西洋的科学与民主思想，力求除旧革新，才把道德伦理视同“糟粕”，悍然予以弃置。

二、西方三家

再看西方文明出现最早的希腊，以柏拉图、亚里士多德为例，后以康德为主。

首先柏拉图的道德伦理主张建立于其形而上的理想观点，在其《理想国》中，认为“至善”在实体之上，有无上的尊严和力量，存在于知识层次,表现在智慧及其运用,但却无法具体地描述出来。这个观点和《大学》中所说的"至善"颇为接近。

在道德方面,柏拉图认为"正义或公平"是普遍的善或德。正义区分"善恶"、"是非"与"好坏"。"正义之人"善恶分明,以善为宗,是人最优越的品质。其待人的方式,是"各依其分"。他的论调是:善人的朋友必然也是善人,所以会以善待友。反过来,则以"不善"或"恶人"为"敌",对恶人也就要像对待敌人一样。其内涵里可能有扬善去恶的意思,不过正义之士绝不利己以损人,因为利己损人有失正义(不公平)。

柏拉图相信道德是"理性",其中蕴涵着智慧和勇气,智慧使人能判别是非善恶,勇气能使人扬善去恶。这和中国先哲的观点也很相近,先哲说人要"明辨是非",能辨别是非才谓之"明";至于"勇",先哲所说的"勇者不惧",在道德方面应指"过则勿惮改"的"惮",这一点在道德上相当重要。人的道德勇气的弱点,一是"明知其为道德",能为而不为,是缺少"为"的勇气;二是"明知其为不道德",却"为之"而不改,是缺少"控制自己"的力量,即是没有改变自己的勇气。孔子说"勇"为三达德之一,也就是这个意思。

在个人道德方面,除了智勇之外,柏拉图以为"坚定"、"忠信"、"自律"也是人应有的品质。

亚里士多德的《伦理学》中,也以"善"为至高的德。"善"即在其本身,是"可欲"而"完满充实"的,也是人活动的目的。不过亚氏更强调"幸福"即是德。幸福或出自天赋,或是由学而得。幸福自有永久性,因此不是每个人都生而幸福,因为生活并不是一成不变的。由学而得的幸福,要遵守"理性原则"。理性原则取决于"实用智慧",主要的即是"中庸"。依乎中庸之道,便是"德"。

"中庸"之为德,因其本善。行动合乎中庸,即是"善行"。其优越处在于"无过或不及",犹如描述美女所说的"增之一分则太肥,减之一分则太瘦";又如一个量尺,中间点不偏不倚,两端则有高有低。以善恶来说,中间是最平稳之处,两端则分别是善恶,中间一点,只会趋向善,不会趋向恶，因为这中间点是受心灵控制的。亚氏举例说，譬如“勇”是“德”，居于中间，其两端是粗暴和怯懦，呈这样的模式：

怯懦——勇——粗暴

这样所显示的，怯懦当然是缺乏勇气，笼罩在恐惧之中。粗暴是不假思索，鲁莽草率，只有勇才能“见义而为”，既不“临事而惧”，又不“暴虎冯河”。

亚氏以为心灵中有三项作用，即是情感、官能、性格。性格有善有恶，把人分为两类，由行为而定。而人的行为往往受情感支配。情感有嗜好、愤怒、愤恨、恐惧、信心、羡慕、欲望、竞争、怜悯，归结起来，不外苦与乐两种感觉。如果为情所困，性格便不能入于德。

于是亚氏将德分为两类：一类是心智的或哲学的，可以称为“睿智”；一类是道德的，是实际的行为表现，包括慷慨、节制、仁慈、勇敢，也可说是实际的智慧。道德是品格的选择，是经过深思熟虑后所选择的行动真理，在感觉、欲望和理性中选择“正确”的一种，即是理性的选择，而理性的选择需要相当的智慧。

亚氏认为高度的智慧是科学知识与直观理性的结合；实际智慧有普遍与特殊，而二者都与个人的作为有关。至于个人的行为依靠实际智慧，应用理性原则选择者，久之便成为性格以至品格。值得称道的品格，最重要的是除了“勇”以外，还有“慷慨”与“节制”。慷慨与仁慈和友善相关；节制特别对“任性”与身体快感而言，即是针对任意而为，或追求生理的愉快的，不算道德。

最后要说明亚氏认为道德智慧是由学而得，学习的要项在品格方面为“正义”与“节制”。选择了正义要有勇气实行；同时要克制违反正义的行为。后者的困难在因快乐而做出“邪行”，不这样做便感到痛苦，要有智慧在这种苦乐中选择，要有勇气舍弃这种不正当的乐与苦，所以选择与决定有正反两个方向，都可生可灭。正的与日俱增则定于正；反的与日俱增则入于邪。

亚里士多德之后，有很多西方哲学家讨论道德，此处且以康德为代表。

康德确定道德源自先验原则(a priori principle)，是一种形式(form)。纯形式是形而上的，就人而言，是由了解或“悟解”而界定其意义。道德原则内涵有三：一是形式，是自然而普遍的；二是物质(matter)，从这方面说，理性人本身即是“目的”而非工具；三是物性，在于寻求与自然成为和谐的整体。经验、理性，以至伦理都涵盖在纯形式之中。

康德由此而论，认为“道德律”也是“先验的”，其中自有“力量”，而且无处不在，是“责任”(obligation)的基础，对人来说，是“意志原则”，是“命令”(imperative)，所有的命令叫做“应该”(ought)，是意志的客观法则，在理性中则为必须绝对地服从。这样看，道德律便不能在人性中寻求，而要视为是先验的——先验决定人为理性动物(和儒家主张人性本善近似)。因此就要从经验中辨别什么可用于人，什么对行动有影响。因为意志中含着愿望(desire，这个英文字和中文的“欲”视同一字)，愿望使人依许多“倾向”(inclination)而行动，倾向有正有偏，正的符合道德，偏的多背离道德。人虽然有实际纯理性的观念，却不一定能有效地应用于实际生活中，故而要从道德哲学的立场来探讨。

康德提出几个道德观念来说明其道德主张。从道德的先验的责任引出“正当”(Right)。康德以为“正当”是自然的正确原则，自有其普遍性，是依哲学与系统知识所作的纯科学决定。在行为方面与“责任”相合，是道德之一。这意思可以说：第一，“正当”存在于人与人间外在与实际的关系中；第二，一个人的关系建立于个人的自由行动和别人的自由行动上；第三，个人与别人双方的自由行动与普遍律相吻合，合于普遍律的行动即是正当的。相反，不正当的行动会妨害自由。如此说来，确切的正当表现，人与我皆有责任，在二人的行动之间，存在着公平或平等。所以在生活中，任何人都不应以别人为工具，也不可对别人做出不正当的行为。

“正当”可以有各种说法：如“自然的正当”，为理性原则；“确定的正当”系依法而行；“内在的正当”是生而具有的，人人皆同；“获得的正当”建基于法案（法案之决定，并非出自别人的强迫，而是合乎普遍律，基于人性而定。人性即是做自己的主人，其正当性即在无权妨害别人的权益，乃是自然的公平或正义）；“个人的正当”是出于自由意志的面对责任；“实在的正当”包括对所有物的应用权、婚姻、亲子关系、管理与训练、感恩、约定等；“公共的正当”在界定与分别之为普遍认可者；“人之普遍的正当”即是自然与宇宙的正当，例如即使国际间不能友善地联合，也要依照法定原则保持和平。因为自然界划了各国的疆域，又包容于一个宇宙之中，每个国家自有其本原的权益。归结起来说，人依正当与否而辨别，选择正当的行动，所得的感受即是“道德感”。正当的道德感能使行动者得到快乐或满足，才是人所要努力的。

人的行动虽然出于个人的选择和决定，选择和决定却为“意志”（will）所支配。意志中所含的“倾向”有偏有正，是因为人性中有一半是感性，一半是理性。若感性冲动，理性便为其所支配，难免有所偏，理性才是指向道德动作的。

在人的道德生活中，无处不存在着“欲”（desire 这个英文字在欲字之外，还指愿望、想望等），同时也存在着“节制”（temperance）。“欲”由于自然律，中外哲学家多认为是一种与生俱来的情感。荀子即曾说过“人生而有欲，欲而不得则争”。人与人相争则失德，与前述“正当”适为其反。于是人对“欲”便要加以“节制”，便要应用理性来节制欲望。康德认为用理性“节欲”乃是“人的义务”，因而就要禁止偏颇的“倾向”，使意志归于正，那么就要运用“正当法则”（right rule）来训练意志。

“正当法则”也就是“无上命令”（categorical imperative），在道德方面有三：一是公平，即无偏无私；二是仁，即理性而普遍的爱，在利己利人；三是自由，即个人的自由不可侵犯别人的自由。康德认为人人皆要服从这些法则，而且这些法则切合所有的事件。所谓“自由意志”系指意志中不含偏颇的倾向；换句话说，即是“不为欲望所困”的意志才有自由，由此所定的行动才是理性而正当的。

因为目前自由的呼声很高，自由已被滥用且误解，不明白“道德意志”的自由才是真自由，而真自由是“不受困于欲”。这项自由在于心灵的是：不汲汲于富贵，不戚戚于贫贱，不为利己而用尽心思去算计别人，不认为别人有负于我。心灵自能衡量是非，判断善恶，是为“良心”，合乎道德则良心安贴，违背道德则良心不安。心中无愧耻，才会感觉海阔天空，才是真正的自由。康德认为自由意志本身是最值得尊重的，存在于健全的自然了解中，只要知道自己的行动有节制，便会有一种“义务”(duty)感存在，知所当为和不当为。

义务感的实现有差别，在于“为义务”而义务，或是“为自私”而义务。康德举例说，生意人童叟无欺，不能算是诚实，因为他如此做可能只是为了树立一个招牌，骨子里还是为了求生意兴隆，不出自私的范围。因为这样的诚实不是出自义务良心，而是把诚实当作工具。另一方面，一个人遭遇不幸，似乎只有死路一条，才能解脱痛苦，但却不肯放弃生命，因为“活下去”是有生命者的“义务”，履行“生的义务”才有“道德价值”。扩大范围来说，慈善家博施济众，和以福利天下为志向的人“先天下之忧而忧”，不是为了博取“慷慨”的名誉或杞人忧天，而是将其视为自己的义务，“履行义务”才有道德价值。

康德承认一般人未必都能了解抽象的道德原则，但却知道且看得到是否与“义务”的“是与非”或“好与坏”相合。这并不需要教他们什么新东西，只要如苏格拉底所说，指导他们注意用自己的原则去判断是非好坏，应用“普通理性”即可与最高原则不谋而合。当然在经验里绝不可能只从一个孤立事件来确定道德义务，还要从不可见的“内在原则”来慎重考虑。

归结起来，康德认为道德的真实性无法否定，道德不仅对人，而且对所有的理性生物都有效，但仅靠经验不可能使人明白，因为道德原则在理性中是先验的，很难从经验中抽绎出其精华，不过经验还是可以用理性来判断。

西方进入现代以后，思想家异军突起，新观点如雨后春笋般涌现，出现了许多进步的说法，不过倒不曾扬弃早期的主张。

第二节　近代西方论者对道德伦理的说法

西方进入“现代”(modern)以后，许多原属哲学的知识独立出来，各自成为一个门派。道德伦理却仍在哲学中，以哲学的立场从事探讨，出现的论述相当多。到了近代(contemporary)，说者更用语言学的知识多方解释，拓宽了探讨的范围。

大体说来，这些论者以纯哲学的立场论述伦理学，目前有一种说法，分伦理学为“规范伦理学”(normative－ethics)与“后设伦理学”(meta－ethics)。认为前者重实质的陈述与理论，包括道德中的目的论与义务论；后者重道德判断，以及主观客观立场，兼顾道德语言与道德哲学。综观学术的演进状况，个别的论者多各自论述其见地，并未为其论述定出一个名称，像中国的儒家、道家、墨家，西方的理性主义、经验主义、实证主义之类，乃是后来的研究者所加的名称。因为有些论者有相同的观点，很难作硬性的划分，以下只就论者的重点，作一介绍。

一、伦理的自然论

这派说法认为伦理的陈述可以用“非伦理的”、“自然的”语言来界定；伦理的结论可以从“非伦理的”前提推论；伦理的属性(property)即是自然的属性。如此则可以用事实的说明来验证道德陈述，也可以转移道德陈述为事实陈述。例如说“希特勒自杀于 1945 年”和说“希特勒是一个罪人”，二者是真是假都可以用事实证明。因为前者已经是事实；后者则可以从其个人行为来找证据，如果希特勒残忍、欺诈，或懦弱，由其行动即可判断其为罪人。

另一种说法是对伦理陈述，无论是出自个人意见，或是一般人的看法，所表示的赞成或反对，即可认定真伪。例如一个人说“特雷莎修女是好人”，或“大多数人都称赞特雷莎修女”，前者是依个人心理反应而言，后者可以根据统计数来证明，都可以承认其为真。(这说法见于后设伦理学中)

不过穆尔(G. E. Moore，1873—1958，著有 Principia Ethica，1903)对这派说法颇有异议，他认为这派说法在界定“好”、“坏”等道德字眼，以至不道德名词时，都犯了“自然的错误”。穆尔用自设的“开放式问题方法”来验证“预设(命题)定义”(proposed definition)的正误。例如说：“乔琦是个兄弟，不过他是男性手足。”其中的后一句简直是废话，因为前一句是“关闭式的”，谁都知道“兄弟”必然指男性手足。如果说：“乔琦是个兄弟，不过他是哈佛的教师。”其中的后一句就有了意义，因为后一句不涵盖在前一句中，所以前一句是开放式的。穆尔认为伦理的自然论者界定伦理言辞时，常是开放式的，说明中所指的，往往不是同样的一件事，容易造成错误。如前例希特勒可能证实是残忍，但是残忍不一定就是罪恶。

二、伦理的非自然论

这派论者以穆尔的观点说为代表，他认为伦理陈述可以用“伦理直观”的历程来证明真伪，因为“直观”是“不证自明”(self—evident)的。例如说“特雷莎修女好”这句话，就无法用经验和观察来证明，可是我们仍然认为这说法是正确的，因为这位修女的确具有善的特质。穆尔的论据是，一些独特而又无法界定的质地，虽然不能分析，还是可以承认其确切“具有”。因为“善”是“不可见的”，不能取决于感觉，只能从直观得知，所以是“非自然”的特质。

穆尔说："如果有人问我什么是善，我将回答善就是善，答案到此为止。如果有人问我如何界定善，我会回答善是无法界定的。"

穆尔继续说："就善的质地说，可以断言善是属于某些东西。当我们说一个东西为善时，不能从善来作任何定义，因为定义是集合许多部分而成的整体。而善只是单一的，不是由部分合成的：善是思想中无法界定的一个对象，是一个'终极名词'（ultimate term），是用来界定其他需要界定的名词的。"

也有人认为穆尔所坚持的"直观"之真伪，既然不同于感觉经验，如果有两个人对同一件事的直观恰好相反，他们将怎样用直观来"不证自明"？（这说法也见于后设伦理学中）

三、伦理的非认知论

认为伦理的陈述功能"不在认知"，而在说者的"情感与情绪"，是伦理的非认知论者的观点。这派论者以艾伊尔（A. J. Ayer，著有 Language, Truth, and Logic, 1946）为例，认为伦理的陈述乃是情绪作用所表示的赞成或反对，并不代表必有这种情绪作用。例如一个母亲告诉孩子要永远说实话，所表示的并非她自己"对诚实的情感"，而是对孩子的一种期望之情。这样说便和伦理的自然论并不相同。另外，斯蒂芬森（C. L. Stevenson，著有 Ethics and Language, 1943）认为"道德的否定是非"是可能的，例如以驾驶汽车需绑安全带来说，甲按道德态度，相信政府对车祸统计正确而赞成，如果乙指出统计有误，甲便可能改变其原来的道德申述。这种"否定的态度"，是基于"否定的信念"。以为"是"或以为"非"是态度不同，二者可能全非，乃是由于事实无法证明其信念。这派观点对道德判断以个人承认的态度以至信念为准的说法也受到批评，因为个人的道德判断也可以成为普遍的道德判断。（上述见于后设伦理学）

四、伦理的主观论

这派观点认为对于人及其行动的道德判断，系由别人的反应意见而定。反应者以自己的“感觉”为凭，如果反应者“同意”则以为“是”，“不同意”则以为“非”。这样的反应意见，出自于反应者的“我”（个人意见）和“当时”以及“当地”的状况。于是同一个人或一个行动，见者如有多人，对“是或非”的说法便各有不同，因为个人都依自己的所见所闻，以自己的意见来判断，完全是主观的。

另一种对道德的判断，是由判断者根据自己的思想或信念，对一个人或一个行动，合于自己的想法或信念则认为“是”，否则为“非”。这样的观点，如果判断者真有宏观通识，或能正确，或可成立；倘若判断者的见解有所偏执，便只能算是个人的主观。例如王安石的《孟尝君论》，批评孟尝君不知养“真士”，说“鸡鸣狗盗之出其门，此士之所以不至也”。忽略了孟尝君也厚待了“弹铗而歌”，为他收服众望的冯谖。

再一种道德判断，以一个地区的感觉为准。一个地区的人认为“是”的或“非”的，便都以为是或非。各地区的民俗在这方面表现得最为明显。

最后一种道德判断为多数人的感觉。判断出自于多数人，似乎比一个人的感觉客观些。然而这多数人通常只凭一时的感觉，并非出自确切的认识，对于一个人或一个行动，前一刻说“是”，后一刻则说“非”，在主观中可以随时改变，判断也就失去正确的决定性。

五、伦理的客观论

这派观点不重视道德伦理的“说者”的感觉、时间及地点，和主观主义的说法相反。因为道德理论多为“概说”（generalization），概说多用“定义”和“说明”来辩解。于是对于一件事，便可能有两种说法。例如对

“杀人者”和对“被杀者”来说，就会有不同的看法。通常认为杀人是错误的行为，可是两军交战时，拼的就是你死我活，就不在道德判断的范围。又如“谎言”多认为不道德，可是有所谓“善意的谎言”却是可以为人所接受的。

伦理的客观论者认为，出于心智作道德判断的，建立一些道德原则，提出道德义务或责任，这些都出于客观论证，但是到了实践者身上，原则、义务以至责任之为“是”为“非”，便成了另一回事。坦白地说，便已经不再客观了。

也有认为神学的道德伦理观念，是出自“神”的意志。神命令人做正当的行动，是因为神认为这样做才算正当。人依照神的意志而行动，并非出自行动者的主观，乃是客观的，何况人是崇拜神的。

又有人认为道德判断出自“理想的观察者”时，可算客观，亚当·斯密（Adam Smith）也有此看法，认为理想是存在的，理想的观察者的说法出自知识，以是为是，以非为非，而且说出后就不再改变。不过这理想的观察者如何确定，乃是一个问题。

六、伦理的相对论

伦理的相对论者有不同的说法。一是“描述的相对论”（descriptive relativism），认为个人的价值或伦理原则在基本上就有互相矛盾之处，特别在文化方面。个人的观点来自文化传统，文化传统有矛盾之处时，个人的观点也就有了矛盾；另一方面，个人也有自己的主见，也可能与传统并不相合。如果伦理或价值观念不是基本的矛盾，倒可以改变。例如子女要奉养父母这个观念，一个种族认为是理所当然，另一个种族则否。

“规范的相对论”（normative relativism）认为“是”或“非”是由某些人或一群人所定。定出来以后，说是“是”的便都以为“是”，“非”的便都以为“非”。有时“是或非”决定于一个社会，便成为这个社会的规范。但也有人认为规范出自制定者，或是在一个社会沿袭下来的，终不免会有不同的看法出现，所以所谓“规范”难免引起反对。

另一种说法称为“后设伦理的相对论”(meta-ethical relativism)，认为道德评价并不只有一个正确的标准，一件事可以说是对的，也可以说是错的，依说者而定，而说者“何所据而云然”，自是人各不同。如此就因说者的自圆其说而定；或者以为用科学的归纳法可使说者自圆其说，但是却很难找到一个这样的说法；也或者可以兼采几种方法来解释，但又不免于混乱，同样的事件放在不同的情境中去判断其是或非，所得出的结论可能全然不同。

七、伦理的快乐说

这种观点只是一个说法，认为事物的“内在本原的善”在于“愉快”(pleasure)。愉快即是“善”，而且是衡量善的标准，可以用此为道德原则，且可以作为道德规范。不过“愉快”所指的是长久性或终身的快乐，并非一时短暂的感觉。而且快乐合乎道德伦理的，自有其法则或原则，即是“良好的行动”、“正当的态度”，出自“良心”的决定，符合一般规范。依这样的法则生活，平静而自由，可以说是“明彻”的人生，其中当然没有“痛苦”。

这个观点为伊壁鸠鲁(Epicurus)所提出。他所主张的是“心灵的快乐”，与物质生活全然无关。例如他在给友人的一封信件中曾说：“在你做好乳酪时，请寄些给我，我就可以涂在面包上，享受颇为丰盛的一餐。”从这里可以看出他平日的生活如何简朴，也可想象他的观点颇为近似规范伦理。

这派观点后来衍生出两种不同的主张：一是“自我主张”(egoism)，一是“利他主张”(altruism)。前者以但求个人的快乐或安适为宗旨，如杨朱之“拔一毛而利天下不为也”，被人认为是绝对的自私；后者则以“后天下之乐而乐”为目的，存着“人饥己饥”、“人溺己溺”的情怀，心怀慈悲，如果不是别有用心，应是众人所认可的道德。

八、伦理的效益论

这派观点认为人类道德之善在于道德动作所致的结果。从17世纪起，边沁(J. Bentham, 1748—1832)、密尔(J. S. Mill, 1806—1871)等皆主张此说法。此说法认为快乐是评估道德的标准。边沁就认为人都追求快乐而远离痛苦。密尔则主张政治应以公正决定利益。利益的形成，不在于动作或行为，而是要就其结果判断是非：有利则为“是”，无利则为“非”(这派早期称功利论，笔者认为十分恰当。人生不能不讲功利，《大禹谟》中就讲正德、利用、厚生，就是指政治的功利在为人民谋福利。孔子很少言利，是因为当时人们只重私利而不讲公利所致)；因为有利使人快乐，无利会使人痛苦。同时快乐也有程度高低之别，依利益的大小而定。论者也相信惩罚有其正当性，使人蒙受损失就应受到惩罚。

这派论者有两种说法：一说认为道德由“动作”而定，最能制造利益者，最有道德价值；一说认为道德决定于“法则”，法则是“于社会最有利者，最符合道德”，持这种观点者以边沁为首。这派之中，最近这几年又出现了许多新说法。

九、情绪说

这个说法颇为接近伦理的自然论，认为道德陈述不在事实陈述之列，也不能从事实的陈述中引出道德说法。在“纯事实”与“应该”之间，没有任何关联，例如说“应该”做一件事，并不等于这件事就“必然做到”。一个动作根据道德来说其为“是或非”，只不过是幻想而已。故而“善”、“应该”、“正当”等字眼都是属于情绪的。

这派说者认为道德事实和道德知识并无关联；没有可以学习的道德事实，没有可以得到的道德资料，所以学习的或得到的，也无所谓忘记。例如我可以说我知道梭鱼和枪的区别，可是现在却忘了。但若说我知道

“是与非”的差别，可是现在却忘了，将是什么意思？在这里，“忘”失去了本有的意义。由此可见道德说法不能说明事实或衡量，因其主要的功能不可知，只能说明动作、态度、临时随机而动的“意念”和情绪反应而已。

随机而动的意念或情绪反应，其特征即是既未经过深思熟虑，又未经过思考，几乎等于“反射动作”，如说话时的脱口而出，很少关系到理性作用。虽然这派说者注重情绪，却未说明情绪究竟何所指，以这样的态度来说明道德伦理，难免陷人于惶惑。若用此态度作道德判断，反而近似“情绪冲动者”随口判断事物或行动的是非，也和世俗对人对事“下断语”时不问事实真相、不追究道理、贸然出口所说的一般。然而很多人作道德判断时，就以这种方式，尤其当世事混乱，又爱表现个人意见时，有些人大张旗鼓、振振有词，恍如自己所说的乃“不易之真理”一般。这种情形搅乱了道德理念，值得注意，所以此处予以提出。

十、伦理的怀疑论

对道德伦理持怀疑论者认为“道德要求”并非必须。人之所以讲究道德伦理乃是出自“社会的强制”或“文化传承”。实际上，根本就无所谓道德标准，即使所说的道德标准也缺乏真实性。道德伦理的说法并不能使人“承认”或“接受”，因为其所说的理性不尽有道理。例如从“道德标准”说，“规则”或“规范”不但没有真价值，其陈述的理由也并不充分；从“道德信念”说，“信念”本来就是无法检验的。这派说法使“愤世嫉俗”者就着一些事实，有了反对道德伦理的理由，或是怀疑道德伦理的“必须”与“可能性”。

上述各个说法，是以哲学的立场论述道德伦理，可以作为教育的参考，但在教育实际方面，重在陶冶道德品格，培养道德行为习惯，在纯理论之外，更重实际的作为，不全同于哲学立场，还要另行慎思明辨一番。

第三节　道德伦理的实践问题

从前两节所述，对于道德伦理的主张和观念的说法各异，关键在立论或陈述不同。从立论的根本说，以教育为出发点时，有几点先要加以说明。

一、道德伦理的睿见

道德伦理说法的出现，无论中外，都为时很早。时至今日，虽然异说纷起，却无驳倒先哲的睿见。不过从人类的存在看，说者以为已经有亿万年的历史，而有史可据的，最早提出伦理道德者只在数千年之前。如果说人类的存在远远超出道德伦理之说的出现，就可以说早期人类的进化相当缓慢，直到人类的生活方式大为进步，人和人之间的交往活动也有了极大的改变，才对人的行为或作为有了一些看法和说法，其出发点却并未超出“生存”这个根本问题。

当人的智慧足以知道并明白“生存有道理”时，第一个道理是：每个人都要生存，“生存”是普遍而共同的“目的”。但是“个体的”生存是生物性的本能，每个人都要以自己“为先”。而生存所需要的物质的获得，会和同时生存的别人有关，获得要靠工具或手段，于是人和人之间发生冲突。冲突造成生死存亡的差别，和生存目的大异其趣。于是智者才想出和谐共存的道理。

道理先出自对人的认识，认识到人有“理性”，相信人依理性而行有其“可能性”，于是提出了“理性行为”。在这一想法中，对人赋予了高度评价：中国先哲认为人为万物之“灵”；西方智者认为人有高度“智慧”。二者都认为人有判断及选择的能力，判断“优劣”（好坏），判断“是非”（善恶），判断“利害”，择其“中道”而为，以求不失其“正”。因为在个人和众人之间,“受益者”有差别,差别在个人和众人之间是否平衡关系到社会的稳定。以少数的两个人为例,“二人同心,其利断金”,若二人各自为己,便有所“偏”,“偏”则不得其“平”。不平则鸣,鸣则争,纷扰就此发生。于是智者苦心孤诣思索道理,苦口婆心来说明道理,形成了道德伦理学说。所以道德伦理旨在确定“界说”(定义),在陈述“理由”,形成“理念”。对理念加以分析总括,成为“概念”,集概念成为知识。这项知识成为哲学的一个系统,称为道德论。

每一个道德论述,都有其理论根据,都言之成理。因为论述以人的品格和作为为重点,衡量其价值,于是“价值”也就指向人及其品格。到论及人及其作为的价值时,人已经脱离了自然生物的原貌,用文采装饰起来,于是人自以为已经有别于禽兽,而赋予自己生命以“意义”。

在人的生命意义中,人先要选择从事怎样的生活以使生命有意义。维持“自然的生”则“与物无殊”;要实现“人生”则有了“生的使命”。后者即是“做人的义务”,也可以说是“责任”以至于“应该”,于是有了“做人”和“作为”的“规范”。依照规范,人要“有所为”,即责任与应该,在于“善”和“正当”等方面。这方面使人与人互助合作,和谐共存。另一方面,人也要“有所不为”,不为“邪恶的举动”。因为邪恶的举动,虽然可能于己有利,却于人有害。用通俗的功利观点说,利己并利人是文化群体的要求,也是群体生活的“必须”。损人以利己是不顾人与人之间的公平,造成人间的不公平,将破坏人群的和谐,成为害群之马。

此处要了解的是,智者所以提出这样的说法,是以人为“目的”,是为了全人类,并非用立论做手段,企图达到“个人”的任何目的。

道德伦理的说法,要人人都能接受并承认,其理念才能实现。也就是说,要人们都能明白其道理,相信其道理,更重要的是,要按着道理而实行。这样一来,对人来说,便有了一些困难,因为“明白道理”(知道各方面的道理,非一知半解)是一件事,“相信道理”又是一件事,“依道理实行”更是一件事,问题就在于“人”在“灵”和“智”之外,还各自有其个性。

二、人的原始性与理性

人的原始性基本上是生物性。生物性表现在“求生的本能”，这项本能以个体为出发点。即使同一种类，也各自为自己的生存而奋斗，并不关心其他同类的存亡。为争生存而互相争斗，是自然现象的优胜劣汰原则，各如其命。个人在基本上也从求生本能出发，时时以自己为前提。从人类文化观点说，只管自己，“罔顾别人”为“自私”。因为人类已经进步到在群居中求个体的生存，有了同类相惜的同情心，并进而扩展到慷慨助人的人饥己饥、人溺己溺的仁慈胸怀。这一点已经超出生物性本能之上，是一种可贵的情感作用。

然而人的情感是与生俱来的，无法作价值判断，除非因情感作用造成后果，从后果来判断，才能分辨价值高低。不过各种情感作用都是自己所能感觉的，可以算在感性范围内。而感性仍不出人之生物性的层次。

感性的特征是不假思考，直接反应，反应中含着大量的冲动力。又因其与情绪相关，表现出来的行动往往是情绪化的，代表一个人的个性。从这个层次上判断一个人的品格或行为，很难列入较高的价值中。

另一方面，很多哲学家也相信人性中含着可贵的成分，人能够发展出可贵的情感作用，便在于具有这种品质。这种品质使人超出生物性之上，是为理性。理性中含着智慧与善，使人在实际经验之上，能够了解、认识、选择并判断。由此人类才进入“文化”层次。所以在衡量价值时，理性在感性之上。

不过在作用上，理性与感性的力量孰大，倒很成问题，特别在涉及道德伦理时，至少可以从两方面来衡量。

从理性方面说，道德伦理是理性的。多数道德伦理主张都认为人有理性，甚至推论到形而上的善。例如中国的儒家相信人性善，源自天道生物之善的精神；相信人可以为善而成为君子。康德也相信人的善性是先验的，和形而上的善相同；并相信善本在理性之中，在人性中也是普遍存在，而且是必须。例如“正义”或“正当”以至“公正”、“慷慨”、“仁慈”、“友善”是人人都赞许的；相反，“邪恶”、“谎骗”、“粗暴”、“利己损人”，是人人都厌恶的。前者属理性的道德，后者则是不道德。如此说，人服从道德伦理便是必然，更无其他说法可以掺杂其间，也无其他说法可以曲解。

从感性方面说，人都有好恶之情，都喜欢做自己想要做的，不喜欢做自己不愿意做的。做自己喜欢做的，做时会兴高采烈，做完了会畅心如意；做自己不想做的，不但做时心有不甘，即使勉强做了，也会感觉非出本心。而且人生在求“适意”，不如意将使人感到生活乏味。尤其当一个人想做一件事时，心意便倾向于做这件事上，冲动的力量使人无法停止，非达到目的不可，否则将寝食难安。

人容易陷入感性之中，正如感性的特征，“感觉”切身而直接。当有所感时，便占据了全部心意，很难排除。例如想吃一样东西，想得口角流涎，满心里都是那样东西的美味，如果不能到口，便很难把注意投注到别的事物上去。至于对成癖成瘾的东西，加上该物的“强迫作用”(诱惑力)，若不能得到，就会觉得“无以为生”。这种力量控制了一个人的全部心智，意念中再也无物可以进入，整个人便都受其控制。

像这种意念存在的情形，在心理方面属于情绪中的欲念或欲。道德论者自古以来讨论得很多。此处不在说教，只就事实说明而已。

由于感性的主观与冲动特质，其影响更及于认识和判断。主观必陷于一偏；冲动则使理性无从发挥作用。而认识或判断乃是需要理性作用的，否则必将落入情绪层次。从这一方面说，感性与理性互有矛盾之处，对一件事或一个行动的认识或判断，当理性与感性冲突时，如何抉择便成了问题。只就有关道德伦理方面来说，以一个所谓道德两难的例子来看，所设计的陈述大致是：一个人的母亲得了重病，只有一种特效药可以治疗，但药价昂贵，他又家贫无力负担，于是陷在一种两难的窘境：一是听任母亲不治死亡，忍受丧亲之痛；一是去偷药为母亲治病，但要背上偷窃的罪名。这两个选择都关系到情感和道德伦理，是选择情感，还是选择理性？

这个论题的设计，只容许人在限定的范围内选择，而且明显地站在儿子的立场，作哪一个选择都有其理由，不过择其一必将失其二。可是辩论者似乎也可从母亲的立场来设想，因为生与死到底是她“切身”的问题，应该是母亲才有优先选择权。如果她相信“有生必有死”，则可能“安于其死”；如果她“贪生怕死”，也许“不惜”使儿子做出“违法”的行为，使儿子落一个“做贼的名声”，自己也将要“忍辱偷生”。这是一个观点和信念问题：观点在只看当前，还是兼看未来；信念在求生理痛苦的解脱，还是在维持心灵安泰。归根结底，就在选择出于感性，还是出于理性。

三、道德伦理的普遍性与事实的特殊状况

道德立论是从普遍处着眼，在作概括的陈述，重在原理原则，如同纲领。而且多数哲学家只说明道理，很少论及如何作用，因为作用千头万绪，无法尽举。有的人在实际经验中，依照事实的特殊状况，找不到理论根据中有完全与之相合的说明，便埋怨理论徒然是空论，没有实用价值，殊不知理论是概括性的，要人在作用时，根据所面对的个别状况，与原理原则对照，而作适当的运用。如果理论要条列每一事实，将如食谱一般，一道菜有其固定的做法，不易变通。

普遍与特殊原本不同，但一般人在作道德衡量或判断时，往往就事论事。而每个事件都是孤立的偶然，各自有其特殊状况，特殊状况为细节，很难找到与之完全吻合的说明。这样衡量者或判断者任凭“己意”来解释，来辩证，以至来判断，便会有各个不同的意见出现。

“普遍”与“特殊”或“偶然”是两个不同的概念，哲学中早有详细的申论。但是很多人在面对一个“孤立事件”（偶然）时，因为这个事件切近而显明，往往把重点就放在这个事件上，以致发生谬误。谬误之一是过分强调事件，认为异常严重，无论实际如何，只夸大其严重性，当作大事来

宣扬。一个人在风雨之中行路，被一片吹落的屋瓦打中头部，此后便永远不敢沿着房屋走路。谬误之二是把偶然当作普遍，例如知道有一个地方发生地震，便怕得夜不成眠，甚至宁愿睡在空旷的荒野中；一个学生受到教师的责罚，这位教师便成了“专爱责罚学生的老师”。把一件事的偶然看成事事尽皆如此，是以偏概全。

因为偶然各有其特殊状况，也造成道德伦理的衡量出现不同以至全然相反的论断。在重视偶然的个别条件时，判断者往往只强调一个特点，便当作全部的理由来辩解。这种情形，往往使判断只在“两极”中择其一：有一是则全是，有一非则全非，忽略了全貌。因为即使是一个偶然事件，所含的细节也不止一个，有时必须衡量其有关的全部状况，判断轻重得失，才不失其“中”。

那么道德伦理的普遍正确性是否为绝对的？这个问题在道德伦理的主张中毫无疑义。唯有在实际经验中，不得不把先在或最高的理性原则，转到“实际”的层次，应用“实际理性”，判断经验中人的品质与作为，然后再来判断。大体说来，道德伦理的普遍正确性，见于人类的“共同承认”。其最简单的项目如“诚实”、“公平”、“仁慈”，人人都以为是正当的，值得赞许的。反过来说，没有人会喜欢“被欺骗”、“受到不公平或粗暴的待遇”。

四、道德伦理行之在人

如果承认道德伦理有普遍的正确性，倘若人人服从而实行，将见人类世界会是一个和谐的乐园，没有厮杀争夺、诈骗欺凌。然而实际并非如此，原因何在？细想起来，讲伦理道德的是“人”，歌颂伦理道德的是“人”，怀疑伦理道德的也是“人”，而行伦理道德的还是“人”，那就需要从“人”这方面来探讨。

实际上，说者各自有其论点，甚至“怀疑”以至“非议”者，“未必”全在其普遍的正确性，而是在于观点和“圆说”（自圆其说—解释—理由的说明)，尤其在“未见于”普遍的“实现”上。后者是真正与“人”有关的，因为伦理道德未能普遍实现，关键在“人”的方面，最好还是从“人”这方面来探讨，这又要分几方面来说。

(一) 伦理道德说的出现在于人类智慧的提升

如果我们承认人是智慧的动物，也要承认智慧在“早期”(包括原始时期与婴儿初生)只是蕴涵在内的，智慧的表现在进展到一个阶段才有实际例证。但这不是否认先天或先验的成分。如果说“先民”已有伦理道德意识，其意识状态可能也只是朦胧的，至少不能解释清楚，即是不会说明理由。

提出伦理道德并说明其理由，是在人类进步到生活状况改善，改善到不再全靠自然，而以很多“人为”的动作来维持生命的阶段。于是生活环境改变，改变成不仅仅依赖自然物质，而是依赖人群，群体生活的环境也和自然有了距离。

生活与环境的改善即由于智慧的增加，智慧使人能够认识到生活需要一些“法则”，否则将无法维持群体结合。没有一个结合稳定的群体，个人的生活也就无法维持，于是还是归结到个体生存的问题上。

事实很明显，同样生而为人，却只有少数智者看到了人类进步生活的问题，因为“物之不齐，物之情也”。就在同一类别之中，也存在着个别差异，犹如同类谷物，播种下去，或生而为“苗”，或生而为“莠”。种子相同，生长的土地相同，照料相同，长成后却有差别，只能归咎于生长过程的状况有差别，在人这方面的差异还要另加探讨。只就智慧来说，其高低的差别已是无可否认的事实。对伦理道德主张是否为真，各种说法孰是孰非，能否有一个可以普遍承认的说法出现的认识，可能还有待于更高智慧的出现。而即使出现了一个完美的说法，是否能够完全实现，还是后续的问题。

（二）人之个性的差别

“个性”人各不同，人格心理学家早有定论。世人也知道这一点，所以谚语说：“人心不同，各如其面。”人面是生来就这样的，人心表现在品格和行为上，与后天生活关系最密切。坦白地说，在于后天的生活环境与教养，而智慧的增长，信念与行为习惯的形成，后天更有其决定作用。

“教养”一般以为始于出生后。在学校教育观念未曾普遍之前，教养责在父母，与文化传统密切相关，虽然各个民族自有其传统，在其生活中也各有群居共同承认的类似规范的共识，即成为教养的内容。在最单纯的族类中，大体上是“各尽其力”、“互助合作”与“各不相扰”，都和求生有关。

然而在文化进步、生活方式复杂的民族，共同生活的共识遂成为“形式的规范”，而且这些规范都载在抽象的文字中。有了文字，就要进学校学习，于是有些父母便把入学前的教养事项留给学校去教。于是幼年时的品格陶冶和习惯培养，舍弃了文化传统，父母不再注意幼儿教育，多数放之任之，加上因爱而宠，对儿童毫无约束，儿童可以任性发展。如果能发展为符合社会性的，多是随机的幸运；但因缺乏适当管教，由任性发展为背叛社会的，便多半与道德伦理相违。

幼年时期适当的教育，是奠定人格雏形的关键，包括品格和行为习惯的培养，如诚实、正当的作息时间、游戏规则、对危险的认识等，都要随机教导，而且还要随时观察，看其实行与否，要经过长时间的训练，才能确定为习惯。习惯养成之后，便纳入人格系统中，很难改变。如果已成为不当的定型，日后再想纠正，多半无益。进入学校后，虽然从书本文字上学到一些道德规范，但一则因为行为习惯已经养成，改变不易；二则是任性成习，不能接受不合个性的约束。而且教师不能时刻不离地观察学生的行为，于是文字的道德伦理对某些人来说只是好听的言辞，对另一些人来说则是可笑的迂腐之论。因为“我怎么做”，“你看不见”，所以“我”还是“我行我素”。

前面曾说过人的原始性与理性。在生活中，原始性是个性的基础，幼年生活便多在原始性的范围内。要在这个基础上发展出理性，必须对原始性的冲动加以调整或抑制，因而需要有自律的力量。力量的有无在于自己肯否“做”，在这里便显示出个性：个性懦弱的屈服于原始性，“无力自律”；个性坚强的要克服原始性，克服了原始性才能进入理性。而道德伦理在于理性层次。

（三）理性与行动的关系

实际上理性表现又有层次的差别，体现在“知识”、“信念”、“说与行”上。

只一个“知”字来说，通常说“知道”。人非生而知之者，知乃由于学。这个“学”的方式相当广泛，以见闻来说，便有“传闻”、“听闻”、“见闻”，此外还有自行“研思”而得的知识。知识广无涯际，各人所知的有广狭之别，也有“通达”与“一专”之分，遂有知全与不全之说。大体说来，“知全”不在无所不知，而在通达；“知之不全”则在于偏而不专。其所以有偏，在于有所蔽，而“蔽”之所在，又不止一端。

知之蔽，其一在“蔽于情”。情之蒙蔽知，原因在于人有所好，又有所恶。对所好者往往全力以趋；对所恶者则避之唯恐不及。例如“好生恶死”，“好富贵恶贫贱”、“好权势恶卑微”，“好名声恶默默无闻”，以至“好美食美色恶恶衣恶食”，更倾向于“好逸恶劳”。这样在力求所好时，一心只在得到，不再顾及应当或正当，甚至以为应当或正当乃无稽之谈，不屑一顾。人有“放辟邪侈”之行者，大都“执言如此”，且振振有词、自以为有理。

知之蔽，其二在“蔽于私”。“私”在只知有己，不知有人（别人）。人之常情，本来“自己”是切身的，自己的需要，自己先知道，所以先己后人，如果不牵连到别人，基本上或者还无可厚非。可是在自己和别人有关联时，若只从自己这方面着想，心目中没有别人，例如在可能有所得的时候，就认为自己要得到，在可能有所失的时候，就要自己先避开，把谦让或见义勇为抛在九霄云外，就成了伦理道德的问题。因为人不能离群索居，一味地有己无人，便无法与人共处。反过来说，如果别人也把"我"视同"无物"，自己又当如何？这是群体中的一个公平或公道问题。

知之蔽，其三在"蔽于利"。"利"字是否与道德相违背，就决定于"公"与"私"的差别。"公利"对所有人有利，并不违反道德。"私利"只对一个人或少数人有利，相对的，会使多数人或全体人蒙受损失，就是不公平。当今之世，"利"集中在财货，而财货几乎成为多种人之所好之源，所以众人群趋于利，而所求的乃是私利。当众人唯利是"求"时，心目中只有一个"利"字，习惯于见利忘义后，就会浑然不知还有"义"的存在，从而"利己损人"的事件便层出不穷，社会也就失去了公道。

"信"字通常被认为是人与人交往必须遵守的条件。其实一个人与自己也要遵守这个条件。不过这里所说的，是指一个人自己的"信念"，即是"相信"。在行动方面，一个人相信一件事必须做，才有做的决心；在观念方面，一个人相信其正确，才能接受以至依之采取行动。

对道德伦理的信念，除了论者有不同的说法以外，在众人之中，有的相信其正确性，有的持怀疑态度，有的则半信半疑。在这后两者中，怀疑的理由，常见的至少有三：一是从个人的得失着眼；一是从因果关系着眼；一是从所知的例证着眼。

从个人的得失着眼者，例如商人说：循规蹈矩，诚实无欺，不一定有利；反不如变一些虚幻的花样倒能营利无限。从政者说，清廉自守、不逢迎、不贪得，得不到嘉奖，只落得两袖清风而已。工人说，用尽全身力气工作，所得工资也和别人一样，反不如偷些懒，可以少用些力气，反正努力工作也没有额外工资。

从因果关系着眼者，做不道德的行为者最有理由。他们会说：人们常说要做好人，要做好事，可是好人做好事并没有得到好报。自古以来，忠臣被奸臣所害；用手段争权夺利者飞黄腾达，实心任事者反而默默无闻；用不当方式营利者日进斗金，忠厚老实者永远吃亏上当。

从所知例证着眼者，学生说：考试时我没作弊，只得了 60 分；作弊的却得 70 分、80 分以至 90 分的都有，可见诚实无用。开车的人说：前车闯红灯过去了没被拦下，我开到路中间红灯才亮，我却被罚，可见世界上并没有公平。

这些说法都反证道德伦理不足信，道德伦理只足以使持这样信念的人嗤之以鼻。

在“说与行”方面，可能是道德伦理之说最受责备之处。“言行相违”古已有之，所以有“口述尧舜，行同盗跖”之说。

道德伦理在中国文化传统中由来已久，尤其舜在开始民众教育的时候，便以伦理为宗。所以三四千年来，乡愚也会说些仁义道德的话。到了知识阶级出现，所读的都是圣贤之书，言必称孔孟，当然有人确守孔孟之道，立身行事不违道德规范，史册中有许多这样人的记载；但是也有些人言行全然相反，同样可见于史册中。

道德伦理，似乎说起来相当容易，因为话是脱口而出的，不费吹灰之力。行起来则要做到，多半时候还要别人能够看到才能取信于人。而“说”和“行”并非常常密切相连，往往需要相当时日，又要时机凑巧。对一个人所说的一句话，未必在即刻的情境中就能验证其行动，所以说者大可放言高论，不用担心听者中有那么好事的人，会跟在自己后面来验证自己的行为。就因为说和做不能同时同地互相关照，听者和见者也很少会是相同的人，言行不一者才有恃无恐。而且言不顾行、行不顾言者往往自以为聪明过人，以为自己说过的，听者已经忘记；何况自己的行为，别人也无从得知。

（四）行之维艰

道德伦理之“行难”，除了前述知之蔽和信念问题之外，有“能知不能行”者，更有此处所说的“能说不能行”者，其实二者本属一例，合乎“知之非艰，行之维艰”的说法。则道德伦理之“行难”，应该即从“行难”来探寻原因。

“知而不行”的真正原因，不是不能，而是不想或不愿意，或者也可说是不肯，症结在“知之不全”。因为不知道全部（知其一而不知其二），不知道“行”是必须，也就不会有“行”的心意——心有决定作用；意是“意向”，可以导引心之所向。而道德伦理的规范行为，并不在本能的“必须”之中，而是在本能之上的义务，是责任或应该，出于理性，要“意无他向”，心中认定责任或应该是必须，才能发出命令，命令自己实行，否则自己就会心中不安。到了这个地步，心的作用称为良心，能够判断是与非、好与坏、应该与不应该。由此对必须要做的，虽然“意未必肯”，却受良心指引，不得不勉强去做；如果不做，心会忐忑不安，就是良心在发生作用。

“知而不行”的人，如果“知而无蔽”，会因“未行”而“不安”，即是受到良心的“冲激”（实则是责备）。这种人的心理状况，由推测可知，初时良知未泯，还会感到不安，到积久成习，良知被淹没，良心也不再发生作用，故而明知自己所说的和自己所做的是南辕北辙，既然听者未看到自己的作为，只听到自己的说词，便仍然可以大言不惭地大谈伦理道德。如此下去，言与行便成了截然不同的两回事：顺口说来久成习惯，仁义道德自己听起来也十分顺耳；到了行时，并不要口述，而在心意，心念中所想的是如何“为自己所欲”，而径自为之，便没有道德伦理的存在了，甚至所想的是如此做的种种合理的信念。

由此看来，“知行不一”或“言行不一”的关键，可能要归因于“知道”和“做到”在“学习”中有差别。从“教”的立场说，使人知道靠“告诉”，多借力于语言或书本；使人做到必须“观察行为”，而且要连续不断地观察，这乃是两回事。有些父母或教师抱怨子女或学生不听话，说是很多事已经教导过了，他们却还是不听。问题可能在于“口说”做到了，“监督”（观察与纠正）却付之阙如，忘记了“做”不是一教就会，更不是一做就能纯熟，尤其习惯不是短时间可以养成的。而道德伦理规范在行为表现，要知道并做到才算数。如果有人的行为表现与道德伦理不合，可能问题还是在于实践上，不在道德伦理的是非上。是否如此，大概还需要深入并慎重地探讨。

第二章 当前社会现象中令人担忧的表征

人类早期的生活，可以想象并不容易。从由群聚而居到最初的部落生活，形成由一个“领袖”靠其“才能”和“为人”领导群众的方式，群众的生活为苦为乐，和领导下“群众的行为表现”，就以“领导的方式”为依归。如果领导者“行为足式”，则“治下”的人民以领导者为典范，仿效其行为，大致上可以和谐共处，生活安乐。倘若领导者利用其“权威”，只图一己的“享乐”，就会“残民以逞”，陷人民于痛苦的境地，这种情形到出现了国家体制，有了“人民”与“君主”之后更为明显。

以中国来说，据有限的史料所载，早期的领袖或君王，多半是为人“正直善良”而“有才能”的，如史家所称道的尧舜。及至王位世袭制成立后，“不肖”的继位者“政治衰败”，人民在失去正确的领导下，生活困难，行为也随之超出规范，多数人如此，便成了“社会现象”。

三代以下，帝王的“治道”和“社会现象”迭有升沉，特别在“帝治失道”而“社会紊乱”时，人们就会向往“昌明的帝治”和“有秩序的社会”。陶渊明在其《五柳先生传》中，提到“无怀氏”与“葛天氏”之民，试看这二者的状况，以了解陶渊明的意思何在。

宋代罗泌曾写了一部名为《路史》的书，其中说葛天氏是上古帝王，他的治道是“不言而自信，不化而自行”，是说他为政不在多言，对人民只潜移默化，人民自会依规矩而行。无怀氏也是上古帝王，他治下的人民和社会状况是“人人甘其食而乐其俗，安其居而重其生，天下太平”。罗泌的书可能是在政治与社会“失序”下，用流传的神话作“寓言”；大概在陶渊明时已经有这种传说，所以用来表现自己的“感慨”。可以把这两种社会看作是人们对“社会”的“想望”（不必说理想），也就是一般人所能“认可”的社会——正常而有序。

第一节　目前社会中较多见的现象

本章所举，出自笔者“有限的见闻”和“个人的主观”，只是“一得之愚”，不能视之为“确论”。尤其所举的多是人们所不喜欢的现象，必然引起读者不快以致反感。但是笔者先要申明，如此着笔的目的，第一意在引出下文；第二在文中所说许多“不入耳”的现象之外，“自知”也有“喜为人知”的一面，却不见“着墨”，并非有意“隐善扬恶”，而是那一面如果“尽如人意”，便不会有本章所说惹人不快的现象；另一方面，不知是否是人之常情，往往把“好的”认为是“理所当然”，无须提，以致吝于“褒扬”，而重于“批评”。如果本章暴露了这个倾向，笔者应自负其疚。

目前的社会现象，有些几乎是世界性的，出现了不少以前“固然已有”，但是却“于今为烈”的景象，见于“人的行为”或所造成的“事件”。即使数目有限，却较前为多（或者是以前见闻不广，如今资讯发达之故），以至显得特别“突出”，也可列入社会风气。生当今世，虽然不必如陶渊明和罗泌般缅怀远古，但就在百年之前，若出现了这种“新闻”，一定“惊世骇俗”，试举几项来思考一下。

一、人伦之变

照中国的“伦常”说，本来是“父子有亲”，父子互相对待的“道理”是

“父慈子孝”。父亲要慈祥地养育教导子(女)，子女在感怀父亲生我育我的“恩惠”下，孝敬父亲(母亲在不言之中，自然和父亲一样。例如《论语》中说的“有酒食，先生馔”里的“先生”本是指父母和其他长辈，并非专指男性而言，哪里有好东西只给父亲吃，不给母亲之理)。这个道理，可能在契为司徒时，便已经在“五教”之中，流传下来积久遂成为“规范”。到春秋时代，侯国中有因为争夺“权位”，而发生“子弑父”的事件，所以孟子说：“子弑其父者有之，臣弑其君者有之，孔子惧，作春秋。”这种“人伦之变”，当时认为是最“不道德的”。

孔子极端提倡“孝道”，曾说：“弟子入则孝，出则弟。”曾子在《孝经·圣治》中说：

“敢问圣人之德，无以加于孝乎?”子曰：“天地之性，人为贵。人之行，莫大于孝。孝莫大于严父，严父莫大于配天……夫圣人之德，又何以加于孝乎? 故亲生之膝下(指幼儿依靠父母时的状况)，以养父母日严(儿子长大后，知道了奉养尊敬父母的道理)。圣人因严以教敬，因亲以教爱。……父子之道，天性也。……父母生之，续(传宗接代)莫大焉。……故不爱其亲而爱他人者，谓之悖德；不敬其亲而敬他人者，谓之悖礼。”

在《纪孝行》中，孔子说：

孝子之事亲也，居则致其敬，养则致其乐，病则致其忧，丧则致其哀，祭则致其严。五者备矣，然后能事亲。事亲者，居上不骄，为下不乱，在丑不争。……

注意上段引文中，“严”字出现了若干次，这个字绝不是“严厉”的意思，而是指“尊敬”，和《学记》中“严师为难”的严字意义相同。

然而文献中又有“严父慈母”之说，这四个字见于《晋书·夏侯湛传》，在其所作《昆弟诰》中，有句为“纳诲于严父慈母”。文中的原意，“严父”说的是其父自幼教他改过迁善，巨细靡遗：

我之肇于总角，以逮于弱冠，暨于今之二毛，受学于先载，纳诲于严父慈母。予其敬忌于厥身，而匡予之纤介，翼予之小疵，使予有过未曾不知，予知之由改，唯冲子是赖。予亲于心，爱于中，敬于貌。

这里的"严"字，可以解释为其父"敬谨"于教子之道；也可以解释为他自己"尊敬"父亲的教导，无论如何，当作"严厉"解，并不妥当。

可是后世竟然把严字解释成"严厉"，以致父亲对儿子，往往"严词厉色"，儿子小有过失，便施以鞭打。据载曾子的父亲曾经把曾子打得躺在地上起不来，孔子即责备他说："小杖则受，大杖则走。"意思是说，父亲责打不逃避，固然是顺从父亲，但打重了可能反而使父亲事后懊悔，因为父子之间的亲爱之情是"必然"。可见孔子还是坚持"父慈子孝"。后世相信"父亲严厉"的和"不孝"的儿子一样，都失去了"天伦"的真谛。

汉代兴起后，武帝尊崇儒术，提倡"孝道"，此后"孝道"成了中国文化传统的"美德"之一。历来法律规定，"逆伦"——子弑父者"死罪最重"。如果一个行政地区发生逆伦案件，官员若不自行辞职，也会被撤职，因为"教化无方"。

可是这类事件，现在却时有所闻。弑父母以至祖父母者有之，"弃养"父母者也时有所闻。而兄弟"争吵"、为争遗产诉讼者，也常见于新闻报道。这样的事件显示社会失去了"兄友弟悌"的伦常。近来父亲"惩罚"儿子的，有的把儿子打得"遍体鳞伤"，有的甚至"虐待致死"；母亲"弃下幼儿不顾"，离家出走的事件也时有所闻。这类事件的出现，是因为父子、兄弟这两伦有了缺陷。

至于"夫义妇听"一伦，在早期父权社会中，的确是"男主外"，无形之中，大事都由丈夫做主，不过在"女主内"的分工制度下，妻子掌握家庭之内的大权。这种分工，是其时的必然，因为在农业社会中，男人"力田"（操作的力量大）；女人"精细"，适于主持家政，尤其要哺育幼儿，从事"女红"。早期夫妻二人的地位本是"平等"的，所以说"妻者齐也"，如果妻子是被欺压的一方，则"惧内"二字，从何而来？

不过早期立说倡言者都为男士，由他们订下了“闺阁典范”，从公平处看，似乎是男人的“一面之词”；可是若客观地看，男人给自己一方所订的规范也不少，甚至更多。唯一值得争论之处，在于“内外”的分野。

夫妻之间的不平等，是因为出现了妇女“从一而终”的“贞操”说法，这说法以“孀妇守节”为“尚”。这的确不合理：男子丧妻可以再娶是顺理成章的；女子丧夫再嫁则是“失节”，因而“表彰节烈”。大多数妇女为了“虚名”牺牲了幸福。一直到清朝末年，这观念始终存在，才引起“新潮思想家”大张挞伐。

过去的已经消逝，为是为非，并不那么重要，因为观念已经改变。在“男女平等”的口号下，女性的状况已大为改观。在政治、职业以至家庭，已经没有“性别差等”，自然要拜“进步”之赐。

但是在“夫妇”这一伦上，目前也有了“偏差”。夫妻因“不和”而“分居”以至“离异”的事件日渐增加，逐渐演变成互相“杀伤”，严重的甚至连带伤及子女。夫妻不和，是双方“私人感情”的问题，非旁人所应过问，只是夫妻分离后，会造成其子女的“困境”。从人的天性说，幼儿需要父母双方的“爱”，失去任何一方，对幼儿心理的打击都很大，使之在心灵上受到“无可弥补”的“创伤”，对其成长发展有莫大的影响。

以上可见在“五伦”之中，父子、兄弟、夫妇三伦已有了如此的“演变”！

二、法纪废弛

在中国的历史中，从帝位世袭以后，幸而有“以民为本”的人登上帝位，还有可观的“治道”出现，因而有“法纪”维持社会的安定。在这样的治道中，身任“治者”的官员自有“官箴”，其才能足以负责任事，其品格高尚清廉（贪渎枉法者只占少数），人民也“守法守纪”。（从三代以下，可能是早期的王道教化的效果，大多数人民，虽然未受学校教育，却受传统文化的熏陶，保留了世代相传的道德观念）但是如果是“不肖者”在位，“政

治无道”,造成“民不聊生”的状况,人民也会“铤而走险”,出现“非法”的行为。(此时便是教化不行,实则是没有教化了)

清代从乾隆末年,任用贪官,遂致清官如凤毛麟角,官制日益败坏,造成政治腐败,终致民贫国弱,内患外侮迭起,最后终结了帝制。

政治的问题,除了贪官污吏之外,法纪废弛、政令不行,也会造成社会紊乱。孟子说:“徒法不足以自行。”“明法”虽然有定,执法却在人为。法令本是继教化之后的治人手段,法而不能“取信于人”,使人生出“玩法”、“舞法”以致“抗法”的举动,必然造成社会的混乱不安。

目前明显的社会现象是“抢劫”、“掳掠”和“诈欺”事件层出不穷,治安问题严重,不只家居因防窃而“自制牢笼”,行路也会怕遭抢或被车撞而忐忑不安。抢银行、劫运钞车、绑架勒索、诈欺取财者,更是花样翻新。许多人以守法为愚痴,相信“违法”才见出“本事”。于是“贩毒”者有之,“包赌”者有之,把“贩卖人口”当作行业者有之,“结党取势者”成为“英才”者有之。在这样的社会状况下,再讲道德伦理只会使人“嗤之以鼻”。

三、世风日下

世风即是社会风气,是一个社会中常见的概括现象,见于多数人的表现。(可能有人并不如此,而且为数更多,不同于此概括现象,但因隐藏而不露便被埋没了)目前常见的,明显的大致如下。

(一) 是非善恶混淆

是非善恶不分,便是道理不明,也可以说是“没有道理”。一个没有道理的社会,会“是非不明”、“善恶不分”,以致黑白颠倒,怯善怙恶。例如以道德为“是”者,起码“知耻知止”,即是做出“不道德”的事时,会自以为耻。“偷窃”、“欺骗”、“卖淫”,在道德社会本是“可耻的”,假如以偷窃技术高妙而“自炫”;以欺骗成功为“能事”,转回来还耻笑被骗者愚痴懵懂;靠淫乱取财,然后用华丽的服饰“招摇取容”,而“耻”字已不在心中,这不能不说是“堕落”。抢劫掳掠杀人不但违反道德，而且违法乱纪。“怙恶不悛”者以藐视法律而“自豪”，以“敢作敢为”而“自以为得计”，甚至陷入法网后还振振有词地“狡辩”，居然也能引起若干人的同情，甚至律师也挺身出来为之辩护；于是“强梁者”结伙“为非”，组成“党派”，不但欺压良民，而且要挟官府，“横行”而无人敢问。

是非颠倒，且危及社会至深且剧的，无过于出现和教育有关的两种现象：其一是“家长到学校打老师”；其二是“教师体罚学生有微伤，法官判处教师罚金”。这是“史无前例”的事件。《礼记·学记》中虽然有“扑作教刑”的“形式”，但是全篇并无教师打学生的文字。“体罚”本不合“教育旨趣”，也不是“适当”的教育方法，体罚学生是教师“有失”，但从其出于教导的“善意”看，可以“纠正”，不能视之为“触犯刑法”，这种“判例”不但“不当”，而且会造成深远的“恶果”。破坏教育的“尊严”犹在其次，使教师“灰心”，不再管教学生，受害者将是日后无数需要教育的下一代！而打教师的家长，或因教师责罚了其子弟，有的竟然是因为自己的孩子受了委屈！本来可以和教师商讨，请其此后对学生采用适当的处理方法，怎么可以不分青红皂白，贸然出手打教师？“师无可尊”，“道无可重”，师道颓丧，受损失的绝非教师，而是若干受教育的下一代！

（二）群趋于利

“利”本来不是一个“坏”字，《周易·干卦》开始便说：“干，元、亨、利、贞。”后面解释说：“利者，义之和也。”“义”字的简明解释是“正直无私”；“义之和”指相关的两方面都正直无私就是利。也就是说，只有“一方有义”，另一方“无义”时，义便“和不起来”，也就“没有利”了。照此推演，“利”字中绝对“无私”。换言之，就是“利在于公”。“公利”受益者多，所以是利；“私利”只在一人，既然不合于义，便“不合道德”。从世俗方面说，“利己利人”是“德”；“损人利己”便是“失德”。

中国从上古，到东周末年，演变到“求利己”者多，而利人者少（诸侯互相争夺为率，人民起而仿效），所以孔子不再提利字；墨子则以为“损人以自利为不义”。然而“利”在人心中始终不能除去，可说自古已然。

“利在人心”，可能也是一种不可免的“必然”。问题在利己是否会“损人”。因为一个人如果想求利，只能求之于人群之中，如果利己而无损于人，便无关道德。譬如士农工商每种行业，无不在求有所得（或可称为利得），但是其求取的方式，在于自己有所“付出”，用“辛苦”的操作换取“报偿”，所得的是合理的“利”，而且其行业有利于别人的生活，这样的利自然无可厚非。只有用不当手段“巧取”，或谋求“不法利得”时，造成别人损失，成为损人以利己，才是“不道德”。在这个定义下，求自利是有限度的，而且要看所求的“利”指向何在。

推究人生而求利，不外乎“求生存”这个基本目的。明白地说，一个人要生活下去，基本需要“相当有限”。明白这个道理的就所求不多，所以自古以来，“廉洁自持”、“乐天知命”的人能够过简朴的生活而乐在其中，像陶渊明《归去来兮》后，“环堵萧然，不蔽风日，短褐穿结，箪瓢屡空，晏如也”。有人更能把精力用到求心灵的“超越”上去，为当时立功，或为后世立言，史册中不乏这样的记载。这样的人，不会想到利，也不会把“利”字放在心中或口头。

人类生活进步以后，生活方式越来越复杂，所求也越来越奢侈，牟利是为过奢侈的生活，因而诛求无厌；以致“利之所在”，“群趋若鹜”，先是“见利忘义”，目前则是“有利无义”。除了前述的三伦“不再”而外，“相知”与“朋友”之间，也因利而“尔诈我虞”、无信无义，所谓朋友反而成为争夺相害的对象，朋友一伦也消失于无踪了。

事实上古之所谓“君臣”一伦，现在可转而称“主管”与“下属”，两者在职业或事业上仍为一体，相对的关系仍然存在，但是二者也各为其利，无复“道义”的观念了。

（三）社会失序

被近人视为“落伍无理”的中国传统文化中所重视的“礼”、本于道理的“理”，原意就在“秩序”。古人的主张，本是由观察自然所得，以为大自然“四时行，百物生”，自有秩序，人在群体之中，也应该“有序”。（如果愿意重视“洋人”的说法，可以查看康德的著作，他也认为自然有其秩序）

且先来看一下“礼”的本意。《礼记·曲礼》中说：

> 夫礼者，所以定亲疏，决嫌疑，别同异，明是非也。礼，不妄说人，不辞费（即不啰嗦）。礼不逾节，不侵侮，不好狎。修身践言，谓之善行。行修言道，礼之质也。礼，闻取于人（为人所取法），不闻取人（取人意为招人来）。礼，闻来学，不闻往教。道德仁义，非礼不成；教训正俗，非礼不备；分争辩讼，非礼不决；君臣上下，父子兄弟，非礼不定；宦学事师，非礼不亲；班朝治军，莅官行法，非礼威严不行；祷祠祭祀，供给鬼神，非礼不诚不庄。是以君子恭敬、撙节、退让以明礼。鹦鹉能言，不离飞鸟；猩猩能言，不离禽兽。今人而无礼，虽能言，不亦禽兽之心乎？夫唯禽兽无礼，故父子聚麀（雌鹿）。是故圣人作，为礼以教人，使人以有礼，知自别于禽兽。

这段话简洁而明白易晓，细看一下，所说的关于为人处世的正道有什么不合理之处？把这段话和当前所见的社会现象对照，当前是：

1. 没有“少长之分、前后之序”。在家庭，子女不听父母训教，以强词夺理的“反驳”逞口舌之快，甚至以“抢白父母”来表示自己“聪明”。在公交车上，少壮者端坐于预定的“老弱伤残”座位上，无视于需要者站立在旁。此外见排队必插队；过街直闯红灯；开车转弯不减速，直行任意超车。

2. “不安其分，藐视规律。”“分”有“身份”与“职分”之别，人人应各守其分，礼的作用之一就在于此。“身份”之说，如孔子所说的：“君子素位而行，素富贵行乎富贵，素贫贱行乎贫贱。”现在虽没有“贵贱”之别，然而仍有“贫富”之差。富者“想贫”不难，贫者“想富”却不易，想而无从实现，便有了“非分”的表现。不过因为不甘于自己的身份，便不能区分你我，在和别人相处时，便不能中规中矩。“不懂规矩”之说，指表现不合身份即是一方面。

忘了自己的身份，也就忘了本身的“职责”或“义务”：做人而不像人，做事而不尽力，读书而不用功，即是不能“恰如其分”。在位者官僚作风，“官腔官调”，罔顾职责，却巧言亟辩；常人“不甘居人下”；不在其位而干预别人的事或职务，是极为常见的现象。而自从“民意”高涨之后，人民有所请求或有意见时，不循正当途径，直接以“集众游行抗争”为手段，居然相染成风。

(四) 文化低落

以有五千年历史文化“自豪”的中华民族，其“文化精神”在史册中有“辉煌”的纪录。姑不论其内容，只就记述的文字看，“文学”之昌盛华美，几乎可说独步世界。文化使人摆脱野蛮，凝练了“文采”，从而存于心、出诸口、笔之于书后，使人听在耳中，或看在眼里，能够悦耳悦目且赏心，听则深入于心，看(阅读)则百读不厌，或继以“歌之咏之”。这是最基本的文化精神，但是却要心灵超升到相当高度时才会出现，这种成就也可说是“文明”。(文明这里指的是“文的光辉”，如日月之光明照彻，非指物质方面的发明或创造。确切地说，物质文明只是文化的一方面，若把文化与文明分别来说时，各有所指，即文化重在精神层次，文明指在物质层次，但有时文明也不只指物质，而在说者的用意)

文化和文明，都是人所创造的，也可以称之为“人文”。说“人”的时候，就和“禽兽”有了分别，如《礼记·曲礼》里的所说的，人与兽之别，别在“文明”与“野蛮”相反。“人文”的成就在“高明”，和“卑下”、“粗俗”成对比。《论语·八佾》篇中孔子说：“周监于二代，郁郁乎文哉，吾从周。”据南怀瑾先生在《论语别裁》中解释说：“夏的文化偏重于忠诚、朴实。殷商的文化仍是重质朴，但是宗教的观念很强，周朝所建立的文化是集上古之大成……非常茂盛、伟大与光辉……孔子在此自称他的文化思想，是承先启后，发扬周代的文化精神。”这种文化精神由孔子流传下来，“人文”便是文化与文明的最高成就；人之“文”的光彩，可以说有与日月同光之概。

人之文的光彩首先见于“言谈举止”，常用“文雅”二字来形容。“庸俗”恰好和“文雅”相对，“卑陋”与“庸俗”相较，则更等而下之。

当前社会上所见的是“强调”用“庸俗的语言文字”淹没“文雅”，用“粗陋”的举动“炫示个性”，而且就在“知识界”，也要“夹杂”一些“粗俗”的言辞，表示自己与群众“站在一起”。

（五）崇洋成风

中华民族文化发育和成熟得相当早，经过汉唐盛世，驰誉域外。即使在元、清两代由异族登上帝位，仍然以汉文化为尊，且同化于汉文化，而融合成多族一体。在清朝末年之前，还是把其他国家视为夷狄。待到清末被外敌强力战败之后，不但清廷气馁，连国人也失去了文化大国的信心，转而崇尚外洋，贬抑自己的文化。此后原有的“自尊”尽失，一味“崇洋”；进而变本加厉，在“崇洋”之外，又加上“媚外”，几乎全国皆然，蔚成风气。

“崇洋”先见于“爱用洋货”，日用服饰等均以“舶来品”为尚，且用之为“炫耀”于人、抬高自己身价的表征（洋货贵于土货）。至清末政府为学习外洋的坚船利炮，派遣学生用公费出国留学，“学习者”回国后，便视之为“洋圣人”，立即身价百倍。“洋圣人”也就将“所学”无论精粗，传之于国内。当然有人的确“学有专长”，有所贡献。

后来出国者渐多，其中学而少有所得者靠“镀金”的光彩仍然能“出人头地”。流风所至，“带洋味”者和洋人一起受到崇敬，特别对“真洋人”，无论贤愚，一律尊敬有加。（其中也因中华民族自古就没有歧视异族的心理，一向对外国人特加优遇，有泱泱大国之风）

无可讳言，西方的科技文明的确超前，取人之长，本意在求进步，不但无可厚非，而且是必须。唯有一点很让人质疑，教育学术著作也以在外国刊物刊出者“为尚”，而且是“必须条件”。在诸多学问中，知识交流自是可喜且有益的，只有教育这一门，各国都以本国的教育为第一考量，交换国际知识自是有用，但有关本国教育事实与改革问题，关系只在“本国”,发表出来是为本国人看,这样的反而不算数,实属难解。

如果只出自尊敬别人的心,学习别人的“长处”,本是“正理”,但是目前却到了“唯洋是尚”的境地,一意仿效,无论优劣。等而下之的是,忽略了别人的长处,反将其“不足挂齿”者“奉为圭臬”,以致“丑态百出”。这种情形,上自居高位者、学者专家,下至一般民众,其“挟洋以自重”,传诵洋文洋物,只见“模仿”,却很少“自创”。

第二节 社会现象下的心理状态

人的行为表现“根于心”,“心”是一个人的“主宰”,心之所向,驱使人有所取舍,有所作为。实则“心向”出自“心之所想”,一个“确定的”想法,会成为“观念”。一个人的观念往往成为自己的“信念”,信念也就成为行为的指针。

心的活动隐藏在内,但却可以“研究”而了解,所了解的,现在称为“心理状况”。

要了解一个人的“行为方式”,最好了解其“心理状况”。而一个社会所表现的“突显现象”,也代表了多数人的心理状况。对上节所说的社会现象,可以试图分析一下隐含的心理因素。大体说来,可以略举数项。

一、人的价值失据

照中国的文化观点说,文化是人的创造,作为创造者的“人”,必先奠定了本身的价值,才能创造出“文化价值”,当然“人的价值”最后会包含在全部文化之中。

“人的价值”之所在,上节所说的“文采”,是偏重表现出来的一面,另外还有更重要的、蕴含在内的一面,称为“品质”(品质表现在外则称为品格或人格)。“人的品质”是确定“人的价值”的要素。这“要素”就在于个人的“道德修养”。

遵循“道理”而“修养身心有得”，通常说是“有道德”。世俗称有道德的人为“好人”。好人就是有价值的人，也可简称“价值人”。如此说，便可看出人的价值是“内在的”。一个人如果“确实知道”自己是“好人”时，必然“心无愧怍”地挺立于天地之间，无愧于人、无愧于世，可以坦坦荡荡地生活。至于生活“是何状况”，特别是为贫为富，和“人品”全然无关，这就是《论语》里所说的：

> 子曰：衣敝缊袍，与衣狐貉者立，而不耻者，其由也与！不忮不求，何用不臧？子路终身诵之。子曰：是道也，何足以臧？

先来解释上文的几个字：“缊袍”指破旧的袍子，指北方冬季寒冷，一般人要穿棉袍才能御寒，富裕者穿皮袍。皮袍价廉的用羊皮，贵重的用狐皮（北方以黄狐最多。孟尝君贿赂秦君爱姬以求逃出函谷关所用是白狐裘，因为白狐难得，其皮最贵重）。貉也是一种狐，其皮也较贵。“忮”意为嫉恨，“不忮不求”是《诗经》中的话，大意是不因忌妒而生羡慕求取之心。“臧”字大意是善或好。

这段话是孔子赞美子路的为人品质，因为他相信自己“品格高尚”，不在意服饰，即使穿着破旧的衣服，站在高贵服饰的人群中，也毫无愧耻之心，更无羡慕之意，甚至以自己为人光明磊落，不求富贵而“自豪”。（南怀瑾先生在其《论语别裁》中对这段话有详细的解说，读者可以自己参看，同时可以了解读书应该用心之所在）

由此说来，人的价值“只存在于自己”，在于自己的品质。“好人”的价值在于“人好”，和身外的一切无关。

目前人们不再求“本身”的价值，唯求用“身外之物”来提高自己的身价：居室、衣饰、车乘、权势、官阶、财货，以至“空无所有”的学位、“虚幻的”名声，都成了人的“表征”。在得到这些之前，孜孜以求，不惜用任何手段，求之不得，便惶惶不可终日，心中失去了“凭依”。而既得之后，又戚戚唯恐失去，所以终日在徬徨忧惧之中。不幸而失去“既得之物”后，消颓者有之，堕落者有之，放弃人生者，也不乏其人。

一个人不知道自己的价值何在，如同船行而无舵。船若无舵，只是不能行，仍然可以停泊，尚不失有一个定点。人若没有自己的“中心价值”，便无所“立身”，影响所致，即是“不知道自己是谁”，更进一步说，即是不知道自己为何物，于是“自己是否存在”这个问题，将成为“内心深处”的严重负担。一个人在生活中，“不知何往之善”，应该是莫大的悲哀！而目前很多人正陷在这样的悲哀中而不自知。

二、缺乏成就感

试比较“求诸己”（本身或内在）和“求诸外”（身外）二者的难易，很明显的是：求之于自己容易。因为将自己和自己以外的人与物比较，对自己有完全的“控制权”。事实是只有自己最听自己的话，俗话说“求人不如求己”的道理根本就在此。求别人，别人未必答应，即使答应，所做也未必“尽如我意”；求身外之物，不是手到即可擒来，另有许多相关条件需要一一顾到，做起来更为繁难。

“求己易”，易在只关乎自己一身，而且如果得到所求的，便永远存留在自己身上，绝无失去的可能。其实一个人所求于自己的并不多，同时也不难。只要以“做好人”为定向，《礼记·曲礼》中已经说得很明白，“总纲”是“依礼而行”，具体地说，就是遵循道德伦理，而必须的道德伦理规范早经确定地摆在那里，不必他求，自己所要做的，只在“实践”而已。这项求己工作，求则得之，不求则失之。“有得则有德”，自己便“有了成就”，可以享受“自我实现”的满足。

反观向身外追求时，因为所求的得之不易，求而不得，自然没有成就感。目前许多人缺少成就感，或者因为出无车，或者因为食无鱼，或者因为无以为家；乃至钱不够多，位不够高，考试名次在后，都没有得到成就的满足。

求身外之物者，即使幸而有得，所得的也在“我身”之外，随时都可能失去，并非真正为我所有。在这样的状况中，有时“良知”会反问自己：“我究竟得到了什么?”尤其想到“好人”之“好”时，必然会“怅然若失”!

缺乏成就感，会失去对自己的“信心”，实则是对自己“有疑”。一个人对自己都“忧疑”不定，其痛苦可知。其实这种“忧疑”，真正所忧所疑的，就是“自己的价值何在”。“人的价值”是从“人文”建立后，“人”自以为是“万物之灵”、有别于万物的“立足点”发端的。人在万物之上已是事实，一个人在人群之中是否能确定自己的存在，固然需要自己有信心，但是更要得到别人的“认可”的是确定自己是一个“好人”。因为好人“自己无愧于心”，受人尊敬，能得到别人的尊敬以至赞扬，会感到喜悦(这是人之常情)，而这份喜悦，内涵里正是“成就感”。若不知道这份成就感在于先要“求诸己”，就只好任其“从缺”了。

三、自卑与自大相矛盾

人本来就有与生俱来的自卑感。试想婴儿从出生的那一刻，来到一个全然陌生的世界，所接触的，在自己的眼中都是比自己大若干倍的成人，此时自己完全“无助”，一切有待成人供应，故因心怀恐惧而自卑；此后若干年，都处在“仰赖别人”的状况中：想要的未必能够如愿得到，想做的又力不从心，经过自我衡量，不免生出自卑感。(可参见 A. Adler: Individual Psychology)

自卑感的产生主要在于感到自己“有所欠缺”，因而对自己“不满”。所谓自己有所欠缺，最使自己歉疚的，无过于“实际上所感到的自己”不似自己所想望的那么好。譬如人都希望自己聪明、美丽、能干，而实际上并没有那么聪明，又没有所想象的美丽，做起事来也不那么得心应手，使心理上遭受到极大的挫折感，自己很难接受，却又无可奈何。假如自己有什么明显的缺点，尤其在生理方面，则更难于忍受。再和别人比较时，别人所有的，而自己却缺少，或者不如别人的“好”，便自觉“不如人”，而有所不满足，自卑便存在心中。

心理学中发现,人有“自爱”(或自恋)的情感。这种情感作用会不自觉地认为自己重要,自己要走在别人的前面,自己处处都要胜过别人。如果发现自己有不如人之处,自己便无法承受,这都是在人群之中出现的心理现象(倘若世界上只有一个人,便不会有这种心理作用出现)。

另一方面,人又有“表现的需要”(参见 H. Murray: Explorations in Personality),需要即是动机。这种需要或动机,是人需要为自己制造“印象”,要求得到名望、晋升和别人的赞美。所以总要设法表示自己与人有不同之处,自己才有“出人头地”的感受;或者是受“虚荣心”的驱使,总想自己要比别人“强”或“好”。于是有人在自己前面时,就要设法把他“压下去”:长官呵斥下属,公务员刁难来办公务的群众,讽刺别人的缺点,实质就在要表示自己“高出于”对方之上,乃是“自大”心理作祟。

从古到今,用一个人和多数人比较,很难找出面面都在别人之上的完人;若再用身外之物来比较,每个人都自有其“所有”,以任何一个“我”来说,“我”所有的就不可能所有的“别人”都有。如果明白这一点,就可以“自我满足”;若能再反过来想,“我一个人”怎么可能“尽有”别人之所有,那就无须因别人有而生出羡慕以至自卑了。可是很多人却是只要看见别人有一样东西而自己没有时,便觉得“不如人”而自卑。在这种情形下,日积月累,自卑感便越来越重。

物极必反,心理作用也是如此。长久地困扰于自卑之中,下意识便要自寻出路,转而要强调自己“高超”或“伟大”,就是要“自大”起来,于是前述“自爱”的情感便发生作用了。于是“不甘居人下”的“心理”,便可能导致出以下两种情形:

一种是怨天尤人,把“对自己”(对内)的不满之情,变成“对外”的怨怒之气,发泄到外在的人与物或事上,觉得处处不满,事事不合意,而许多所见所遇的人,也都认为无足称道。在这样的心理状况下,便很难有适合自己的环境,找不到自己喜欢做的工作,也遇不到自己能与之相处的人。专就对人来说,与人一言不合,便会“盛气凌人”地争吵起来,甚至“奋以老拳”或是“拔刀相向”。

另一种有自卑感者，受“有所欠缺”的刺激，会力求补偿，就着自己力所能及的，发展一种“长处”，截长补短，反而会取得出人意料的“成就”。这样的例子多不胜数：如读书不成而转业从商致富者，学得一技之长而开发出事业者，从事农耕而栽培出特殊作物者，比比皆是；特别是患有残疾者，运用其他器官，仍然可以像常人一样的工作，且其工作的成绩，更超出常人之上。像这样的人，会满意于自己，却不会有“自大”的心理。艾德洛在探讨自卑心理时，即认为自卑并非全然是消极的作用，自卑可以促成奋发向上的意志力；并说人类的创造发明、生活与社会的进步，就是由自卑激起的。要知道，由自卑而奋发向上是正常的，不会因有了成就而自大，所以就不会有自我矛盾。

事实是自卑多是自己内心的感受，别人觉察与否，无关宏旨。“自大”多要表现在外，如前述的对人方式，会引起对方的反应，反应回来的是否能满足自大的心理并不确定。因为“虚妄”的自大表现，不但不会使人接受，可能会引起“反击”，如果所得的反应反而伤害到自己的“尊严”时，将适得其“反”，反而又引起自卑。如果这样的反应频繁，可能汇集成概括的“批评”，使自卑感日益加重。

自卑与自大互相矛盾，却又互为表里。自卑必然谋求补偿，正确的补偿在发展自己的优点，以弥补缺点。而不这样做的人，往往用激进的方式，用自大来转移视听，乃是选错方向。世人中不乏因某些经验造成自卑感，但却不肯自省，反以为受到别人“歧视”者，于是生出报复之心，用暴戾的手段对待任何人，以示自己是“强者”，结果造成对己对人都不利的事件，而这样的事件却常常发生。

四、冲动暴躁

冲动指情绪作用的强度而言，暴躁常常用来描述性格，但二者密切相关。

情感本是与生俱来的，当其未发生作用时，人的心理处在平静的状态，心理学中称为"平衡"。至发生作用时，因为情绪激动，心理能量失去平衡，等于失去正常状况。冲动力有强弱之别，动力弱时，只有自己能够感觉；动力强时，就成了冲动，才称为"情绪"。因为动力强，个人处于"激动"的状态中，内在腺体分泌发生变化，自己会感到心跳加速、血脉贲张，表现在外，就不由自主地有了行动，这样的行动常称为"冲动表现"。所以冲动和情绪强烈有相同的含意。

大体说来，喜怒哀乐四种情绪发生作用时，"伤害"到别人的，无过于"怒"。"冲动"就常指愤怒的表现。

试看一般对愤怒的描述，多半是"面红耳赤、横眉怒目、大声吼叫、言辞激烈"。分析一下这种情形下的心理状况，必然是这个人受到外在刺激，引起心中的不快，不快到愤恨的程度，恨与怒相连，所呈现的就是这样一幅"画面"。

在这样的情形下，不只是面部表情，更明显的是言辞与动作。此时的言辞，旨在发泄怒气，脱口而出的任何"恶毒的话"都可置于对方身上，而且必然是"侮辱"性的，否则便不能"泄愤"。在动作方面，先是"出拳"，继以"脚踢"，怒气不解时，任何手边的物件，都可"捞过来"向对方"挥去"。如果对方无言退却（这样的并不多），愤怒者可以"消气而罢"；若对方"不肯示弱"，同样怒气相对，便给爱看热闹者演出"一幕好戏"。

街头或公开场合两人相争，当然事出有因。最常见的街头争吵或打斗，无外乎两车相撞，常见的三种状况是相对而行，或前后相继，或是直行与横出交接。

就道理说，双方相向而行，都可看到对方，本不应互相擦撞，必然有一方或是行车过速，或是心不在焉，因为分道而行，不该逾越分道线，一方有错的几率较大。

车辆依前后而行者，规矩是要"保持距离"，依"限定时速"而行，而且前车有后视镜，后车当然应该向前看，照规矩行车，本不该相撞，然而却常常是后车撞上前车。这种情形发生在黄灯停车时最多。不过如果后车完全守规行驶，即使前车紧急刹车，后车仍有缓冲余地，不致撞及前车，所以相撞时，应是错在后车。

两车一直行，一横出，照规矩，横出者应该看清直行车辆的状况，等待适当时机才能插入，若硬行撞入，造成事故的可能性便较大，插入者便难辞其咎。

此时如果错方认错，大概不难解决。但有时“有理”的一方“得理不饶人”，大张挞伐，使有错的一方“忍无可忍”，为了“维护面子”，便争吵起来，有理无理且不说，先要“争一口气”，于是本来可以依理解决的，竟以不快甚至更不堪的结果收场。这样的结果是：有理的“得理不饶人”以至“盛气凌人”，失之“气盛”；无理的不肯认错到底，“不愿服气”。“气”使人“冲动”，“冲动”就会变成“暴躁”。

冲动暴躁都出于“情绪作用”。多数人容易冲动暴躁的原因，倒是值得探讨一下。

《中庸》里说：

> 喜怒哀乐之未发，谓之中；发而皆中节，谓之和。中也者，天下之大本也；和也者，天下之达道也。致中和，天地位焉，万物育焉。

文中的“中”、“和”与“致中和”，有解释一下的必要。

所谓“中”，是蕴涵在内的意思，犹如《礼记·礼运》中所说的：“何谓人情？喜怒哀惧爱恶欲，七者不学而能。”“不学而能”就是与生俱来的意思。婴儿一出生就哭，即使医学说是生理的原因，但此后饿则哭，喜则笑，不需要学习，显然是生而即能的。所以这些情感或情绪，是人本来就有的，不过若没有刺激，便不会发作，不发作而只蕴涵在内，故而说是“中”。以“中”为“天下之大本”，可以解释为“人情”是“世界”（包括人与物）的“根本”，因为人的一切作为都受情感影响，影响到人和物，这一点待下文再来说明。

所谓“和”，是指人与人以及人与物的相处方式，都以“和为贵”，这一点不难明白。“和”可以说是“平和”、“祥和”或“和善”，每个人都喜欢受到和善的待遇，甚至动物也不例外；至于无生命的物件，应用时顺其物性,就不易损伤或破坏。人本着"和"来处世待人接物,喜怒哀乐,都"恰如其分",不过分强烈,也不会无动于衷,那么就可通行天下。

如此说来,"致和"是要在情绪上,加些"控制"或"调整",使之不至于强烈到"过",或无动于衷到"不及",还是要人"自己"用些心思或力量,因而"致"字的作用便表现了出来。而情感既是本来就存在于中的,已经在那里,为什么还要"致"?仔细揣测古人之意,大概知道这天生在"中"的情感情绪,有其"原始性",即是只有本原的"冲动力"。这种冲动力出诸"自然",粗糙而"近乎野蛮",需要加上一番"人为"的修饰,使之"精致化",改野蛮为"文明",因而人还是要用些工夫,也就还是要"致",所以才说"致中和"。

于是"致中和"即是人对自己的内在与外在都要用些工夫,双方都顾到喜怒哀乐,都能"中节"。至于如何调整内在本原的天生情感,需要详加说明,容到后文再来讨论。

现在要说的是,因为人在情感方面"内外失调",才显出情绪易于冲动,落到性情暴躁的地步。

情"动"于中而表现在外,多是在一个情境中"偶发的",但若表现为"有系统性",便不能说只是"偶然",而是"习惯性"。习惯性的"情绪爆发",是"心理状况"问题。若追究这种心理状况的成因,往往是由于某些经验中的"不快","积郁在心","郁气充满心中",就会"一触即发"。前面所说对自己的价值有疑,缺乏成就感,自卑与自大相矛盾,加上生活中种种"不如意",都造成"不快"。不快的"感觉"积累起来,郁积在心中,自然要"宣泄"出来,迅急而强烈,即是所可见的冲动暴躁。

冲动暴躁的表现,常见的是两个人接触时,一开始就似乎各怀"敌意",可以感受到各自心中预存着"防卫机制",故而发生冲突的情形极为常见。乃至多数人和人接触时,一开口"语气"中便含着"挑衅"的"意味",听在对方耳中会作何反应,便可想而知了。如果一个地方有多数人表现如此,就成了社会现象。其中最值得忧虑的,即是缺少了"和气"。

冲动暴躁成为"习惯"后,任何表现都受先在的"冲力"支配,带着"反抗”的意味，若长此以往，反抗深植于心，会成为“习惯性”。如果环境对这种习惯性表现经常“容忍”，甚至有“鼓励作用”，使人误以为可以用“反抗”作手段，以达到某些“不合理”的要求，那么出现的次数多了，便成为社会风气，破坏社会秩序犹在其次，最令人担心的是助长了“以非为是”的错误，成了伦理道德的“隐忧”。在美国，因为主张民主，也允许民众集合游行以表达民意，不过他们的集合游行，一则有秩序，一则不失理性，少有抛鸡蛋、撒传单的举动，可见即使是反抗，也有反抗的“道理”在，不同于冲动暴躁。

第三节　抚今思昔话教育

时间流逝，人事变迁，社会演变也是不可避免的现象。以一个时间段落来说，每个段落都有其值得称道之处，也有使人感觉不满的地方。而人似乎有一种心理倾向，易于“缅怀过去”，而所怀念的是“认为”好的；所批判的自然是“认为”不满的。因为怀念过去的好，而生出对“当前”有所不满，这种心理现象，在史书中或个人的著录中，不难找到蛛丝马迹。（有人批评孔子言必称尧舜就是起于这种心理作用。笔者以为平心而论，孔子称道尧舜，用意在指出尧舜“志在以天下为己任”，不在帝位，所谓“大道之行也，天下为公”，见于尧舜“禅让”帝位。孔子的说法是为了唤醒“争权位”和“家天下”的诸侯了解“位”在于为人民谋福利，不是满足“一人之私”。《礼记·大同》中说得很明白，三代以后，变成了“天下为家”，帝位成为世袭，“大道”也就不行了。因出身而决定了统治权，以致不孝者在位，又引起争夺厮杀，这是孔子所不能赞同的。但是“家天下”行之已久，难以改变。孔子自己又称道文武周公，不便再多事批评世袭的制度，只好付之“一叹”而已。可以说是一种抚今思昔的心理）

笔者前节所举的当前社会现象，明显地是在说明道德伦理的没落，似乎“有贬无褒”，但这并不表示笔者抹杀当前道德伦理的存在，也不是只有不满。承认道德伦理是中国文化的传统,可以在历史中找到许多事实证据,而且到现在"遗绪"犹存。可能因为当前耳目见闻便利,所得知的不道德极为明显,相形之下,才觉得道德伦理不彰而世风日下了。

目前社会仍然赞扬诚实、仁慈、礼貌、信义,且更标榜智慧(但却过分强调考试成绩),所以拾金不昧者、乐于助人者、诚实不欺者、孝顺者也常见于新闻报道,这样的行为亦为人所赞颂,可见道德伦理仍为人心之所向。但是从学校教育看,重"智育"的"升学主义"为人诟病已久,学校似乎只顾这个问题,其他的德、体、美、劳四育只成了空文。再从补充教育来看,似乎补习班以及各种补习材料等,都超过正规教育的数量。而休闲类读物,以及漫画书、言情小说、消费指南、发财致富等读物,其数量也超过提倡道德伦理、励志创造者。(笔者按:缺乏实际数据,只凭感觉而言)

试再检视一下学校教材,从小学以上,关于道德伦理的文字占多少比例?新闻副刊、杂志类有关道德伦理的,歌曲、电视节目中显示道德伦理的又有多少?

如果回顾一下过去,再比照当前,可以重作一番观察。不过已往的只靠有限的记载,当前的事实又缺乏"定论"(定论要待历史的鉴定),只能根据"见闻"而已,而且缺乏统计资料,可算"姑妄言之"。

一、启蒙材料

儿童心理学出现后,对儿童教育大有裨益,加上"民主"观念普遍,儿童教育的方式已有许多改变,由过去的严格改为合理。

"新教育"重视儿童的能力与兴趣,教材的取材便以此为原则,这原本是最正确的,但如果材料内容加入一些"生活规范",大概也并不违反以"儿童为中心"的原则。即以"旧时代"的启蒙教材说,先以《三字经》为例,试取几则如下。

"昔孟母,择邻处,子不学,断机杼。"把这几句编为一个小故事,既可提高儿童的兴趣，又可了解到一位“先圣”的幼年状况。类似的材料为数甚多。

“窦燕山，有义方，教五子，名俱扬。”这更是一个道德伦理的故事。（窦燕山为五代时人，初时为富不仁，后来改行为善，拾巨金不昧，并广行善事，用后来的“为人之道”教子，所以五个儿子也都成名）

再看《弟子规》，因其本为初学“修身”的读物，可用的更多：

“人问谁，对以名，吾与我，不分明。”（笔者时常接到未授过课的学生的电话，请教他的大名时，往往只说姓，似乎不愿将名字相告，只好作罢。上过课的学生，时日既久，又未继续见面，电话中只说名而不道姓，遇到名字相同者，就难辨其为张为李，到底不能确定是谁）

“用人物，须明求，倘不问，即为偷。借人物，及时还，人借物，有勿悭。”

“凡出言，信为先，诈与妄，奚可为。话说多，不如少，唯其是，勿佞巧。刻薄词，秽污词，市井气，切戒之。”

“见未真，勿轻言。”

“勿谄富，勿骄贫。勿厌故，勿喜新。”

“读书法，有三到，心眼口，信皆要。方读此，勿慕彼，此未终，彼勿起。”

“列典籍，有定处，读看毕，还原处。”

像这类的材料，教儿童并无不妥，只要改变文字语法即可。实则这类读物，是根据其时的教学观念而编制的。其时以“教识字”为先，而以诵读为务，意在训练儿童的记忆力（现在已经知道幼年记忆力最强，幼年所学的，可以到老不忘，在这方面无可厚非）；而其时对材料的编制，用的是“歌谣式”而有韵味，朗朗上口，儿童虽然不懂意义，却无害其随口歌唱，待其渐长，自能了悟。这方式犹如母亲给幼儿唱摇篮曲，幼儿可以领会声调，不需要懂得意义。何况教法可以改变，浅近易晓的文字，加以说明，文字内容亦不失其价值，把有价值的一并废弃，无异于因噎废食。

二、儿童教育

朱子《治家格言》开始便说：

> 黎明即起，洒扫庭除，几案必正，器物必整。

早起和整洁本都是好习惯，而现在似乎只求“读书”，家庭的事固不必劳动儿童，有些学校也免除了这项训练，似乎有必要重新加以考虑。

王阳明（1472—1528）比较接近现代，他的教育主张中对儿童心理颇为重视。在《王文成公全集》中，有《训蒙大意示教读刘伯颂等》。“教读”即是儿童的教师。王阳明所指示的约略如下：

教育要项：以孝弟忠信礼义廉耻为务。

教学目的：涵养性情。因为“童子之情，乐嬉游而惮拘检。如草木之始萌芽，舒畅之则条达，摧挠之则衰萎。今教童子，必使其趋向鼓舞，中心喜悦，则其进自不能已。譬之时雨春风，沾被卉木，莫不萌动发越，自然日长月化。”

教学项目：分三项。

1. 歌诗：歌诗是用近似歌唱的方式朗诵。不但抒发意志，而且伴以呼喊跳跃，借音节宣泄抑郁滞结。（早期的乐，文字取材自诗，配以曲调。目前对诗只会用“读书”般的“念”，在新教育实行前，乃是用近似唱的方式，唱有调，容易记忆。古乐在唱之外，还要配上舞的动作，这样结合起来的整体才算“乐”。阳明的时代便是如此。用“唱”可以帮助记忆。从前读古文称诵读，即是读时有腔调）

2. 习礼：练习周旋揖让以贯通血脉，由拜起屈伸而坚固筋骸。（有体操的作用）

3. 读书：读书在开启知觉，又可以因沉潜反复而存心，加上讽诵的抑扬以宣定志气。

教学规约：

1. 每日清晨学生参见老师行礼后，老师依次问学生在家是否做到爱家人，走路是否循规蹈矩，言行有无欺妄，要学生据实回答，如有不合，嘱其用心改正。（并不责罚）

2. 歌诗要整容定气、声音清朗、节调和畅，避免鼓噪气馁，以训练心气平和。可依人数多寡，分成几组，每日由一组歌诗，其余静听，每五日全班依次歌唱，每月初一十五全体合唱。

3. 习礼时要学生澄心肃虑，端正仪容，分组表演如歌诗的方式。习礼之日免其他课业。

4. 教读书不贵多而贵精，衡量每个学生的能力，每日能学二百字者，只可教一百字（因材施教），使学生精力有余而无厌苦之患，且有自得之美（即成就感）。学生读书时，必使之专心一志，心口如一。

王阳明的儿童教育，可说是"整体人"的教育。首先把握住"儿童心理"；然后以"人格教育"为宗旨，以品格陶冶为主，而且详加考察，以见"实效"，是实施道德伦理的"实事求是"的做法；对知识教学，重视学生的"能力"，一次"不尽其力"，使学生学习时感到"游刃有余"，又有成就感，自然无所谓学习压力，而是"在快乐中学习"；但是学习时必须专心致志，口到（诵读）心到，乃是"务实"的教育。

王阳明的儿童教育方法，似乎并未受到应有的重视，史书记载只见强调其事功，学术方面只说其"知行合一"，就在《明儒学案》之《文成王阳明先生》的著录中，也未出现一字一言。只有陈青之所著《中国教育史》之《王阳明》中有一个小段落。到"新教育"实施后，只重视外洋的教育方法，中国本有的，即使有用，也无暇注意了。

三、世俗教育

自从春秋时代乡学废除之后，民众教育随之消失，周代道德伦理遗绪，只在民间乡里传闻，后来则见于民间活动中的"杂剧"如说部（说书）、戏剧之类。其中有些取材自稗官野史(也有见诸正史者),不过以“称道”伦理道德者为多,或者以不合道德伦理者为“反讽”,所以人们的印象是“说书唱戏是以理喻人,主要的目的在教忠教孝”。这类娱乐性的活动,仍反映一部分道德伦理的影响作用。

从清末中国遭受外洋侵略后,百余年间,民贫国弱,学校教育尚未普及,自然无力顾及民众教育。而今已有普及的“国民教育”,且有“成人补习教育”,问题是道德伦理材料在教育中应占多少比例才是合适的。

第三章　伦理道德的起源与意义

如果说伦理道德是由人“创造的规范”，那么“规范”就是在规范人，等于人在规范自己。人有爱好“自由”的倾向，那么人为什么要自创一些“规范”来“约束”自己？是什么人“创始”这些规范？创始者“用意”何在？人们“服膺”规范有什么“好处”？“不遵守”规范“又将如何”？伦理道德存在了这么久，为什么到现在还有疑义？而且为什么疑义越来越多，越来越深刻？

上述问题在人们求知欲日益加强的今天，应该有详加探讨、解脱困惑的必要。解惑应该无所蔽，即是要客观全面地寻找翔实的材料，试着来解释。那就要寻根探源，既然问题由人而生，又关系到人，就要从人和与人关系密切的方面说起，可能还要终结在人身上以及与人有关的方面。

第一节　人的情感作用

《礼记·礼运》中说人有与生俱来的“喜怒哀惧爱恶欲”七情。先就情感的性质说，本来是蕴含在内的，要受到刺激才发生作用：作用的程度弱时,只有自己感觉得到,即使表现出来,也比较轻微;若作用程度强烈,则不但有感于内,且会表现在外。假如一个人"绝世而独立",所受的刺激只在本身或其"私人环境中",情感作用也只及于自身或身外之物,自己对自己如何反应,那是自己的事,物如何反应并非重点所在,主要的是,与别人无关。

因为绝大多数人都生活在人群之中,且与其中的某些人接触频繁,一个人的情感作用,往往影响到周边的人,就在这里才会有问题发生。

一、原始情感作用的影响

上章中曾说到人都喜欢享受"和善"的待遇,如《中庸》里所说的"喜怒哀乐"四情,其中的"怒"是最不为人所喜的,这一点应该就是"关键"之所在。人的常情就是如此,没有人喜欢别人"怒目相视"或"恶言相向",任何人如果不愿落得"别人不欢",就不可"任意发怒"。而情感作用,本来就是"一触即发"的"冲动",势如狂涛骇浪,此时任其发作是"自然状态",心理学家曾说,情感作用时最好发泄出来,以免"压抑"在心中,造成心理病征。可是发作出来便不免"伤及别人的感情",如何排解,便是问题所在。

依常理说:"人同此心,心同此理。"两个人面面相对,所想的可能不同,"情感"却是一样的"存在于中",作用与否,首先在对方的表现。如果被对方触怒,可能便要发作起来,这是"常情"。

"怒"在两人之间发作的状况,一方是"挑衅"者,即发出"刺激"的,必然引起另一方的反应,通常说是"被激怒了"。不过造成"刺激"的原因很多,出于无心或粗心的暂且不说,即对"受刺激者",也可能有两种反应方式:一种是一笑置之,掉头离开,这样挑衅者便无从"尽情发泄",只好"偃旗息鼓",于是一个火爆场面便可消失于无形;一种是立即怒气勃发,"还以颜色",当然就冲突起来,如何结局,很难预料,可想而知的是,双方的感情都受到伤害,即是"失和"。

群体生活的基本需要在“互助合作”，与人失和当然会失去“必要”的帮助，也失去“合作”的可能，这是生活中很实际的状况。

情感不止一种，任一种情感作用表现出来，对直接接触和周边的人，都会发生影响，不过并不像“愤怒”那样引起那么“消极”的反应，例如“爱”，虽然和“怒”一样，作用时总有一个对象，可是所引起的反应，却恰好相反。因为“被爱”或“爱人”，无论施者或是受者，所感受到的是“温馨亲切”，乃是“积极”的。在“正常”的状况下，“爱人者”爱一个人，必然是因为那个人有可爱之处，在发出“爱”时，自己就会感到“温馨”；而被爱者接受了爱，同样会有“温馨之感”。这样的爱，应该只恐其不足，不厌其多的。

以上只就“爱”的本质而言，是从其普遍的一面来说。既然“爱”涉及两个人，就因两个人的关系而有差别，所以在“普遍的爱人之外”，又分“亲子之爱”、“两性之爱”和“朋友之爱”。前两者都有原始之爱在其中，后者是社会性的。就前两者而言，“爱”虽然本已存在，但是否合宜，却大有问题，待后再论。

一个人感到“喜”或“乐”时，无论是否和面对的人有关，总会感染到共同在场的人生出“积极”的反应，而感受到他的“喜悦”。至于人感到“悲哀”时，反应者如果有“同情”之感，也会表示“伤感”，但若未达到“移情作用”(empathy)的程度，也不会“感同身受”，只是不至于表示喜悦，以免引起悲哀者的反感，这也是人之常情，内涵里则是做人的“礼貌”。

“惧”如果只是一个人的感受，对别人的感染力较低；只有大家处在同样的情境时，才有共同的感觉。“恶”(音勿)是“厌恶”或“嫌恶”，其感受不难了解；“欲”也是人所共知的，这两者也都是人所共有的情感，只是“所恶”的人在面前时，两相对照，可以断言“表现”和“反应”都不会是愉快的。好在这种情形不多(因为对所恶的人避之唯恐不及)，但所恶的指向人以外的对象时，就成了和“所欲的”一样，都与他人有关。“所欲的”和“所恶的”一样，对人们来说，有共同之处，也各有差别之处。个人的“所欲”对他人发生“直接”影响的较少，“间接”影响牵涉颇多，而且有时相当严重，超出于消极之上，在中国传统文化里，是最要“限制”的一项。

在人际关系中，“爱”和“怒”作用的结果相反，前者促使人和人亲近；后者造成人和人敌对。“欲”和“恶”的对象人各不同，关联到“物”时，最后还是会转到人身上，其影响是激起“消极”的情感，造成人和人以至人群的问题，需要多费一些唇舌。

荀子建立“性恶说”的关键，就在“人有好恶之情”。荀子的说法是：

> 今人之性，生而有好利焉，顺是，故残贼生而忠信亡焉。生而有耳目之欲，有（同“又”）好声色焉，顺是，故淫乱生而礼义文理亡焉。然则从人之性，顺人之情，必出于争夺，合于犯分乱理而归于暴。（《荀子·性恶》）

荀子的“性恶说”，和孟子的“性善说”恰好相反，此处姑不论二者孰是孰非（请参看拙著《人性论平议》），只就荀子所说的来看，就在同篇中，常常性情连用，而“好”与“欲”相当接近，都应当属于情，且二者往往相连而发，荀子也说：

> 夫好利而欲得者，此人之情性也。假之人有弟兄资财而分者，且顺情性好利而欲得。若是，则兄弟相拂夺矣。

这种人情常态，在荀子时已非常明显，大概是自古已然，照目前的状况看，可以说“于今为烈”，尤其在“群趋于利”的世风下，兄弟为争资财而到了“诉讼”的阶段，纷争不息，岂非是“人伦之变”！等而下之的，夫妻决裂，朋友反目成仇，乃至互不相识，为了欲得利而生的争端，更是不一而足。

“欲”基本上和“得”不可分。既“欲之”，就要把所欲的对象（包括物与人）“据为己有”，便会不择手段的，非达到目的不可。而人类“所欲的”与日俱增，特别是“欲”远远超出了“需要”的层次之上，“欲得的”还不仅是“利”而已，才有了“欲海无边”的说法。（现在最不寻常的是两性相爱者，把爱和占有视为一体，爱一个人而不能结合，便对所爱的那个人反目

成仇，忘却了要两个人有共同的感受才能结合）

因为人人各有所欲，有欲就要有得，“各不相让”，所以争端迭起，小之在两个人之间，大一点在一家之内，再大一点在一个团体之中，更大的是国与国相对，“和谐”便成了无从找寻的神话或乌托邦了。归根结底，原始的情感作用是最重要的因素。舜所说的“百姓不亲，五品不逊”，其症结就源自情感“作祟”。

二、明哲之见

我国先哲在认识大自然的同时，就对人有了相当的认识。认识人的情感作用，参照今日心理学的发现，绝不少见。试举几例。

《庄子·德充符》中载惠子和庄子的一段问答的大略是：惠子问庄子人“是否无情”？庄子说“是”。惠子说人而无情，怎么能称为人？庄子说，道给了人外貌，天给了人形体，怎能说不是人？只是我所说的无情，是指“人不因好恶而内伤其身”。从这段话可见庄子认为人的“好恶之情”会“伤害身体”。

《淮南子·原道训》中说：

> 夫喜怒者，道之邪也。忧悲者，德之失也。好憎者，心之过也。嗜欲者，性之累也。人大怒破阴，大喜坠阳；薄气发喑，惊怖为狂；忧悲多恚，病乃成积；好憎繁多，祸乃相随。……

这段话把所有情感作用的弊病都列举出来，害处就是伤及身体。

刘勰《新论·防欲》中说：

> 人之禀气必有性情，性之所感者情也，情之所安者欲也。情出于性而情违性；欲由于情而欲害情。情之伤性，性之妨情，犹烟冰之于水火也。烟生于火而烟郁火；冰出于水而冰遏水。故烟微而火盛，冰泮而水通，性贞则情销，情炽则性灭。是以珠莹则尘埃不能附，性明则情欲不能染也。

这一段兼论情与性的关系，特别在情的方面，强调“欲”为大害。论情和欲二者相连的，还可见《礼记·乐记》中的一段话，文为：

> 人生而静，天之性也。感于物而动，性之欲也。物至知知，然后好恶形焉。好恶无节于内，知诱于外，不能反躬，天理灭矣。夫物之感人无穷，而人之好恶无节，则是物至而人化物也。人化物也者，灭天理而穷人欲者也。于是有悖逆诈伪之心，有淫泆作乱之事。是故强者胁弱，众者暴寡，智者诈愚，勇者苦怯，疾病不养，老幼孤独不得其所。

这段话把“物欲”的“消极影响”说得十分透彻。尤其是后段所说的，悖逆诈伪、淫泆作乱、强胁弱、众暴寡、智诈愚、勇苦怯、疾病不养、老幼孤独不得其所，在物欲诱惑高涨的今天，和这段话印证，不禁让人惊心动魄。现今人的物欲，已经由“享受”进而“标榜浪费”（一则为咖啡宣传的广告居然说：“人生，就要浪费在……”这样歪曲不当的言辞，即使是为了耸人听闻，站在学术的立场，也要加以纠正，不能用“民主”来解释，因为民主并不在“滥用”言辞上见功）。从浪费博取“虚荣”，用以自我“夸耀”，沉迷在“物欲之海”里，不徒是“役于物”而已。

再看《大学》中《修身》与《齐家》两章中所说的，且举其中关于情绪的文字为例，如：

> ……身有所忿懥，则不得其正；有所恐惧，则不得其正；有所好乐，则不得其正；有所忧患，则不得其正。
>
> ……人之其所亲爱而辟焉；之其所贱恶而辟焉；之其所畏敬而辟焉，之其所哀矜而辟焉；之其所傲惰而辟焉。……

《修身》所说的，是修身以“正心”为本，而心之不正，恰是因为受到情绪的干扰：忿懥、恐惧、好乐、忧患，都在情感情绪系统之中。《齐家》是对亲属，包括长辈、平辈和幼辈及亲戚朋友以至任何有关联者而言。“辟”字是“偏颇”的意思，也是指“不得其正”。而所以致偏的原因，即在于亲爱、贱恶、畏敬、哀矜、傲惰，仍然都出于情感作用。

三、调节情感作用的必需

情感作用既然有如上面所说的偏颇之处，对这些出于“自然”的“冲动”（冲动是一个人“自己”发动的），必须先由自己做起，自己加以调节，试先从《大学》的两段说起。

在这两章之前，先说到“诚意”，由“不自欺”开始。原文是：

> 所谓诚其意者：毋自欺也。如恶恶臭，如好好色，此之谓自谦。

第三句中第一个“恶”字读“勿”，为厌恶之意。“谦”字同“慊”，是满足的意思。可以解释为厌恶臭味和爱好美色，从感觉刺激到情感，臭则臭，美则美，情感真实无误，只有自己知道，所以满意于自己的感觉和情感作用。下文说：

> 小人闲居为不善，无所不至，见君子而后厌然，掩其不善，而著其善。人之视己，如见其肺肝然，则何益矣。此谓诚于中，形于外，故君子必慎其独也。

这段话是说，小人在别人看不见的时候，什么坏事都做得出来，到了堂堂正正的君子面前，就问心有愧而自惭形秽，于是掩饰自己的坏处，表扬自己的好处，其实是无益的。一个人看自己，可以洞见肺腑，无从遮掩。因为诚于中，必然形于外，别人虽然有看不见的，却瞒不过自己，“慎其独”就是不论有无别人在场，不该做的还是不可以做，如果做了，等于欺骗自己（以为别人不知道，就可以假装没做，其实自己是知道的）。言外之意，无论做什么，先要从自己做起，就是不要骗自己，而且要时刻如此。换句话说，一个人最好“表里如一”。“虚伪”固然可以骗过别人，却骗不过自己的“良知”，良知使自己内心感到不安，纵使在别人面前装好人，仍不免“有愧于心”。

现在来看古人为何要说调节情感。试再就前述刘勰《新论》中《防欲》后文看，继说：

> ……将收情欲，先敛五关。五关者，情欲之路，嗜好之府也。目爱彩色，命曰伐性之斤；耳乐淫声，命曰攻心之鼓；口贪滋味，命曰熏侯之烟；身安舆驷，命曰召蹶之机。此五者，所以养生，亦以伤生。耳目之于声色，鼻口之于芳味，肌体之于安适，其情一也，然亦以之死，亦以之生，或为贤智，或为庸愚，由于处之异也。

这段话中所谓的"五关"，即是耳目口鼻体五种感官，顺着情之所好享受，在维持生命需要的层次上是必需，但若和"欲"连接在一起，而任情纵欲，超过了必需的限度，不但无益，而且伤害身体以致缩短了生命，后果就无须多言了。

中文里通常都用"欲"字，有时又用加上心字的"欲"。如果"杜撰"一下，"欲"属七情之一，是生而即有的，属于本能的范围，如饥欲食，渴欲饮，倦欲休息，是生活中不可免的"必然"或"必需"。加上了心的"欲"，就不是出自本能的必然，而是有了心中的"想要"。既然出自想象，则会想到什么就"要"什么，而在生活中新奇的物件越来越多之后，所"欲"的自然随之日渐增加。到了这个地步，无论用哪个欲字，其中都有"情感"的"冲动"和"心"中的"愿望"，不只是单纯的必然，也不再是本能的"必需"，而要从所欲的对象来区分。例如饥欲食，"本来食所以疗饥"，则凡是可吃的东西，吃后便不会再饿；可是虽然很饿，食物满前，却认为"无下箸处"，非要自己想吃的东西不可，大概就得用这个"欲"字了。但是这个"欲"字，也该有个区别，例如想要做个好人，想要做个博施济众的富人，以至想要做个有学问的人，也都可说是"欲"，但这类欲于己于人都是有益无损的，不但无可厚非，甚至受人推崇。唯独只求"小体之欲"或"私利"，才为人所"不取"。(孟子说"养小体(口腹)者为小人，养大体(心)者为大人"，便是指求满足口腹之欲与求开拓心智之别，可以与上文相对照)

第二节　伦理道德本乎人情

先哲先贤的明见，看出了人的弱点，为了修正人的弱点，使人享受真正的人生，才提出“修身”之道。完全出自“善意”，而且率先身体力行，并非为了显示权威，只用来约束别人。我们常说的“圣人垂教”，从他们的用心看，乃是怀着“淑世安民”的愿望，希望人人能过安乐的生活，把“理想”寄托在“教化万民”的行动上。他们之中秉有“实权”的，从行动上做到了，如最早的舜命契做司徒以敬敷五教；大禹继之，命皋陶做士，以弼五教；周公订立典章制度，制礼作乐，从“顺调人情”、“改善人性”做起，奠定了中华文化的基础。孔子因为“不得其位”，只得以教授弟子，将文化精髓流传下来，主旨就在以提升人的品质为“起点”，而这起点就在“改变”人的情感作用上，情感作用“合乎中道”，“人品”才能高尚。

一、调节人情的规范举例

既然知道人的原始情感作用是冲动的，要加以调整，就要有一些“规范”，用做“指标”，使冲动的情感在发生作用时，无“过或不及”的表现。规范早已称为“道德伦理”，或简称“道德”，自古及今，已有了许多“德目”，且先举最基本的以为例。

基本的道德规范首先当推“五常”，即是“仁义礼智信”。试来了解一下。（“五常”的一个解释，一是指“五伦”，即如《舜典》中所说的“五品”，指父子、君臣、夫妇、兄弟、朋友；一是指仁义礼智信，这个说法见于《汉书·董仲舒传》，为董仲舒所说：夫仁义礼智信，“五常”之道，王者所当修饰也。到东汉班固遂沿用了此说）

关于“五常”和情性的说法，先以《白虎通》中关于性情（典籍中常将性、情二者并论，因为情感有了系统一致的表现时，往往就说是性格）的观点为例，文为：

> 情性者何谓也？性者阳之施，情者阴之化也。人禀阴阳气而生，故内怀五性六情……阳气者仁，阴气者贪，故情有利欲，性有仁也。“五常”者何？仁义礼智信也。仁者不忍也，施生爱人也。义者宜也，断决得中也。礼者履也，履道成文也。智者知也，独见前闻，不惑于事，见微者也。信者诚也，专一不移也。

战国末年出现了阴阳五行之说，汉代董仲舒即深受此说的影响，班固的《白虎通》也不例外。只就其所说情性与“五常”来看，可以说仁义礼智信是调整情感的指标。而仁义礼智信是儒家自孔子以来教人修身修道的信条，也是被归入道德领域中的道德项目。在这五者之中，在此先把对情感作用最有关系的“仁”加以说明，其余四者，也都和“仁”有关。

“仁”字从字形看，是两人对面相逢的形状；从字义说，却相当抽象，长久以来，多用“仁爱”两个字，可见二者有相近之处。既然自古以来就视“仁”为“德”，应该是可以“明白并实践”的，则如何做才能算“仁”，实在有阐释清楚的必要。

追究出现“仁”字的典籍，应该先推《易经》(或称《周易》)。《系辞》中有两句话是：“安土敦乎仁，故能爱。”于是有了“仁”与“爱”相连的证据。这两句的“本义”解释说：“仁者爱之理，爱者仁之用。”就把“仁”字的抽象意义解释得很清楚了。因为谁都知道“爱”这种情感作用，其感受非常实际，而“仁”字则不易把握，不容易说出怎样表现才算是仁。《论语》中就有“樊迟问仁。子曰：爱人。”《孔子家语》和《孟子》中都有“仁者爱人”这句话，可以推想到“爱人”相当于仁。但是又有一句话说“爱近乎仁”，可见爱并不等于仁。我们知道爱可以表现出来，而表现出来的爱，却又不能算仁，就在于这种情感表现不尽合理，要加上“理”作指引，“爱”才有真正的意义。那么给“仁”作一个解释，应该说是“合理的爱”。

前文曾经说过，两个人之间的爱，一方是爱人者，一方是被爱者，两者都会感受到一份“温馨之情”，是人都愿意经验的，则“理”的“道理”在哪里?

前举《大学·齐家》时,曾说“人之其所亲爱而辟焉”,亲爱既然是人人都有的经验,从爱人的这方面说,怎会还有“辟”?“辟”就是前所解释的“偏颇”,那么“偏颇”是怎样的状况呢?试看后文说“故好而知其恶,恶(音勿)而知其美者,天下鲜矣。故谚有之曰,人莫知其子之恶,莫知其苗之硕。”《论语·宪问》篇中孔子也曾说:“爱之能勿劳乎。”从这两则可以看出“爱而有辟”的状况:其一是“爱而不知其恶”;其二是“爱而不能劳之”;附加其三是,如果“恶之”,便“不知其美”。

专从爱人这方面来说,常情是父母爱子女的“亲情”。“亲情”是天性,就连动物亦然。因为幼小的生命需要哺育爱护才能生长,所以才有“舐犊之爱”。不过动物在能独立生活以后,其家长即驱之而去,不再顾惜。而人从幼年开始,父母的爱便无所不至,“爱护”过度,就会成为“娇宠”。在父母眼里,子女“无一不可爱”,毁坏器物固不计较,即使反抗顶嘴,也不以为忤,甚至打到父母身上,还会嬉笑自如。在这样的“爱”之下,当然只有为子女“服务”,且从不知其恶(因为不以为恶),当然也不舍得劳之!可是在这种爱的“滋养”下长大的人后果如何自不乏实例可见,到子女长大后,才知父母当初害了自己,而为时已晚。

不过也有父母对子女有“恶”(音勿),因为“不知其苗之硕”,只看到子女的缺点,“恶而不知其美”,责难多于嘉勉,以致斫丧了父子之情。所以从亲情之爱说,便有“过”或“不及”的偏颇。

依此说来,“爱近乎仁”而“不等于仁”。因为“爱”只是本原的情感,其产生只是一种“冲力”,完全出自“主观”,而“主观”之中含着相当成分的“私意”。“私”只在一己,延伸起来,就是没有别人存在心中。而“爱”的出现,有一个不可或缺的“接受者”,既然爱对方,必然要其能够“领受”这番“温馨”,如果不考虑对方的“感受”,爱得过度将使之“不堪负荷”,不足又使之感觉有所“欠缺”,同样是情感作用。如果“爱”是出于“私心”,把其他的意念夹杂进去,就不再是“单纯地爱人”,而是用“爱”来达到自己的某些目的。这样的“爱”实际上已经不是“爱人”,而只是“满足自己”

的“私心自用”了。例如希望子女“显亲扬名”，就含有“私心”在其中。

从婚姻自主以后，两性青年经过交往而相恋，而结合，已是常事。但也有未达到结合的程度而分离者，应该也算常情。但被排斥的一方，或因“确实”爱对方，不肯舍弃，或因“欲与”对方长相厮守，不肯分离，因而“转爱为恨”，甚至做出残害对方或杀害对方的行为，忘了二人结合必须“两相情愿”，也是爱为“私心”蒙蔽所致。

故而“爱”这种情感作用，必须伴上“理性”，依照“道理”而“爱”，使之无过或不及，成为“合理的爱”，不能只用一个“爱”字来表达，因此才用“仁”字来表达这种含义。而“仁”也是“道德的根本”，从“仁”可以推到义礼智信。

把“合理的爱——仁”推到本原处，就是心里常存着一份“温馨之情”，基于这种情来看一切，所见的将都是“可爱的”，自己会感到“愉悦”，表现出来，自然也使人愉悦。于是就可以推广到人生的各方面。

“义”在前面曾说见于《易经·干卦》中的“义者利之和也”。然后在《礼记·礼运》中有句为“陈义以种之”，句后“陈注”说：“义者人情之裁制，随事制宜而时措之。”

《礼记·礼运》下文又说：

> 义者艺之分，仁之节也。协于艺，讲于仁，得之者强。

陈注说：

> 艺以事言，仁以心言。事之处于外者，以义为分限之宜，心之发于内者，以义为品节之制。协于艺者合于事理之宜也；讲于仁者商度其爱心之亲疏厚薄，而协合乎行事之大小轻重，一以义为之裁制焉。

随事制裁情感作用，使之合宜就是义。陈注中所说的“艺”字，简单地说，就是方式。“艺以事言”是说做事在方式；“仁以心言”是指“以仁存心”。“义”的“决断作用”（制裁），就在处事的方式要求其“合宜”；在心中的情感作用要求其“合度”。（陈注可能源自《书经・仲虺之诰》：“义者心之裁制，以义制事则事得其宜。”）

大致说来，“义”的制裁作用，就是用“理性”调整情感的偏颇。“理”是确切不移的“公平正直”，“理性”即是根据公平正直来衡量自己心中所想，以及将要采取的行动。居心公平正直，则所想所作的便会“不违正道”。

“礼”在前文已有介绍，后文还要另加解释，此处姑引数则以见规范的指标意义。先是见于《礼记・王制》的：

> 司徒修六礼以节民性。

见于《礼记・礼运》的：

> 以正君臣，以笃父子，以睦兄弟，以和夫妇。……故圣人之所以治人七情，修十义，讲信修睦，尚慈让，去争夺，舍礼何以治之。

因为古人以为“情出于性，性见于情”，所以这二者常常并论。既然原始的情感作用有偏颇，就必须加以矫正。矫正之法，称作“裁制”，使之不致过或不及以得其“中”。而“中”永远是“恰当的”，即是“合理”。而“礼者理也”，礼的基本定义就是“合乎道理”，合乎道理则人人都可接受。

“智”字早期常和“知”字通用，所以在看到“知”字时，要辨别说者或用者的意向。例如《易经・系辞》中便有句为“知周万物而道济天下”，又“仁者见之谓之仁，知者见之谓之知”，其中的“知”字都作“智”字解。

先看“智”字的意义，据《韩诗外传・论智》一则说：

> 传曰：聪者自闻，明者自见。聪明则仁爱著而廉耻分矣。故非道而行之，虽劳不至；非其有而求之，虽强不得，故智者不为非其事，廉者不求非其有，是以害远而明彰也。《诗》云：不忮不求，何用不臧。

这段话所说的“智”，等于世俗所说的“聪明”，不过聪明不只是指“读书”，更在“明理”。基于“仁爱”则不做“非分”之事；明乎“廉耻”则不求“非分”

之得，如此才算“聪明”。后两句见前孔子赞美子路时的解释。

换个方式说，聪明则容易达到“通达”的地步，而少有“疑惑”。疑惑使人“犹豫不决”，情感上便有了“困扰”，这是人常常遇到的情境，荀子的《解蔽》篇就在讨论人之所蔽。且不论为情所困的苦恼，只就“蔽由情”而生来说，依《韩诗外传》所说，一是“仁爱不著”，二是“廉耻不分”，试来解释一下。

从仁为“合理的爱”来说，“仁爱不著”可以说是仁爱不明显，蔽在不明仁爱之理，除了爱有过或不及之外，更在不知道“如何做”才算“得当”，关键就在“懵懂无知”（现在性爱泛滥似乎有检讨的必要）。从“廉耻不明”来说，恐怕就在“因欲而贪”上。因贪得而不顾廉耻，就在只想“得”，而不管“得”是否合理，不问“得”的方式是否“正当”。《二程子全书》中谈“智”时说：

> 人之情各有所蔽，故不能适道，大率患在自私而用智。自私则不能以有为为应迹；用智则不能以明觉为自然。

关于“信”字，在《礼记·礼运》篇中先说“士以信相考”，继说“体信以达顺”，在这句之后，陈注引朱子的话说：

> 信是实理，顺是和气。体信是致中，达顺是致和。实体此道于身，则自然发而中节，推之天下而无所不通也。
>
> 体信是忠，达顺是恕。体信是无一毫之伪，达顺是发而皆中节，无一物不得其所。聪明睿智皆由此出，是自诚而明意思。

在这里可以看出“信”和情感的关系。人之常情，一方面要“言行如一”，是自己对自己的“信”；一方面在对人要“言而有信”，所以“信”和“诚”不可分，因为“不欺人”要从“不自欺”开始。反过来说，“自欺”会问心有愧，心里不安当然是情感问题。“欺人”有时会自以为得计，然而却使被欺者“不快”，此后的交往大概就会中断。《论语·子路》篇中孔子也说“上好信则民莫敢不用情”，南怀瑾先生在其《论语别裁》中，解释“上好信”说：

“上好信的‘信’，不但指有信用，讲了的话兑现，还包括了信人、信己，要做到疑人不用，用人不疑，那么下面对你没有不付出真感情的。”可见“信”和“情感”的关系何等密切。从政治领导者以至任何人，都要坚持这个“信”字，而信和诚是离不开的。

综上看来，仁义礼智信这五种“道德规范”都是因为人的情感作用“有偏颇”，要加以裁制，使之“合乎中道”，才能有“人和”出现。而“人和”则是“人生”必不可缺的。

说人生需要以“和”为生活的“道路”（方式或法），就是从心理状况说，每个人都愿意生活得愉快，而愉快与否，主要在于自己。自己“心境平和”，情感就得其“中”；生活中又时时与别人接触，用“和”待人接物，在人生大道上，才能“畅行无阻”。所以道德规范，不是为别人，而是“为自己”，“得道多助”的意思就在这里。

二、道德规范意义的汩没

道德规范失去了实际意义，只因长久以来，人们只用来“挂在口头上”，并未实践，口说者才被讥为“口述尧舜，行同盗跖”。这是因为看到“伪君子”言行不一而生的，“错”不在“规范”，而在人未依规范行为，只把规范放在口头上，以掩饰自己的“邪行”。到新思潮兴起后，又视规范为陈腐的“教条”，不合实际。现在不妨先平心静气地探讨一下，何以对道德规范有了如此的误解。

（一）舍本逐末

前面已经说明道德规范生自人情作用的偏颇，道德规范就是为“矫正情感作用”而出现的。要如此做先要人从自己“内心”做起，仁义礼智信只是实行的“指标”，依照“指标”来矫正自己的情感作用，做到了便合乎“道德”，自己才算“有德”。然而历来人们只拿道德作为“口实”，到自己的情感作用发生时，仍然任其凭着“冲动”而行，实际上已经把规范抛到九霄云外，以至见者由所见而对照其所言，看不出规范的效果，实未曾想到是这样表现的人欠缺“修身”的功夫，功夫不到，才言行不一，只径自“责难”道德规范是“骗人”的“假话”，只是说来“好听”，不能实际应用。

很多人“能口说”而“不能行”，理由很简单，即是“口说易”，做起来就要能“约束自己”才行。而约束自己并不容易，因为情感是一触即发的，必须在平时随时注意，养成控制自己的习惯，才能有效。困难之处是人见“别人之非”易，见“自己之非”难（因为眼睛只会向外看，看不到自己），所以仁义道德很容易说给别人听，却忘了“教自己做”。

（二）空言无实

我国的道德规范可以说有据可证的始于舜时，到孔子整理“五经”，集中华文化之大成，“典范”已经确立在那里，试看那些讲这些典范的人，在他们说出口时，已经有了明确的行为典范，本是“言行如一的”，孔子称道尧舜文武周公，就在于这些先圣先贤“行如其言，言如其行”。大家都知道孔子“知德合一”，曾经批评“言不顾行，行不顾言”之“非”。直截了当地说，先哲之为哲，即在不曾徒托空言，不是只教人“如何如何”，而是自己先已“身体力行”了。

规范流于形式，一则是由于一些不能控制“一己之私”的人主张“有言者不必有德”；一则是从汉代诸儒一力“解经”，过分注重文字功夫，未曾“强调”实行。后世取人，也多以文字为准，遂使本在于“行”的道德规范，流于空言而无实际。长此以往，就成了“只管（教）别人，不管自己”的“教条”，这样是否把握了道德规范的真谛，不言而喻。

（三）见证的取舍

历来选才，无论官方或私家，都以有形的文字为准，因为这是在很短的时间就可看到的，尤其是科举选才，只凭文章辞赋，不问品格、仁义道德，在文字上可以写得天花乱坠，而实际的品格，却要在行为和做事上才能看出，非短时间所能判断。虽然所取的也有“文如其人”的，却更有“言行相违”的。历史中记载的贪官污吏、乱臣贼子，有不少文章华丽而品格卑劣的，关键一则在未以道德标准作为取人的衡量因素，一则在道德行为的判断需时。孔子就有这种经验，所以说“始吾于人也，听其言而信其行；今吾于人也，听其言而观其行”。观人之行需要相当的时间和机会，听人说话就方便得多，而要彻底认识一个人，不是只听说话就够，知人不易也就在此。只因“取人”的方式舍难就易，道德品格的实际表现，就不受人重视了。影响所及，人也就不在修身上用工夫，而只重表面上易于使人看到的了。

（四）典范失去作用

典范的作用，从人类形成群居生活以后，“领袖人物”便是群众的典范，因为这个人物是群众的目标，群众对这个人物崇敬，或者说是“敬畏”，转而注意其言行举止，在不知不觉中模仿他的品格。当领袖与群众有了“高低”的意识后，遂生出“上行下效”的说法，成为“上有所施，下必效之。”（早期领袖人物不常暴露在群众中，除了安全的理由外，就是不想让群众窥知其全貌，一则为了“隐私”，一则为了保持神秘作用）不过其表露出来的，必然以“足为人范”的为原则。例如从汉代以后，做皇帝的提倡“以孝治天下”，必然在可以表现的时候，做出“孝亲”的举动，“礼貌周到”；同时也以道德典范诏告天下，作为人民的规范。这种情形，在正常的状况中，不失其作用，但在“无道者”在位时，政治紊乱，道德也随之沉沦。综观历代兴亡的状况，当人的生活失序，生命失去保障时，道德便被人置于脑后，再也无暇顾及，必待社会重新恢复秩序后，经过领导者再事提倡，才有进入“正常”的可能。此时必然有一个事实，即是法令制裁“违法”和“不道德者”，才能使人民复归于“治”。

这里有一个人们不太愿意承认的事实，即是一件“合理的事”或一项“合理的行动”，“教导”的效果较慢，要想立即生效，开始时往往需要用“勉强”的力量：一方面“禁止”不当的；一方面“强迫”正当的。两者之中，都含着一种使人发生“情感作用”的力量，即是“畏惧”——因“怕”而“不敢”做不合理的，也因“怕”而“不敢不做”合理的。当典范的启迪作用不显著时，不得不以“强制”继其后，但在强制的“权威”也失效时，道德伦理也就沦丧了。

第三节　道德规范的真谛

要知道道德规范的真实意义，多不胜数的条目无需尽举，只再就前举“五常”来看，即可确定其实际的意义，意义都在实际可行上。不过“五常”是分别来说，仔细追究，实则义礼智信都可涵盖在仁之中，朱子就以为“仁包四者”。现在且就五者来看其真正的意义，一是道德重在实践，一是道德规范的本意在于圣人之与人为善。试来分别说明一下。

一、道德规范重在实践

就“五常”分别来说，其意义并非空泛虚幻的，而是要实际履行的。试定一个名目，以见如何实行。

（一）以仁存心

就实际可以做到的来说，择要如下：

《礼记·经解》：

> 上下相亲谓之仁。

“上下”原指君臣而言，引申其意，也可以指“统属”、“长幼”或任何有层次分别的人，扩大其用意说，“亲”指“亲切”，是有“温馨”之意，亲切地对待人，不是对人应有的态度和表现吗？

《礼记·表记》：

> 恭近礼，俭近仁。

俭也是德，旨在不浪费，有“爱惜”之意在其中。生活不能不讲求节俭，既是御物用物之道，也是生活应有的原则，就存在于日常生活之中，无需刻意而为。

《礼记·儒行》：

温良者仁之本也，敬慎者仁之地也，宽裕者仁之作也，孙（同“逊”）接者仁之能也，礼节者仁之貌也，言谈者仁之文也，歌乐者仁之和也，分散者仁之施也。

此说列举“仁”的扩大内涵，表现在温和、恭敬、谨慎、宽大、谦逊、礼貌、言谈文雅、音乐修养、慷慨施予各方面，是时常都用得到的。

《韩非子·解老》：

仁者谓其心中欣然爱人也，其喜人之有福而恶人之有祸也，生心之所不能已也。

这一则非常明白，出于本心的仁，爱人之情会油然而生，看见人有福，不知不觉地便会感到欣喜；不喜欢看见人有祸患，更不会“幸灾乐祸”，完全是出于自然。反过来说，嫉妒别人有好事，见别人有不如意事而“称心如愿”，就是应该避免的不道德。

《春秋繁露·必仁且智》：

何谓仁？仁者憯怛爱人，谨翕不争，好善敦伦，无伤恶（音勿）之心，无隐忌之志，无嫉妒之气，无感愁之欲，无险诐之事，无辟违之行。故其心舒，其志平，其气和，其欲节，其事易，其行道，故能平易和理而无争也。如此者，谓之仁。

这一则备述仁的作用，在积极方面，是慈爱好善、少私寡欲；在消极方面是不愿与人相争或伤害人，不怀恨人，不嫉妒人，不因欲望而愁烦，不做偏邪之事，没有不合理的行为。在正当与不正当之间，能作清楚的划分，而处之泰然，表现出来，也无不合乎规范，也可见出仁的内涵之丰富，做起来也没有困难。

(二) 以义立身

“义”字就字形说,像双手持羊、高举过头的祭祀方式,含着严肃方正的意思,且看古人的说法:

《礼记·儒行》:

> 抱义而处。陈注:居则守义。
>
> 其行本方立,义同而进,不同而退。陈注:谓所本者必方正,所立者必得其宜也。同于为义者则进而从之,不同则退而避之。

这样简单的事情,当然可以毫无困难地做到。

《春秋繁露·仁义法》:

> 义在正我,不在正人,此其法也。夫我无之求诸人,我有之而诽诸人,人之所不能受也。

义的方正,应该是立身的原则,也是处事的守则。秉持着这个原则,把人和自己放在相对而平等的立场上,对于相关的事处理起来自然得宜,所以内涵里乃是公正的意思。譬如自己若缺少某些优点,却期望别人应该有,则是不知责己,只知责人;自己有某些缺点,却责难别人的同样的缺点用来掩饰自己,且转而宣扬自己的好处,指责别人更多的缺点,把“正直”抛在脑后,便是“不义”。如果想到这是别人所不能容忍的,就“应该”避免,要先看自己是否能够做到。

(三) 以礼节情

关于以礼制情,前面已经说了很多。情是由内发出的,漫无节制则不得其宜;前面也说过用“理性”使爱“合度”,则是对各种情感普遍调控的方法,在实际上就是“依礼而行”。“礼”是“外显”的行为约束,但要平时养成行为习惯,纳入自己的品质之中,表现在外,实际行为自然中规中矩。所以见于行为的事项，如《礼记・曲礼》中所说的“随便说人长短”、“说废话”、“做非分的表现”、“欺侮人”、“取笑人”等是应该避免的，要自行约束自己。如“尊敬别人”，“撙节退让”等应该做的，便不可疏忽。这些都在日常生活之中，随处可用，用了则使人赞同，不用则自身招贬，就是很明显的道理。

(四）以智通识

人生智慧本有高低之别，智者不能变愚，愚者也很难成为智，孔子也曾说过“唯上知与下愚不移”，不过这个说法，是就受环境影响而说的，若单从“知道”的“知”来说，便不适用。因为无论智愚，“学习”仍然可以增加“知识”，只有数量多少之差而已。这样说便可以相信学习能增加知识，而知识也不专指“高深的学问”，凡是“有所知”，便胜过“不知”。日常需要知道的很多，例如“登高思危”这四个字，若叫不识字的人说出来，大概不容易，叫他写出来则更难，可是如果他知道在高处有跌落的危险，便自会多加小心，这一项“知”，关系到生命的安危，诸如此类的很多，不必一定要进行文字的学习，如果自己想要知道，只要多方“请教”别人，并非难事。

(五）以信通诚

“信”与“诚”不可分，通常语言中常常出现“信实”与“诚实”。试看“信”字结构即是“人”“言”相并，所以说“人言为信”，是将“出于口”的语言与另一个事例相对照，以见其是否一致，对照的材料或者还是语言，或者是事实。语言前后相同，或是“所说”和“所见”（见于说者本身的作为或是其他的事实）的一致无误，则所言不虚，可以取信。再看“诚”字也从“言”，而“成”是“就”的意思，在于“以实就人”。所谓“诚实无妄”就是“没有虚假”，换个方式说，“诚”也就是“不欺”。

《大学・诚意》以“不自欺”为本，反过来说，“自欺”实际上乃是“欺心”。因为“自欺”的可能“不为人知”，自己却是知道的，做作（虚伪）虽不是“欺人”，却等于欺骗自己的心。骗人尚且不可，怎能骗自己呢？

道德规范之信实，“不自欺”和“不欺人”都在实际的言辞和行为，不是“不能行”，原因在“肯不肯”。这一项规范，如果认为是“束缚”，就不能只“约束别人”而“不约束自己”。如果不喜欢别人欺骗自己，应该知道别人也不喜欢“自己”欺骗他。

自古以来，明白道德规范是用来约束自己的人，都会惕励“自己”，时时提醒自己，以免疏忽，试看“崔瑗座右铭”，不但都是实际可行的，而且文辞华美，大可作为参照。

二、道德规范的本意在正己然后正人

我们必须了解，道德规范是古代贤哲提出来的，他们提出这些道德规范，是由于认识到人有缺点，同时又根据他们的智慧，认为人有“不凡”之处，可以向上无限提升，才提出培养“人格”的规范，就是根据人的弱点而提出来的矫正之道。同时更要了解，他们所提的规范，不是只教人这样做，而是自己已经“身体力行”了。至于只把他们所提的规范拿来“说”，实际上“并未”做的，乃是“口是心非”者，“不足为范”。明理者应该知道这是由于有人“会说”而“不肯做”，不是规范“不能做”，更不是规范“空言无实”。所以规范的本意，在贤哲提出时，至少有三点，可以说是他们关怀人类，对人类和人生所存的“希望”，最低限度，是“与人为善”。

（一）规范在每个人自修其身

一个人要停留在原始的状态，或是要提高自己的品格，全在自己。据前所述，已可知道要想改善自己，就要调节自己与生俱来的情感，使之免于偏颇而达到“中”的地步，因为偏颇的情感会引出“不正当的行为”。而不正当的行为，从个人品格说，将失去人的“价值”；从群体或社会国家说，将破坏群体秩序和群众的生活。而圣哲提出道德规范的原因，从孟子的话即可看出：

> ……人之有道也，饱食暖衣，逸居而无教，则近于禽兽。圣人有忧之，使契为司徒，教以人伦：父子有亲，君臣有义，夫妇有别，长幼有序，朋友有信。（滕文公上）

前面曾一再说过，舜命契为司徒，就是有见于“百姓不亲，五品不逊”。五品即前所说的“五常”；“道”，简单地说，即是“原理原则”。人道就是做人的原理原则，这要从每个人说起，每个人都依照“道德规范”立身行事，合起多数人来才是一个有秩序的群体，所以道德规范不是“别人要求我”，而是每个人“自己要求自己”，否则自己就“很难生存”。直截了当地说，遵照规范，是“为了自己”，不是“为别人”。

前面也曾说过，道德规范是每个人都可以做到的，即以合理的爱人之“仁”来说，既然存在心中，当然随时都可以表现出来，不需要在特定时间或特定地点，更不需要选择对什么人。孔子说：

> 君子无终食之间违仁，造次必于是，颠沛必于是。（《论语·里仁》）

心中时时存着合理的爱人之意，就不会有片刻的时间（吃一顿饭的工夫）去违背这个意思，有“作为”（造次）的时候如此，“失意”（颠沛）的时候也是如此。孔子曾经赞美颜渊“三月不违仁”，其余则偶然有失而已。可见遵守规范要自己下工夫，而且要时时刻刻不能疏忽。再举一则孔子的话，是在《阳货》篇中回答子张问仁而说的：

> ……能行五者于天下，为仁矣……恭、宽、信、敏、惠。恭则不侮，宽则得众，信则人任焉，敏则有功，惠则足以使人。

子张是一个热衷于做官的人，这一则孔子的答话，似乎是有点针对他而说的，但对任何有志于工作的人，尤其是想做“领导”的人更为有用。文字简洁易懂，就无需解释了，唯一要明白的，就是先要要求自己，先别要求别人。

(二) 规范在期望群体和谐共存

这一项期望,实际上必须建立在前一项的完成上。道理很明白,如果一个群体中的人,个个都是合乎道德规范的,自然就不会出现凶残、偏私、粗暴、愚蠢(非指愚笨,而是指不明事理的)和不诚不信的人。那么必然成为一个群体,小之见于一个社区,大之见于一个国家。

不过这个期望,有赖于负全体或全国行政责任的领导者的作为。理由是一则在行政策略如计划教化全民的有效方法,其功能可以很快地达到多数人。就在前引孟子的话后,孟子继续说:国君教化人民,使他们自己得到做人的道理,这样"教人以善谓之忠","用心治天下"才算"圣君"。刘向的《战国策序》中说:

> 周室自文武始兴,崇道德,隆礼义,设辟雍泮宫庠序之教,陈礼乐弦歌移风之化,叙人伦,正夫妇,天下莫不晓然论孝悌之义,惇笃之行,故仁义之道,满乎天下。

从这方面来说,就是"教育政策"和"教育行政"的问题了。具体地说,教育要把"重点"放在"教人实践道德伦理"上。

理由之二是道德规范要有"实际的典范人物"为榜样。孔子称道尧舜禹汤文武为圣人,就是由于他们的为人与行事,可以做大众的典范,所以说"上行下效"。试讲一个"故事"来看,《史记·五帝本纪》中,记载尧在禅位给舜之前,从各方面考察舜的为人,其中一项是考察舜的家庭背景,舜的父亲是瞎子(有人说不是眼睛瞎,是愚昧无知,等于心盲),母亲死后,父亲再婚,继母生子名象。象嫉妒舜,与母亲合谋蛊惑父亲,屡次害舜。一次是叫舜掘井,到舜掘到很深的地下时,把出口堵塞,想把舜闷死在里面,幸而舜预料到他们的阴谋,先掘出另一条出路而未曾遇害。又一次叫舜堆草,等堆到很高时,在下面放火,想要烧死舜。又幸而舜预先带了两个类似伞的物件上去,从草堆上跳下来,才不曾摔死或烧死。尽管如此,舜仍然孝敬父亲和继母,爱护弟弟,受到所有人的敬仰。这只是一例而已。

不过“不在位”的人，“其行足式”的更多，而这样的人多不肯“自我宣传”，孔子就说“人不知而不愠，不亦君子乎”。这样的人在时人之中，或者不为人知，可是“是非自有公论”，“好人”终不会长久被埋没，何况历史中已有许多有“定论”的典范人物（时人要等盖棺论定），多不胜数，不难取材。

（三）规范在前瞻世界大同的远景

从典籍记载来看，一开始中华文化的先哲们就存着开阔的胸怀。当然不能说其时已经有了如现在的“世界观”，不过他们的思想和眼界并未局限在所存在的狭小领域内是可以确定的。例如《尚书・尧典》中说尧：

> 克明俊德，以亲九族。九族既睦，平章百姓。百姓昭明，协和万邦，黎民于（音乌）变时雍。

这里所说的“万邦”，应该指“当时所知”领域所及的地方，包括“治外”的所谓蛮夷之地。对于这些“化外”之民，先哲并无“歧视”，而是想用“德化”来使他们接受汉文化的熏陶，同享汉文化的博大精深，过进步的文化生活。试看自汉唐国势强大之后，并不强用武力征服异邦，只是要他们“臣服来朝”，算是归附而已，而且对臣服的外邦，多方宽容善待。如果把这个观点放在今天，应该就是扩至全世界的看法。《易经・系辞》中说：

> 易与天地准，故能弥纶天地之道。

又说：

> 知周乎万物而道济天下。

这乃是“宏观”宇宙的观点，对存在于天地之间的人类，自然“一视同仁”。因而所希望于所有人的，即是《礼记・礼运》篇中所载“大道之行也，天下为公”这段话里，如“老有所终”，“幼有所长”，“矜寡孤独废疾者，皆有所养”，以及“货恶其弃于地也，不必藏于己”，到“谋闭而不兴，盗窃乱贼而不作,故外户而不闭,是为大同",就是对"全人类"的期望。试想如果这个"理想"实现了,人类所生存的世界,是否就是人人所共同盼望的"乐园"!

综观世界各国有史以来的演变,从最早的争土地、争统治权,到现在的争"财富",使得交流的机会增加,及至一个国家的人易地而居,异族通婚的也日渐增多,长此以往,"地球村"成为人类实际融合的一个整体,可能大有希望。

附:崔瑗座右铭

无道人之短,无说己之长。施人慎勿念,受施慎勿忘。世誉不足慕,唯仁为纪纲。隐心而后动,谤议庸何伤。无使名过实,守愚圣所臧。在涅贵不缁,暧暧内含光。柔弱生之徒,老氏诫刚强。硁硁鄙夫志,悠悠故难量。慎言节饮食,知足胜不祥。行之苟有恒,久久自芬芳。

第四章 从人性看伦理道德

人生活在大自然中，据可见的记载，无数先哲从其观察所得，认为大自然从开始就有其规律与秩序，如日升月沉、寒来暑往、万物生消，各有其序，相当稳定，称之为“常”。另一方面，大自然也偶有变化，如风雨不时、山川变动等，称之为“变”。依此而知大自然自有运行的规律，并非静止不动的。

大自然的现象，在宇宙万物之中，唯有人知道观察，把观察所得描述出来即成为人的认识。且把历来认识之所得累积为经验，世代流传，又增加了“知识”，再把知识记录下来，使后代人所知的日益丰富。从这方面看，可以确定人有其他物类所无的“天生禀赋”。这一项人的特质，可以归入“人性”（是普遍的人性，非从善恶着眼），不见于其他物类。同时“伦理道德”也是只有人类才讲究的，本章即就人性来探讨人所发明的伦理道德。

第一节 人的本原性

生物各有其类，每类自有其性，人类也自有生而即有的本性。从生物的层次说，人有普遍的生物性；从人自为一类说，有与物类不同的人性。试就这两方面择要简述一二。

一、人的生物性

从普遍的生物界来说，自其生命开始到终结，都有一个共同的现象，即是一意趋向于生。而在生活（生命存在）的期间，总是努力保持生命，遇到艰难困苦，还是一意奋斗下去。这可以说是生物基本而普遍的通性。不过由于物种的差别，生命期限有长短，生活状况各不相同，就以动物类来说，也形形色色、不一而足。

人的基本生物性几乎与其他生物一样，但就人自成一类而言，就在生物性方面，也略有特色，可以分别来看。

（一）本能

人类生而即有的本能，从概括方面说，大致和多数两性生殖的物类相同，即是有"食"与"性"二者。然而这两种本能，却并非都从出生即出现，也并不同时作用。其中只有"食"这一项与人终生相伴，因为食是维持个体生命必不可少的。至于性，其关键只在延续种族，且在两性生殖的物类中，必须两个个体结合，要待发展成熟才能出现，这一点容后再论。

除了食、性二者之外，心理学家又曾举出多种本能，此处姑不尽举，倒是人格心理学家弗洛伊德（S. Freud）提出的一项本能值得注意，即是"死亡本能"。这里要介绍的不是弗氏关于变态心理的说法，而是从生物的观点来看。任何生命，从其形成的那一刹那，就注定了死亡，所以生命必然有终结，这是人应该铭记在心的。如果秦始皇和汉武帝知道这一点，就不必费尽心力求长生了，如果每个人都知道这一点，就不必惧怕死亡了。

基于生的本能，人自然有向生的倾向。一般生物一方面努力求食以维持生命的延续；一方面尽力自卫，躲避危险以保持生命的安全。这是生的本能。

(二) 生长特征

人类物种的特性是幼稚期相当长久，出生后还没有自行求生与保卫自己的能力，和某些物类一样，有待家长的养育，并依照生长的程序，随着活动能力的增加，学习并练习生活的能力与技巧，明显的事实是在获得食物和自卫方面。可是就在这两方面，幼儿取食和自卫的本能，在两岁以前，也并未完全出现。因为人类不再直接取食于自然，而是将多数食物经过烹煮方才进食，这不是幼儿能够做到的。幼儿所能做的，只是将现成的食物送入口中而已，而这一点也要在出生相当时日之后才见端倪。至于自卫，幼儿更是无能为力，可见的现象是幼儿所表现的恐惧感，如怕生人、怕黑暗之类。

人在体型上，就有一点与其他动物截然不同，即是人是双足直立、头顶朝天。有人以为在这方面人便占有优势，即有利于大脑的发展。不过从另一方面说，幼儿从坐起、爬行，到能站立行走，需要多方学习和练习，中间的过程比动物复杂得多，不是只靠本能可以实现的，所以人还更依赖另一种因素，即是环境。

(三) 环境

环境是生物寄身的空间。许多物类因生活环境适当而生，也因环境不适而迁移或消亡，视其生活能力而定。比较起来，人类的适应能力较高，迁徙幅度较大，尤其人有改善环境的能力，使人对环境作了相当改善，并进而支配环境。

然而对于定居于一个固定场所的人群，因为生于斯，食于斯，就不免受环境的影响。影响遍及于形体、肤色、个性，以及生活的各方面，甚至影响若干特有的观念和信念。例如在周代，负责教育的大司徒，为了推行全民教育，便把全国地理环境与人口状况了解得相当彻底，知道生活在山林地带的人，躯体接近方形而多毛；生活在川泽地带的人，肤色黑而润泽；生活在丘陵地带的人，体型圆而长；生活在坟衍地带的人白而瘦；生活在原隰地带的人肥而短。生活状况当然因应当地物产而有特色。观念和信念，经过相当时间，或者形成习惯，或者成为共识，渐进而成为风俗，再经过若干世代，遂成为传统。综观世界各地，地域对居民的影响，异常明显。具有地域色彩的民族，对其环境有相当的适应力；反过来，环境对居民，也是极大的影响因素。

二、人的特性

说到人的特性，必须先举出人所禀赋的智慧和记忆能力。记忆能力和智慧有关，因为记忆可以保留过去的经验，而经验又可以世代流传，汇集起来，既扩充了智慧的广度，又增加了智慧的深度，有益于传承，又形成了传统；同时智慧使人有了发明和创造，使人类在天地之间有了不凡的成就。在其中，也更表现出人的特色，试分别说明一下。

（一）遗传与传统

生物界本有遗传，这是物种的基因问题。每个物类的新生代，都接受了上代和前代的遗传因素。然而人所接受的，并非只是生物性的因素，更有世代累积的经验。累积的经验中，更有一种抽象的所谓“祖先精神”，是从“远祖”累积而来，但已隐而不显，只存在于“下意识”层次。荣格（C. G. Jung）称之为“累积的下意识或非意识”（the collective unconscious）或“原型”（archetype），都只存在于人的精神层次中。

这种原型犹如一座贮藏隐晦记忆的仓库，从远祖经过世代绵延而流传下来，每一代都仿佛重复前代的经验，每一代也另有增加的部分。其中所包括的，有人类超越万物成为万物之灵的历史；更有人类在进化之前，与动物无殊的基本性质。这些基本性质，都源于此前的无数世代。

荣格立论本在人格心理方面，但却可借来陈述一部分人性特征。因为每个人固然禀有血缘的生物性遗传，然而在出生后却受到更多环境影响。得自于环境中的，含着全部居住地区的“资料”，说是传统可以，说是“文化”也可以，总之都在世代的经验中。而人类幼儿本靠模仿而学习，从模仿中又得到启示，发展出才能，并因模仿使心理受到传染作用。这种模仿作用如果相当突出，又可引起别人以至多人的模仿，流传开来，也会成为累积的一部分。

就在这样的模仿之中，可能使人的个性产生若干改变。其中最明显的一种现象是，因为习惯于模仿而不自知，使个人的意识陷于胶着状态，自我失去分化作用，个性便隐而不见了。习俗或传统的力量，便占了极大的优势。

在累积的下意识或非意识中，这里要说的原型之一是“母亲”，之二是“再生”，之三是“精神”，之四是“魔术师”。

“母亲”的原型，在精神的底层，是由幼年对母亲的依恋从而印象深刻，到了成年，如果这份“孺慕之思”仍然存在，则见到和母亲形象类似的人，便会生出无可言喻的情愫，有一种温馨的感觉，仿佛面对的是一位“女神”，会觉得安慰平和。

“再生”可能起自人从早期便对“人生无常”感到遗憾，而存着“生而不死”的希望。西方早期哲学家相信灵魂不死，可以再生，故说灵魂不灭。佛教也有轮回之说。中国自古即有尊天敬祖的事实，沿袭下来，至今仍然保持，即表示对祖先精神的依恋与怀念。

“精神”可以看作是一种隐含的原则，也是一种动力原则，要借内省才能觉察到一些意象或形象。人有自发的活动，能操纵自己的想象，是超越自然的生命力。人之至高而普遍的精神，视之为神。神之变化莫测，可说是人想象中对自己的补偿意象。因为人在天地之间，感到自己的渺小，才想象出超越的神来弥补自己的缺陷。

“魔术师”可说是人性中相当复杂的多面相：一方面代表愉悦，犹如一个妙趣横生的制造者，会寻欢取乐，超乎其上的可以说是“神性”；另一方面代表卑劣，狡诈又会恶作剧，而且变幻莫测，颇像一个魔术师。故而有可喜的一面,也有可憎以致可怕的一面。

在人类进化以后,见于生活中明显的生活形态、方式、习俗,以及各种定式、信念等,成为定型,流传既久,遂成为传统。

传统形成以后,从概括普遍的群体表现说,有一致的形态。例如生活方式、服装、习俗等,且认为这些都是最好也最正确的;与此相反的表现,就会认为可笑、可耻,甚至大逆不道。种族的成见与偏见即由此而生。

传统成为一种文化后,即有了凝聚力。这种力量,一方面使一个族群团结一致,发挥群体力量,能够全力对抗外来的力量;一方面也生出“排外”的力量,不容外人进入,除非外人同化于自己的文化,否则外人永远被视为“异类”。这种文化传统的凝聚力,往往使一个文化“僵化”,排斥创新,拒绝吸收不同的东西,如果坚持到底,可能导致一个文化的消亡。

不过多数文化类型,虽然存在于一个群体,因为群体之中包括多数个体,个体的个别差异仍然存在,如果其中的少数个体有新发现,而能影响群体且为群体所接受,便可使僵滞的文化重新有了活力,发生改变以至创新,使这个文化继续绵延,以至发扬光大。

(二) 适应与创造

人生活在环境中,当然要适应环境状况。人所特有的禀赋,使其在适应环境的时候,不但能够随着环境状况调整自己,而且又不完全屈服于环境,能对不利于生活的条件加以改善,甚至就是环境本已适合生存,仍然会再加改造,精益求精。于是在适应之中,也存在人本身的改变。

照达尔文的进化论说,生物遗传与变化,本是同时存在的。变化即是为了适应环境。不过生物的变化是缓慢的,短期内不容易看出差异。

人的变化和生物之别,不在改变自身,而在改变环境状况,使环境变得适合自己。以我国来说,由穴居野处而构巢架屋,而宫室殿阁;由茹毛饮血而衣服熟食;由步行而服牛乘马,到现在加上全人类的努力,上天入地以至沉入海底、飞向月球,小环境已不能限制人类。在这方面要归功于西方的进取者,首先是培根(F. Bacon)提倡人类将视野看向自然,不要局限在地球表面，只注意众人之事。数百年间，科学突飞猛进，创造发明层出不穷，使人类的生活逐渐远离自然。

科学及其副产品技术，除造成生活的大革命之外，也给人类的战争制造了特具杀伤力的武器。问题并不止于此，还有人类生活消耗了过多的自然资源，造成自然资源有枯竭的危险，而且人类已经切身感受到生态改变的威胁。先进国家靠其科学与技术，努力制造工业产品，以积聚世界各地的财富，导致人类生活日趋奢侈。而人群则在贪图享受的习气感染下，群趋于利，为牟利遂争夺诈骗，不惜伤害人命。人类生活状况，于是出现了两极的现象：奢侈浪费与道德堕落相对应，在物质生活达到最高点时，人类群居和谐、共存共荣的愿望却相去日远。于是富者极奢华之能事，贫者三餐不继。这是物质文明所催生出来的一项颇不理想的"成果"。

平心而论，人类的创造能力，原在改善生活，不过生活不只有物质的一面，另外还有更重要的，专属于人的一面，即是"精神生活"。如果相信荣格所说的祖先精神，相信人所禀有的那种精神的制高点是"神性"，便要从这一方面求发展，至少要把人类现世界处理得适合"每个人"生存，而"各不相害"。至目前为止，似乎人类的精神创造远远落后于物质方面，甚至和早期比较，只见精神的低落。因为早期的若干圣哲，已经指出"提升人之精神"的方向，才是人真正应该"追求"的。只是在人类陷入物质享受的洪流后，涉入既深，无以自拔，明哲之言遂被抛至脑后。沉迷于物质享受的事实，古已有之，不过只在一时一地或少数人，过后仍有"反正"的可能。目前资讯发达，一种现象瞬息传遍全世界，也风靡了全世界，可以想见人类的堕落，将日甚一日。

第二节　人的习染性

生物为了生存，本就有与生俱来的适应环境的能力，达尔文所说的"遗传与变异"，变异即是为适应环境而生的改变。不过生物的改变，影响只来自环境;人的改变,更受环境中其他人的影响,且别人的影响远超过环境。原因是人自幼便在环境中学习,所学的经过时间的积淀,便内在化于自身。即使不这样,人在群体之中,也常有无意识的模仿行为,尤其切近的环境,感染力更大。所谓染于苍则苍,染于黄则黄;近朱者赤,近墨者黑。荀子则说:"蓬生麻中,不扶而直。"都在说明环境的影响。人的这种习性,也是人这一类物种所具有的特点,不妨了解一下。

一、人的可塑性

人的可塑性首先见于对生活必需品的适应。综观世界各地人群对食物的选择,即因其物产而异。如沿海族群皆以鱼类为食;山林族群以肉类为食;内陆族群以谷类为食。食本是维持生命的必需品,各种食物都可以,只因一种食物取给方便,这种食物便成了习惯性的选择,是随环境而生的适应。

又如服装方面,居住在热带者只用少许物件蔽体;居住在寒带者则要用厚重的皮革保暖。连带的居住状况,或架草屋,或挖掘洞穴,或高堂华夏,可以各适其是。

人的可塑性最明显的见于迁徙者。当今世界各地的人往来频繁,离开常居地迁居他处者比比皆是。新住民必须入乡随俗,不但要改变一些生活习惯,而且要放弃原有的某些信念,否则便不为当地居民所接受,尤其语言,若不学习当地流行语言,便无法与当地人沟通,而造成生活的困难。

在人们改变居住地区后,往往不待勉强,新入者便自会随着当地状况而调整自己。例如来自接近自然地区的人,本来在原野中无拘无束,到了文明地区便要学习许多典范规章。妙的是新来者待自己适应之后,对更新的新来者的不懂文明规条,也会加以嘲笑,人就是这么有趣的动物。

人的可塑性使学习成为可能,而人的学习能力可以遍及许多方面。

学习使人改变自己，将原来的无能变为有能，将原来的无知变为有知。张载甚至说，学可以变化气质。气质无关外形，却有一种不言而喻的表现，使见之者油然生出崇敬与欣羡之意。这项改变，也可说是人类进步的契机。没有这种改变力，人可能还停留在原始的状况中。

二、人的惰性

另一方面，人也生而具有惰性。这可能是生物性之外的机械性。惰性和可塑性相反，使人安于目前状况而拒绝改变。惰性的现象是“动者未必恒动”，倒是“静者倾向于恒静”。率直地说，即是有“懒惰”的倾向。懒惰使人“好逸恶劳”，不喜改变舒适的姿态。所以可以坐着便不想站立；可以躺着便不愿坐起；走路不如乘车；自己取物不如有人代劳；尤其不愿用心思考。

惰性有坚持力，即是倾向于停留在原来的状况，拒绝改变。即使原来的状况并不理想，也因循下去，不愿改变。对一些陈规陋习，不当的做事方式，始终安之若素，即是一例。行动方面的惰性，使人懒于进取，宁可抱残守缺、墨守成规，以为不如此便违反了“常道”。中国早期居民有一个习性，称为“安土重迁”。即使所居留的地方已使生活困苦万端，也用种种理由，因循下去，不思他图。如此虽说是以乡土为重，实则是阻碍了进取。

分析惰性的心理状况，一是“安于现实”，不想轻易改变，即是常人的心理，以为一动不如一静。因为动的含义是改变现状，而现状是已经习以为常的，已经如此过了许久，似乎还可过下去；一是对于将要改变的状况尚不可知，不可知便存在着不确定感，这种感觉使人对改变心怀畏惧而犹豫不定，需要相当的力量，即是需要一份冒险的勇气，才能奋然而起。

至于心灵方面的惰性，常见人懒于思考。思考需要用脑，这项内在的心理活动，往往使人尽量躲避。这倒是一个值得深思的问题。

人类生活进步到现在，要各凭能力以谋生。谋生有两种途径：劳心或劳力。在孟子时代，即曾讨论过这个问题。其时劳力者多半从事农耕，可以自得其食；劳心者乃从政者，无法亲自耕作。所以孟子说："……或劳心，或劳力。劳心者治人，劳力者治于人。治于人者食人，治人者食于人。"(《滕文公》)这是在谋生只有两种途径的时候，劳心的治人者从事政务，无暇自行耕作，要依赖耕作者所得的粮食供应以维持生活，所以说是"食于人"。至于被治者，即治于人者，虽然是自力耕作而直接得到食物，然而这食物乃是得自治者的治理，因为如果政治不上轨道，从事农耕者便不能安其生业，也就无从得食。从这个说法可知，自古以来，人类谋生之道，就有劳心与劳力之别，实际上劳力者也并非毫不用心，就以农耕为例，何时播种，哪种土壤适合什么作物，也要用心思考，只是大体上，工作不完全在用心而已。至于形式上的劳心者，其"劳"的程度和品质，也大不相同。忠于其事者，苦心孤诣，事事筹划周详，效果自然可观。至于不用心于职务者，只是"备位而已"，不会有什么建树，只有另当别论了。

生活演变到现在，劳心者已经不止政治一条途径，明显的是，劳心者必须从读书学习而来。于是有些人就处在一种心理矛盾之中：因为劳力比较辛苦，害怕用体力者便有意规避，而且在现实中，劳力的收获又较低；然而要想不费力而又能有高收入，那就要用心从事学习，即是先要读书，而读书就不能不用心，用心于一些抽象符号的学习，委实不似举手投足般容易。这一点只有靠每个人自己去衡量，自己决定取舍。

近年来一般人和教育界都极端关心教育，从学校数目看，的确在蓬勃发展，而入学人数也大量增加。但各方面消息却显示说，许多学生有不爱读书的现象。如果这说法属实，便值得用心研究，以便了解问题的关键所在。大致上从常情判断，因为书本学习的是一些抽象符号，要用一番心力才能悟解，而惰性的坚持力，往往使学习者不易很快进入其中，于是退而转向易于进入的活动。电脑游戏与上网交友，不必用心而乐在其中，遂使年幼无知或贪图享乐者沉迷其中，不能自拔。这是惰性作用的必然，也是避苦求乐的心理倾向所致。平心而论，人之希图安逸，希望费力少而收效大，使生活更为容易，乃是人之常情。人类基于这种倾向，而有了发明与创造，而形成进步。试看那些发明家和创造家与人不同之处，就在于他们不肯因循守旧，不愿“坐而等待”，可以说是“拒斥了”地心引力，“站起来”靠想象的事物采取了一些行动，而有了出人意料的发现，人类生活才有了今天的方便以至享受。如果他们不愿费神思考，安于当时的状况，人类便不会有进步了。

三、人的习性

人在生活中的许多活动，如果常常出自同一方式，便会成为定型。每个人的行为方式自有其特色，即成为一个人的特征，甚至代表一个人的个性。“习性”之说，即指因习成性，宛如生来就如此一般。

动作表现最常见的是语言和姿态，都是由学习而来。因为一个方式用之既久，几乎成为一个人的信号，也代表一个人的特色。

在语言方面，有人开口必用同样的“开场白”，或是在一句话里，必加上某些“语音”，如“啊”、“呀”、“哪”、“啦”、“我说”、“你听我说”、“这个”、“这一个”、“这就是”等等。至于声音高亢，或是低声细语者，也人各不同。说的人似乎纯出自然，自己浑然不觉。

在动作方面，最明显的是“手势”，其次是“姿态”。爱用手势的人，说起话来“张牙舞爪”，双臂不停挥舞，使旁坐者提心吊胆，唯恐打到自己头上；也使听者目不暇接，只顾看他的动作，忘了听他在说什么。说话而兼伴有表情的，最常见的是口型的变化，口角分垂、双唇紧闭、咬牙切齿者有之，挤眉弄眼者有之，昂首挺胸，继之以口若悬河、滔滔不绝者，也大有人在。

在生活方面，项目繁多，衣食住行，人各自有其方式。在一个人以一个方式为定型后，便很难改变，称之为“习惯”。

其实习惯乃是由学习而得。例如作息时间，从幼儿出生后，便依父母的习惯决定何时喂奶，何时洗澡。父母习惯于早起者，幼儿也就早早发出吃奶的信号;父母习惯于晚睡者,幼儿也不肯提前入睡。有些父母抱怨幼儿不肯早睡,却未想到是自己贪看电视,使幼儿不得安静,自然不能入睡。此外饮食的种类、活动项目,无不因长时间的定例而日久成习。

习惯的特性是,一旦确定便固执不变。仿佛不如此便如同"天地易色",失去了"真实的生活"。一个人如果因为特殊情况而改变习惯,心理上会觉得自己似乎已经"不存在",对造成自己不习惯的因素,绝难宽恕。

事实上习惯有强烈的个性,以至每个人都认为自己的习惯是最"神圣"、最"无可更改"的。而在日常生活中,照常情而论,我们认为有些习惯是"正当的",有些则"否"。这种区分,或者依健康而论,或者依伦理规范而言。健康的习惯在常识之中,人人皆知。依伦理规范而言的,则要特别说明。

照伦理规范说,有所谓"好习惯"与"不良习惯"。"好习惯"自有其"正当性",如有益于健康的或工作的,即使属于休闲活动者,也在正当的一类中。"不良习惯"多半是或者戕害健康,或者违反社会善良风俗,甚至造成罪行。这一类习惯如赌博、酗酒、吸食毒品等,不仅伤害自己,而且波及别人,不但违反伦理规范,而且触犯法律。这些习惯,一旦形成,很难改掉。

除了习惯之外,人也因为有所"好",一意乐之而不疲,称为"嗜好"。霍布斯曾认为"嗜"也是人生而具有的一种情感。"嗜"的种类颇多,孟子曾以为人君之中,唯不嗜杀人者可以为君。一般"无伤大雅"的嗜好,可以视之为生活中的消闲情趣,于人无伤,却能为自己找到一些乐趣,反而有益于生活。

人类的学习能力极高,出生后由学习而得的数不胜数,因为后天环境对人的影响最深,人在其中,熏陶渐染,在自己觉察之前,已经浑然入其中而不自知。这种情形,可以称之为"环境习染"。

环境习染的明显事例,即是所谓的"时尚"或"流行"。这种情形的发生,初时只不过是一两个人有意或无意的倡导,引起众人好奇仿效,流行开来,遂成为一种风气。这类风气,多半并非出自明智的倡导,往往形成一种“歪风”。当初楚灵王喜欢细腰，自己先用宽带束腰，宫人为得到国王宠爱，纷纷节食以保持窈窕，饿死者人数众多，且死而无悔。最莫名其妙的是中国从后唐兴起了妇女缠足的风气，小女孩从四五岁起，便开始缠足，将双足缠得弯曲变形，使之成为所谓的三寸金莲，缠时痛苦不堪，终生行走不便。这种陋习居然行之数百年方才废止，而在废止之前，竟无人提出异议；提出废止的当时，且还有人极力反对。习染之深，可以想见。

民风和习染，代表一个地区的文化。文化程度高者，民风自然有相当的水准。而民风有相当水准者，便不易接受低俗的习染，这和教育有密切关系。我国古代的诸侯国，在国君的领导下，推行诗、书、礼、乐、春秋之教，便形成不同的民风。诗教形成敦厚的民风，书教形成理性的生活与观念，礼教形成谦逊，乐教形成和乐，春秋教形成明是非、讲道理。到了衰世，教化不行，各依其环境状况而有异。例如在春秋时，孔子便和子路讨论过南方之强和北方之强，已经显出地域的影响。

目前资讯发达，一个事件瞬息传遍各地。一般民众，既不善判断，又不知选择，往往只为好奇而传说或盲目模仿，不考虑其可靠性，也不问其为低俗或高尚。最堪忧虑者，各地“奇闻逸事”，被媒体夸大报道，本是一个“特例”，过分宣传之后，被误为“当然”，只传播其“怪异”，而不论是非。久而久之，“是非混淆”、“善恶不明”，使人不再有“辨别能力”，甚至“唯怪是尚”，且以为“搞怪”是“成名”的简易法门。

当前世界强国竞相发展工商业，努力拓展市场，鼓励消费，产品一日三变，以“新奇”为尚，影响所及，消费者为追求时尚，必须不惜浪费，时时购买新物，用以夸耀。然而消费所需为财力，财力不及，则放纵自己，无所不为。习染使世风败坏，以致人沦落到不知“耻”为何物的地步。

说到此处，便不得不放眼观察一下世界大势。从二次大战以后，美国挟其战胜强国之势，力图执世界牛耳，以其资本主义所传播的民主观念作为理论宣传的武器，用美式自由贸易与其技术标榜“现代化”，号召世界尤其所谓“落后国家”要跟着美国学习，于是非洲和东南亚国家，形成唯美国马首是瞻的风气。(参见 Samuel Huntington：The Clash of Civilization，1996)不幸的是，模仿别人，若没有自知之明，不知何者当仿效，何者不当仿效，便会成为东施效颦。就在近处而看，仿效美国者并未把握住美国的"优点"，而只抓住了一些微不足道的"皮毛"，反见丑态百出。就以美国所标榜的"民主"来说，其精神在尊重多数人的意见，其实中国早期的"以民为本"的施政观念，与此并无不同，只差在未曾票选政治领袖而已。而民主在政治上，必以"法治"为基础，需要有知法守法的选民，才能选出众望所归的执政者，如果民众无此基础，只作形式的模仿，既丧失了自己文化的尊严，也失去本身原有的风格，徒然增加一些笑柄，甚至给自己造成问题。

不良的习染，埋没人的本性。以人的智慧才能，本可向上发展，做出于己有益、于人无损的作为。若能发挥个人特长，造福更多的人，才不愧为万物之灵。不过要这样做，个人就要排除惰性，抑制避苦求乐的倾向，以自己生而为万物之灵"自许"，自求"挺立于天地之间"，不为"恶风陋习"所染，且要发挥"暮鼓晨钟"的作用，"振聋发聩"，才不枉此生。但若一力向下沉沦，自甘堕落到类同禽兽的地步，并以自己的"不同凡响"为能，就是"惑"莫大焉。向上提升是人的精神本质；向下堕落是人自暴自弃。从物理性质说，轻清者上浮；上浮者乃是"精华"；重浊者下沉，下沉者乃是"糟粕"。何所取舍，全在个人。

第三节　人的明觉性

人最好不要忘记自己这一类禀承了极高的智慧；更要记得珍惜这份禀赋，善于利用。

人靠着独有的高度智慧，在本能的生活以外，"认识"并"知道"了许多事物。将所知的简单分类，包括人所生存的大自然和存在于大自然中的一切物类；其次则是知道自己这一类的形形色色；再次则是知道有一个自己存在于这里。这些有形的存在，还不难靠感官感受到，难能可贵的是，知道在这些有形的存在间，还存在着许许多多抽象而无形的“关系”，而这些关系又和人密切相关。在这些认识和知道之中，能够“通观”而又“观察入微”的，是一些“先知先觉”的用心观察者，他们将把观察所得公诸世人，希望所有的人共同努力，共享和乐的人生，且要再进一步，如中国先哲所说的：“赞天地之化育而与天地参。”先哲的“明觉”，非常人所能及（世间上智只有少数），但若常人能接受智者的教言，不但自得其益，且是全人类之福。把历来贤哲之见扼要说来，最重要的有几项须知。

一、明白大自然与人的关系

综观中西文化的发展，从开始便有相当差异。以《易经》来说，其中载有伏（亦作庖）羲氏“仰则观象于天，伏则观法于地，观鸟兽之文与地之宜。近取诸身，远取诸物，于是始作八卦，以通神明之德，以类万物之情”。这段话可说囊括了伏羲氏对大自然的观察，包括了空间的上下四方，和其中的一切所有物，连自己也不曾遗漏。由此所得的认识，更推向幽微深远的“神明之德”，并及于“万物之情”。

先从八卦的符号所代表的自然现象看，干（天）、坎（水）、艮（山）、震（雷）、巽（风）、离（火）、坤（地）、兑（泽），已经把重要的大地形象描画出来。这八种“形象”结合，会造成许多变化，而每个变化都和人直接或间接有关，因为人就生活在其中。据先哲了解，大自然有“常”有“变”。“常”是“规律”或“秩序”，恒定如此；“变”是偶有的变化，有时或将出现。

就“以通神明之德”来说，人类从早期以来，可能就存在宗教意识。这种意识多半成为信仰，关系到人类的期望以至形而上的宇宙生成问题。在中国所形成的观念是“天地之大德曰生”，似乎以天地为生物之原，不过又从此推而上之，以为天地生物还根据一个最高的原则，是为“道”。所以在中华文化里，“重道”并“尊天”。西方则以为宇宙万物系由“神”创造，“神”的形象因信仰不同而异。以基督教为例来说，“神”创万物，人也是神的创造物，自然比神低下。中国没有一个最高偶像在上面，虽然说天地生物，却未把人的地位贬低，反而认为人是万物之灵，同天地般有创造能力，所以中国先哲一开始就把人看得很高，同时也认定人生而有本身的“义务”，这义务就是先要健全自己，然后造福别人，以至发挥同天地般的造化之功，使大自然达至尽善尽美的地步。

由人的认识而通达到“神明之德”的境地，是在先哲的观念里把“神”视为“高明而又变化莫测”的正义象征，能因人“为善”而降于人“百祥”，也能因人“为不善”而降于人“百殃”。这一点就与早期人类的宗教意识非常接近了。因为人在大自然中，虽然知道自己颇有不凡之处，可是相形之下，人还是相当渺小，故而幻想出有超出人之上的一种“力量”，能帮助人以弥补人力之不足，又能限制人做出不当的行为。各种宗教都教人为善，大概出于同样的观点。

由人的认识“以类万物之情”，可以说是先哲最通达之处。先哲发现物可以为我所用时，当然已经了解了“物性”，如此才能御物用物。而在御物用物的同时，并类推“物情”，可见对物的重视，不只是用之而已，更要进而“体会物情”，竟把物都视为有生命的一般（包括有机物与无机物）。这种观点，乃是根据天地生物之“仁”，推衍出来的“仁人爱物”（仁为合理的爱，仁人意为合理的爱人，此仁字作动词用）。这一番认识，把人、物和大自然视同一体，共同存在于一个“和谐”之中，共存共荣，奠定了中华文化“天人和谐”的基础观念，同时建立了“用物惜物”的美德。所以中国人对大自然既怀着感激之情，也存着一份敬畏之意，只想到服从自然、利用自然、爱惜自然，却从未想到要“征服自然”。

平心而论，人对大自然的态度，早期知识贫乏，不免对大自然的神奇感到惊异，在生活中，栗栗危惧，唯恐触犯自然的神灵而祸及于身，所以有些民族设想万物各有神灵，敬之畏之，甚至设法媚之悦之。到知识进步以后，利用自然之道日渐增加，恐惧自然之心才逐渐减弱。

实际上，人对自然是喜于其“常”而不乐其“变”，因为自然之常适于生活，且使人可以计划生活。不过人也并不喜欢一成不变，像安于自然的规律之变，如日升月沉、四时代行，是人习惯了的变化。至于自然的突变而造成“对人有害”的，如所谓狂风施虐，摧毁财物；暴雨造成洪流，伤害生命；火山突然爆发，地震顷刻出现，使人无法防范，造成不可估计的损失，才是人所不愿其发生的，但却又无能禁止。于是不免怨恨这类变化，却忘了这种情形本就是自然的“自然”。很多人只从对本身的利害来评价自然现象，对自己有利则喜，对自己有害则怨，不知道自然“本是无意”的。当然站在人的立场，希望能避免自然灾害，在这方面还有待人继续努力。

试看科技进步到今天，美国对经常出现的龙卷风，世界各地对火山地震的爆发，仍然束手无策，要征服自然，谈何容易！

退一步看，中国先哲对自然的看法是“顺应自然”与“因势利导”。中国历史上最为人称道的鲧和禹治水的方法之成败，就在于败者“违逆”自然，筑堤以防水，而水非堤可防；成者“顺应”水性，疏而导之，使之流入江海，才免于陷身洪流。

顺应自然似乎是人要“屈服”自然。因为时至今日，人和自然角力而胜过自然的，还绝无仅有。至于利用自然而成功的事件，确为人类的成就写下了不可胜数的纪录。

中国先哲尊敬大自然的规律与秩序，并以此为法，推演出人所需要的规律与秩序。西方哲学家如康德，也持这个观点。照这样说，关键在人对自然的态度，基本上人不应“自外”于自然，因为人本就生存于自然之中。同时人也不应该和自然“对立”，自然“养人”胜过对人的“伤害”，自然并未存心与人“为敌”，人也无须征服自然。康德认为人对大自然本就存着一份恐惧之感，但人在恐惧之中，也可以体会大自然的神奇，而生出赞美与欣赏。从另一个角度说，人也不可全然没有对自然的崇敬之心，因为人依自然以为生，只有尊重自然、爱护自然，才能与这生命之源共同存在。人类对自然造成的伤害，使环境受到污染，也使许多资源有枯竭之虞，已成为人类的殷忧，于是人们才发出拯救大自然的呼声。

在这呼声下，已经唤起许多人努力保护未尽的资源、营救濒临绝种的动植物的意识。但是人类更需要平心静气地反省一下造成今日状况的原因,原因就在人对物的“需索无度”、“不知餍足”。坦白说,人追求“货利”之心与日俱增,靠着技术进步,可以“竭泽而渔”,可以“偷猎杀戮”稀有动物。揆其目的,并非为了维持基本的生活,而是要获得“暴利”。而暴利的用途,不过是为了“奢侈的享受”。于是就不得不回到人的“道德伦理”上来,检讨人所应有的“居心”(仁人爱物)和“正当的生活方式”(礼义廉耻)。

二、了解人和人的关系

在前章谈伦理道德的根源时,已经把人和人的关系说得很清楚。在此只好不厌其烦地重述一些我国先哲的明见,顺便说明人和人如何建立和谐的关系。

到了人知道必须群聚而居以维持生存的时候,一群人如何共同生活才能满足每个人生活的要求,而又各不相扰,且能互助合作,乃是一大问题。

问题的出发点在于每个人都是一个“独立”的个体。每个个体的本能都以维持自身的生存为目的,所以生活活动当然以自身为“前提”。如此在多数个体竞相求“自身”的生存时,纵使不互相争斗,也会“争先恐后”,这是生命的必然。舜所说的“百姓不亲,五品不逊”,实际上就是“人生存竞争”的写实。如果任由人这样下去,则人类也将和其他物类般,任凭优胜劣汰。圣王的明智之见,要对人“长善而救其失”,所以才要教人以相处之道。

三、遵守人和人的相处之道

人和人相处的道理,此处不拟重复前章所说的,而要指出“如何”做,才能符合这些道理。但是必须先要明白的是,“如此做”不是出自别人的要求，不是接受任何人的约束，而是“为了自己生活”。那就要将一句话铭记在心，即是“得道多助”。下述各项，可供参考。

（一）存着合理的爱人之心

合理的爱人之心即是“仁心”。“仁心”基于“爱”的情感作用。“爱”这种情感既然是与生俱来的，本就蕴含在“中”，可以因所见的对象作用出来。我们常有这种经验，看见一朵小花而觉得其柔美可爱，看见一个小动物而觉得其温驯可亲，会情不自禁地加以观赏或抚摸。可是看见一个与自己同类的人，人不但没有那份爱的感受，反而不是漠然处之，就是怀着一份“戒心”，就像一般动物遇见另一个体时，立即显出防卫的姿态一样。自卫是本能，人何以要在同类面前自卫？实在有深究一下的必要。

防卫的姿态或动作，是出于对对方缺少信任感，为了自卫，准备“抵抗”，所采取的是“对立”或“敌对”的心态。人何以会如此？主要是由于过去的经验——曾经受人“亏待”。然而为什么有人会“亏待”别人？可以想象到，至少在这个群体中，有人只顾自己，不但无视于别人的存在，甚至曾经从别人身上谋求自身的利益，而致别人受到伤害。受过伤害的经验，使人对别人预存戒心，自然不会想到亲之近之。这种情形，在生物界非常明显。人类比其他生物多了许多以“自存为先”的能力，尤其进步到要在同类中“谋生”的地步后，“取给”于人是必然，然而在“必然”之中，竟出现了“损人以利己”的“不应该”。

试就古代以农耕维持生存的时候设想，耕者多一分田亩，便可能多一分收获，于是将田畔移入邻田，自不免造成争端。墨子曾在《非攻》中，举述入人园圃，窃人桃李，以至攘人犬豕鸡豚者，都是“亏人以自利者”，也都是“不义”之举。人群中有了这样举动的人，自然使所有的人都存着戒心，防备别人，则百姓相亲便很难出现了。

在人类群居生活的方式中，基本条件就在“互助互利”，因为一个人生活之所需，仅靠“一己”之力，不足以满足“全部需要”。在孟子的时代，许行以“自食其力”标榜其清高，讥讽滕君厉民以自养。陈相把许行之言告诉孟子,以为滕君非贤君。于是孟子质问陈相,许行是否耕粟而食?陈相回答说是。孟子又问许行是否织布而衣?回答为否。因为许行要耕田,无暇自制衣冠。连带的烧饭用的锅,耕田用的农具,也都是用米换来的。孟子从而告诉他,一个人不可能做尽百样事,所以才要分工,分工旨在各尽其能、各得所需。可见陈相读书未通,不知道在黄帝时,已经定"日中为市",使人"互通有无",然后"交易而退"。在生活还十分简单的时候,人们已经需要用有余换取所需,那么在生活万分复杂的今日,一个人的生活所需要的供应者,无可数计,只是大家"习焉不察"而已。

人在生活中忽略了别人的帮助,是由于"取予"(需要与供应)双方的意义已经被"交易"的形式淹没了。购物者在"买"东西的时候,可曾想到"卖者"是济我之急的人?而"售货者"在收钱时,可曾想到"顾客"是帮助我营利谋生的人?没有人会记得双方互助互惠,却只在物品的优劣、价格的高低上争来论去,有时甚至不欢而散。细想起来,岂不可笑!人们不但忽略了形式后面的互助意义,还有许多帮助自己的人,因自己从来未曾接触过,当然也不在自己的意念之中,只是走在人群中时,厌恶别人阻碍了自己而已。

如果换一个想法,把和我共同存在的人都看作可能是帮助我的,便可以怀着一份温馨之情,用"爱意"来看人,剔除"对立"和"敌意",便可以和善待人了。"博爱之谓仁","先发者制人",先以合理的爱心"对人",如果孟子所说不假,则"爱人者人恒爱之",同时对墨子所说的"兼爱",也可参考一番。

大家熟知《论语》里孔子赞美"孝哉闵子骞,人无间于其父母兄弟之言"的故事是:闵子骞的继母苛待他,冬季填棉袄给他用芦花,给亲生儿子用棉花,父亲和三个儿子同坐车上,看到两个小儿子毫不怕冷,闵子骞却抖成一团,以为他没有"出息",遂用鞭子打他,怎知打出了芦花,才知这个继母偏心,便要休弃她。照常情说,闵子骞恰好可以得偿夙怨,然而他却替继母求情说:"有继母,只有一个儿子受冻;继母去了,三个儿子都要受冻。"继母受到感化,以后不再苛待他。这可以说是"爱人不亲反其仁”,真心爱人便可以改变人。

(二)以己度人、推己及人

个体的独立性,以本身为前提。基于这个事实,人类才有了“人/我”(正确地说,应该是“我/人”)之别,也有了“公/私”之分。平心而论,在芸芸众生之中,只有这个“我”和自己是“一体”而不可分,息息相关。所以在任何时候,这个“我”都不能去除。

但是在“一个我”处于“许多我”之中的时候,“我”和另外的“许多我”怎样安置,便成了问题。这种情形很难一一列举,只有从“关系”上择要而言。不过首先要知道“一个”单独的我,和众多的我之间的差别。这差别是“单一”和“多个”在数量上的悬殊;也是“独特”和“普遍”的情势之差。论单一或独特,除非“特指”某一个,则在众多的“我”里,不分轩轾。换句话说,都是一样的人,同具双目一口,毫无差别。现在人们喜欢讲“人权”,说“人生而平等”,即在反对“区分人”。从普遍处说,应该是“既然都是人,就该一体同样相待”。

从“同样是人”来说,首先要承认的是:“人同此心,心同此理。”则一个人要想知道另一个人的想法或观念,先从自己方面揣度,至少可以得到一些线索。《诗经》中说“他人有心,予忖度之”就是这个意思。也就是此处所说的“以己度人”。

“以己度人”有一个先决条件,即是当自己和别人相关联时,必须把自己和别人放在同样的水平上,或是同样的立场上,来衡量人我双方的感受以至利害。可是人基于“我”的本位性,往往只想到自己,忽略了对方,尤其在“为了自己”的时候,所想到的是“自己如此这般所得到”的满足,如果需用另一个人来满足自己时,也只会想到要那个人“如何如何”,于是就放手做了,却很难想到对方“为了我”可能要“付出”以致受到损失。例如自己不愿意做的事,交给别人去做,自己是轻松了,却想不到别人因而有了负担。反过来有了好事或好东西,自己以“先得为快”,却不会想到得不到者有多么失望。

人都有好恶之情，虽然所好和所恶的有些差别，但是“普遍”的好恶仍然相同，最明显的是人都“好利而恶害”。以己度人的作用是把自己所好的能“推爱与人”，如子路之“愿车马，衣轻裘，与朋友共，敝之而无憾”就是与人共享的佳话。反过来，“不把”自己所恶的推到别人身上去，因为自己并不愿意这样的遭遇落到自己身上，就应该知道别人也和自己一样。这就是“推己及人”了。

大体说来，以己度人“所度的”，也有分寸。在和人的相处上，“原则”是“己所不欲，勿施于人”。这是消极的一面，因为己所不欲者，别人多半“也不欲”。反过来说，“己所欲者”，是否“都是”人之所欲，就要有些区分。区分在“所欲的”是有“普遍性”的，抑或只是自己“个别”的。普遍性的“所欲”，可以推己及人；“个别性的”只限于“个人”自身，虽然推己及人是好意，可是不合别人的心意，勉强别人，反而弄巧成拙。常见好酒者强人饮，嗜吃某物者强人食，结果造成对方“却之不恭，而又难以下咽”的尴尬场面。所以对别人有普遍的原则，也要因人而有所变通。

(三) 退让与宽容

中国的先哲以“谦逊”为美德，是从修养身心出发。但从人性方面看，照荀子的说法是，人因欲而有求，求而不得则争。实际上人所争者不只在“欲物”一面，“争面子”、“争一口气”同样是争。所以此处用“退让”代替“谦让”或是“谦逊”。因为通常在争的时候，无论所争的多么细微，如果各不相让，后果便不可收拾。如果有一个人肯“退让”一下，则“退一步便海阔天空”。常见两人争口角时，你来我往，越说越上火，不过一件微不足道的小事，各持其理，不肯相让，由“说理”变成“意气之争”。到了争意气的时候，已经远离争吵的起点，而变成“斗”。双方互“斗”时，不再是“争是非”，而是要“分强弱”。语言的伤害尚“不快意”，继而出以“举动”。后果如何，便不言而喻了。

此时如果有一方肯“少说一句”，使对方“无以为继”，则一场争吵很可能会“烟消云散”。无奈，人都不肯少说一句，那样显示自己“懦弱”，便是自己“输了”。一般人在竞争时，讲究输理不输气，输气不输人（不输人就是不肯输面子）。“不认输”使人“不肯相让”，各不相让的结果便只有大动干戈了。

如果相信人类的语言是为了彼此沟通，不是为了“唇枪舌剑”地出口伤人，则可知道“口舌给辩”、“尖酸刻薄”并非“能事”。古人有明训：“轻薄之言，施之君子则伤体（失去体面风度）；施之小人则伤身（小人要报复会伤及身体以至性命）。”争口舌者其害如此。为“争”而诉讼者耗时失事，造成更大损失。至于因争而伤人者触犯了法纪，后果便更严重了。

退一步看，如果在可能引起纷争的场面，报以幽默的态度，便能化干戈为玉帛。一个人因行色匆匆，不小心撞倒了摆在路边的瓷器摊，瓷器碎落一地。小贩当然大怒，开口辱骂。撞者可以不回应小贩的辱骂，平心静气地说：我这个人过分莽撞，造成你的损失，的确是我不对；可是如果你开一个大大的瓷器店，把精美的瓷器放得整齐有序，必然能吸引许多顾客，那样顾客就不会挤倒货物架，可以随意欣赏并准备购买，我也绝不会撞到你的店里去，你就不用生这么大的气了。小贩为那个大瓷器店的景象而神往，一腔怒火便消失了大半，最后竟和平解决。不“斤斤计较”即刻的状况，用体谅对方的心情宽容对方的“失礼”或“无理”，表面上似乎“失了面子”，实际上却正显出修养和风度，不但无所失，反而得到更多，关键只在一个人自己如何想，如何看一件事。“争长久”而“不争一时”，用在为人和待人的方式上，一样有效。《明儒学案》中载朱天麟的话说：“处人之道心厚而气和，不独待君子，即待小人亦然。”在《五种遗规》中，冯从吾说：“论交与，当亲君子而远小人；论度量，当敬君子而容小人；论学术，当法君子而化小人。不化，则乏曲成之仁；不容，则隘一体之量；不远，则伤匪人之比（即亲近不当的人）。”

四、领悟个人的自处之道

说一个人如何与自己相处，似乎有些滑稽。再说“自处有道”，可能更令人匪夷所思。可是人间不善“自处”者比比皆是，只是“身在其中者”，浑然不觉而已。

一个人在生活之中，大概“最切身”的期望，无过于“安乐”。“安乐”，从反面来形容，第一是“没有病痛”则身体爽适；第二是“没有困难”则生活顺畅；第三是“没有烦恼”则心情愉快。

身体爽适意在“健康”，健康首在“养生”。而养生的方法，在医疗进步的现代，已经不成问题。然而人却会因贪口腹之欲而饮食无节，也会因贪安逸乐而作息无度，以致戕害了健康。我国先哲教人善自“养生”，相传神农尝百草为人医治疾病，后来的扁鹊、华佗，甚至有起死回生的本领，到现在中医仍然在医药界不失其地位，且有良医良相的比喻。

人之有身，自己明显地知道，可是“心”为身的主宰，却往往被人忽略了。人在身有病痛时，自能感觉，也知道求助医药，以解除痛苦。但在“困难”时，往往求助无门，尤其是“烦恼”，几乎无处寻求解脱。原因是有些困难或烦恼，系由“自造”，别人无能为力。换句话说，某些困难或烦恼，出于自心的障蔽，只有自己才能解除。所以中国先哲很早就提出“修身养性”之说，要人“善处”自己，用意就在“不”和自己“为难”或“过不去”，实际上是要“以自己为重”，也就是爱护自己的意思。这番意思后来被归入伦理道德，变成对一个人来自“身外”的约束，完全失去了先哲的原意，实在令人遗憾。且试来看伦理道德中，如何教一个人爱护自己，然后再作评定。先哲的说法，也可以说是人对自己有了相当了解后才提出的，其说法是由深入人心、懂得人心而来，重要的大致如下。

(一) 解心中之蔽

荀子在《解蔽》篇中曾说心要“虚一而静”以保持心的“大清明”。然而心为何不能虚一而静，为何不能保持大清明？原因在于人心有所想有所望(即是有所好)，又有所惧、有所恶。总归是一个“欲”字与一个“恶”字。大体说来，即是“欲利而恶害”。

从人有“欲”来说，“欲而未得”时，唯恐得不到而忧心忡忡；“既得”之后，又栗栗畏惧而唯恐“失去”，即是孔子所说的“小人长戚戚”的状况。由此便要引申到伦理道德上来，要免去忧惧之心，最好自行修身“以作君子”，然后才有“坦荡荡”的胸怀。胸怀坦荡则无所蔽，则心思澄明，可以理清苦乐的真谛。人虽有避苦求乐的倾向，但往往“乐”尚未得，已经先受到痛苦的煎熬，即是“患得患失”。如此比较，就成了韩愈所说的：“于其有乐于身，孰若无忧于心。”何况即使欲而有得，未必就能快乐。而得前得后之忧，几乎形同“自寻烦恼”。

人之不能无欲，实际上完全出乎一心。关键是在“有”所欲的时候，所想的只是“得”的快乐或满足，一心只想可以“水到渠成”，完全不想得到的“困难”以至“不可能”，这就是心为欲得“所蔽”，以致清明的知觉消失无踪。

由此推而广之，凡属求“自利”的时候，无不如此。甚至因自利而“损人”时，总在自己的一面设想，以为“无往不利”。此时只以为自己是天下“最聪明”的人，别人愚昧无知，都在我的掌握之中。直到“身败名裂”，悔之已晚。所以中国的伦理道德，首在“正心”。以心居“中正”为“直”，古字“直”下加“心”即“德”字。心正才能依“正道”主宰自己、衡量自己，并判断自己的心念和作为之“为是为非”，是为“良心”。所以良心是自己的观察者、监督者，更是自己的裁判者。一个人有了违反道德的意念或行为，有时不为人知，尤其心念动而未发时，只有自己知道，此时如果良心发生作用，会禁止自己继续“想下去”，更会禁止自己“做出来”，关键就在自己。《大学》中列“正心”为一章，用意即在于此。

(二) 去心中之贼

“贼”这个字并不是一个“好名词”，其义是“破坏”、“败坏”、“毁坏”，总而言之都是“伤害”之意。做“贼”者为“偷”。“偷”的意义是“损人以利己”，是为“悖礼犯义”的不道德；在群体之中，则是“违法犯纪”的不法行为。“偷人者”只有“损人”、“害人”，“为祸”于人，所以为人群所不容。因为在一个群体之中，只要有一个“偷儿”存在，全体人便都要时时设防，不得安居。

然而人中有贼，大家都知设防，一个人自己心中有贼，不但不知设防，反而纵之容之，任其“坐大”，未免令人不解。

细想人之纵容心中之贼，可能是“贼藏在心中”难以看出其偷窃行为，有时甚至以为其“偷窃”反而于己“有益”，倒成了“爱护”自己、“赞助”自己，与自己“志同道合”的不可分的“亲昵者”。

这原因是人基于“自爱”、“自怜”的本性，人在生活中，有许多“义务”要履行，有许多“规范”要遵守，时时须谨慎，未免紧张。有时难免想“轻松”一下，“放任”自己一点，特别是在“无人知道”时，宛如顽皮的儿童避开大人的视线，就要做些通常被禁止的活动一样，于是“欺于暗室屋漏”，自以为没有人知道，便不妨一试。《大学》中称这种居心为“自欺”，实则就是心中“允许自己”做“小偷”。“贼”在心中，自己还以为“得计”，于是道德伦理便成为“表面的”、“自欺欺人的”“谎言”了。

实际上，“欺人”的不道德，在道德伦理之中，应该居于次要地位，“自欺”才是真正的不道德。道理很简单，人既然以爱自己为前提，受别人欺骗已经不可忍，“何忍”自己欺骗自己？明明知道贪口腹之欲会伤身，却要“食前方丈”；明明知道要即刻完成一件事，却要等到明天再说；明明知道“害人之心不可有”，却不惜千方百计地筹划；明明知道“不义之财不可取”，却难舍花花绿绿的钞票！在这种时候，自己可以找出许多“好理由”来对自己解释，好像接受者是另外一个人一般。向自己说好听的话，犹如话是出自别人之口，仿佛是听到“谀我者”在“顺情说好话”，听起来悦耳畅心，殊不知荀子曾说，“谀我者吾贼也”（《荀子·修身》）；又说戕害别人而说其爱听的话，是“贼其所好”（《荀子·王制》）。像这样自己贼害自己，是什么在作祟？无他，是“心中有贼”。王阳明说：“去山中贼易，去心中贼难。”人对自己，最好先除去心中之贼。

（三）以别人为鉴

世界上有许多人同时存在，每个人的遭遇都不同。可以确定的是，人生并不是一条康庄大道，行走起来，不免遇到崎岖不平，挫折连连，就是所谓的困难。解决困难的办法，因人而异，或者遇难而止；或者遇难而怨天尤人；或者遇难转而他求；或者面对困难，设法解决。这些情形，看来只是人与困难的关系，实际上正是人自处的方式。因为采取任何一种方式，都要自己承担其后果。

遇难而止者，自己要承认挫折。这挫折若说是自己能力有限，便要担负心理的“自疚”；若委之于“机运”，又心有不甘，不愿接受自己“力有未逮”的弱点。转而他求者不失为“能变通”，问题是“变而通了”可以自以为得计，若“变而仍然不通”便仍然是挫折，“心结”仍然存在。只有面对困难，解决了困难的，可以得到“自许”的满足，然而在解决问题之前的忧思苦虑，也不是很愉快的状况。这些情形，每个人都可以看到或听到。看起来似乎是人在“处事”，实则是人的“自处”，也正见于处事之中。从别人处事的成败上，也可“看到自己”；从别人处事的结果，也可得到处理事物的感受。自古以来，成败得失者不可胜数，取别人以为自己的殷鉴，可以减少许多盲目的尝试。

人在自诩为万物之灵后，似乎暗含着一份“大无畏”的精神。实则真实的内在里，“恐惧”却无时不在：怕痛苦，怕难，怕……许多“怕”存在心中，食不甘味，睡不安枕。弗洛伊德所说的“焦虑”，本意就是“恐惧”。他所说的“神经性”的焦虑，指实际上所担心的事并不存在，而是人自己在心理上制造“杯弓蛇影”。这种情形，许多人都会或多或少地碰到。最明显的一个情形是：“关心则乱”。例如父母因子女未及时回家，首先就“担心”出了事而忧心忡忡；朋友爽约首先就怪他不守时；听了别人一句无关痛痒的话立刻紧张起来，种种不一。这样的结果，到头来只是为自己制造了烦恼而已。如果说这样的烦恼是由别人而起，不如说是由自己而生。假如“明智”地想一下，与其“胡思乱想”而为自己造成许多烦恼，何不换一个想法，“理性”地设想“多种可能”，便可免去所忧虑的那一种。这就要“明达事理”，所谓“世事洞明皆学问”，就是要多学多问，拓宽自己的知识领域。心思开展，则不拘于一方面，能够“退一步想”，心里就会宽松许多；再耐心一点，“过些时再看”，并非消极退缩，只是留下“从容考虑”的时间而已，这样说，则是“事缓则圆”。

第五章　我国伦理道德教育的先例

《书经·泰誓》中说:“唯天地万物父母,唯人万物之灵。亶聪名作元后,元后作民父母。”这段话是说:天生万物,只有人得其灵秀,具仁义礼智四个方面,蕴含万善,知觉超过其他物类;其中诚实无妄,聪明天成者能先知先觉,故而君临天下,作为万民的父母,化之育之,使人这一类超出于万物之上。这是中国先哲对人的了解和赞许,以及对人的期望。

先哲从人这一类概括而言是如此。若从个别的人的最初形象说,人的生物性本能却只体现出明显的“个性”,即是只以自己的生存为目的,罔顾别人的存在。人在离开大自然后,“独自生存”几乎不可能,而必须群聚而居,以便同心协力地互助合作。在多数人互助合作之下,单一的个体才能满足生活的需要。如此就要先知先觉者教人们明白“群居”的道理和做法,“教化”的需要于是出现。

大概在人类群居形式完成后,“为民父母者”(圣王)便发现了人群需要“和谐共存”,但这“需要”却不为人所知,所以才兴起教化的方法。

中国有史可据的例子最早见于《书经·舜典》,即是大家所熟知的舜命契为司徒以敬敷五教,教“百姓相亲,五品相逊”。可以说是“圣王”治国的一大基本政策。因为一群人或一国人若不知做人的规范,而“各顾自己”,不但每人都将陷入“孤立无援”的困境,而且可能“各自为己”而生出争端，成为国家的“乱源”。管子治齐国时，就曾说过：“礼义廉耻，国之四维，四维不张，国乃灭亡。”张四维以规范万民，即在改善人民的品质，自然须由领导者倡导实行，所以“教化万民的责任”必然是政治领导者的任务，同时也是先知觉后知、先觉觉后觉的必然。

教人相亲相逊，要从品格着手。培养人民的品格，道理已经很明显，但是更要有实际的做法，使人排除本能的自私，从而将别人与自己视为一体，这就需要实施教化。教化要人民能够接受，并表现在行为，才算达到目的。舜是我国古代推行伦理道德教育的第一人，可以算是伦理道德教育的鼻祖。最重要的是，舜所开始的伦理道德教育，旨在“教化全民”，乃是“普及教育”。其教育重点在培养“善良的民性”，至于有“文字教育”的人才教育，是在全民教育之外的另一项行事。

从舜开始了伦理道德教育之后，这项措施经过夏商两代仍然继续，到周代则有了完备的系统。在这段史实中，可以看出伦理道德教育开始得相当早，应该确切地认识一番。

第一节　普遍的化民成俗

一、始建工作

《书经·舜典》中在尧禅位于舜的时候，便载有“慎徽五典，五典克从”。“五典”即是“五常”，即是大家熟知的“父子有亲，君臣有义，夫妇有别，长幼有序，朋友有信”。这“五典”当时认为是“美好的”，所以要人“顺从”。

“五典五常”也就是历来所说的“五伦”或“伦常”。前曾解释“伦”字为“辈”，表示排列人的次序，使群众不乱。试看这“五伦”之中，包括两种血缘关系、一种婚姻关系和两种社会关系，每种关系人都是人在生活中经常接触的，那么如何与这些人“相处”才能使生活顺利而愉快，完全和自己有关。因为一个人和许多人有不同的关系，所以才有“亲”、“义”、“别”、“序”、“信”的差别。如果自己是任何一对关系人中的一个，先来想想希望对方怎样“待我”，就可了解“五伦”的道理。例如为人“子”者，是否希望父母对我“慈爱”？反过来，“父母”辛辛苦苦教养子女，是否希望子女“孝顺”？再如“年长者”是否要“爱护”幼小？“年幼者”是否要“尊敬”长上？而夫妇之间，既然已经决定共同营造家庭、共同生活，是否要“互爱互谅”、同甘共苦？至于朋友，本来可以看作“四海之内，皆兄弟也”，可以推广到所有的人。朋友本是相识到一个程度，或是由于志同道合，或是由于有无相通，而生出友谊。亚里士多德认为友谊之中，便含着爱的情感。那么朋友之间，是否应该“互相信赖”、一言九鼎，以至终生不渝？照这样看，“五伦”的关系人，乃是生活中不可或缺的人，和这些人相处，是双方“相对”的，各有对待“对方”的道理，这道理从基本上说是非常“合乎人情”的。如不相信，可以试想“父子不亲”、“主管与下属各行其道”（代替君臣）、“夫妻反目”、“长幼不相能”、“朋友互相欺骗”的状况，如果自己是其中任何一方，将有何感受！舜典中记载的资料有限，可以确定的是，契已经开始实行教化，而舜在位的时期，据推算约在公元前2255年。

二、夏商两代继续

历史记载舜让位于禹，是为夏代（约在公元前2205年）。在《大禹谟》中，论及政道说：

> 德唯善政，政在养民。水火金木土谷，唯修；正德、利用、厚生，唯和。九功唯叙；九叙唯歌。戒之用休，董之用威，劝之以九歌，俾勿坏。

这段话所说的治民要用“六府三事”（六府即金木水火土谷；三事即正德、利用、厚生）。其中“正德”即“正民之德”；“九歌”即民间对政治反映的歌颂，可据以了解民意，并用来鼓励政治工作者。同时禹又命皋陶作“士”，令其“明于五刑，以弼五教”，这“五教”即是沿袭舜以来的“五常”之教。由此也可看出教化之功不是百分之百，因为有人虽然接受了教育，却缺少自制的力量，不能控制自己的行为，所以才要有刑治以继其后，这也是教育中始终争论未决的“惩罚”问题。

商朝继夏朝之后，据《商书》载，盘庚在迁都时怕人民反对，于是昭告人民服从，勿作流言以致败坏自身，并声言自己在“敬布为民之德，一心一意地关心民事”。在《说命》下篇中载：

> 说曰：王，人求多闻，时唯建事，学于古训，乃有获。……唯敩学半，念终始典于学，厥德修罔觉。

这是说教人所学的，自己应该先已知道且会应用，可能是后来所说的“教学相长”的意思。

三、系统完善于周代

周代继商而有天下，史载周公执政时建立了完备的行政系统。据《周礼》中载，中央最高行政长官分天、地、春、夏、秋、冬六个部门，首先是天官冢宰，其次是地官司徒，春官称宗伯，夏官称司马，秋官称司寇，冬官称司空。其中地官司徒便是专管教育的最高行政机关，相当于后来的教育部，但是比教育部的权力大得多。且试来看司徒所推行的教育工作。（司徒之官最高的称大司徒，其次称小司徒，以下还有许多官职）

（一）大司徒的职权

《周礼》载大司徒的职权是：

> 大司徒之职，掌建邦之土地之图，与其人民之数，以佐王安扰邦国。以天下土地之图，周知九州之地域广轮之数，辨其山林、川泽、丘陵、坟衍、原隰之名物，而辨其邦国都鄙之数，制其几疆而沟封之，

设其社稷之壝而树之田主。各以其野之所宜木,遂以名其社与野,以土会之法辨五地之物生。

大司徒要掌管全国土地之图和人民之数,目的明显在于推行全民教育。试想在那地广人稀的时候,交通未必畅达,要想关照到全国各地,必然不容易;因此大司徒的职权,在教育之外,还要熟知天下的地理状况以及各地的物产,甚至一部分行政工作。

大抵"宏观"的政治,时时刻刻都要综观"全局"。虽然教育主要的目的是为了化民成俗,只是行政的一项,但是人民最需要的,一是充分的食物以免饥饿;二是生活安定,没有生命的危害;然后是要有一个安定的社会,其中的人懂得生活的道理,使生活合乎常理,社会才能安定。社会安定,人人才能有安居乐业的生活。所以后来孔子说,对人民,要"富而后教"。可见人民在丰衣足食之外,还要知道生活的一些道理。这个道理,周代大司徒一开始就把握住了,就是必须教人依从道理而生活。由此归本溯源,就要人人能自理生计,人人各有生计,以免受饥寒之苦。而要达到生活安定,如何与人相处,就成了重要的一项。下文将说明大司徒不仅推行伦理道德教育,同时也指导职业教育,并且据此参与维持社会治安的一部分工作。现在人们说做一件事,不能只针对"那一件",还要有"配套"的措施才可,这一点周代早已做到了。

在大司徒之下,还有小司徒负责了解地理状况和人口数目,用以教民"稼穑树艺"。另有所谓"荒政十二"(救饥荒的政策),即:散利(凶年贷粮食给人民做种子与食用)、薄征、缓刑、弛力(免除劳役)、舍禁(除去禁采禁猎的限制)、去几(免税)、眚礼(减少礼仪)、杀哀(减少丧礼)、蕃乐(收起乐器)、多昏(减少婚嫁的礼物)、索鬼神(祭祀鬼神)、除盗贼。继以保息养民之策,如:慈幼、养老、振穷、恤贫、宽疾、安富。即是教育要兼顾民生,所以隶属于教育中。

(二) 教育实际

大司徒安置了民生的政策,然后才实施伦理道德教育。

实际的教育工作分为两部分，一是全民教育；二是人才教育。全民教育方面，就载于《周礼》中的来看，分别如下。

1. 纲领

教育的纲领是：

> 以乡三物教万民而宾兴之。一曰六德：知、仁、圣、义、忠、和。二曰六行：孝、友、睦、姻、任、恤。三曰六艺：礼、乐、射、御、书、数。

"乡三物"的"六德"，明显属于道德范畴。倒是"六行"，要指明其实际作用。即：

孝：用于对父母家长。

友：用于对兄弟姐妹。

睦：用于对亲族（有血缘关系者）。

姻：用于对姻亲。

任：用于对朋友。

恤：用于对贫苦之人。

可能受农业生活的启示，人民依赖天时地利，春种夏长，秋收冬藏，知道因果关系，所以在收获之后，感谢天地。由此想到自己为父母所生，体会到父母养育自己的辛劳，于是生出孝敬父母的心意，确定了"孝"的观念和传统，成了中国独有的美德。

友爱兄弟是因为兄弟源自同一血缘，而且自幼共同生长，是仅次于父母的亲人，所以讲究兄友弟恭。意思是同辈中年长者要爱护年幼者，年幼者要尊敬年长者，以见长幼有序。

和睦亲属，是血缘的延伸。其时同族多是群聚而居，和睦相处，便于彼此呼应，互相帮助。

姻亲是由婚姻关系而成。两个家庭各自的成员之一，结合于一个家庭中，成为关系密切的"一对人"。两个家庭基于各自的所爱，又增加了一个可爱的人，连带扩展到两个家庭形成亲密关系。

朋友基本上志趣相同，在互相尊重之中，包含了情意（亚里士多德以为即是爱),彼此可以交换意见,可以危难相助。

对贫苦的人存着怜悯之情,予以救助,是人所秉持的天地之仁而存在的仁心,也是人类特有的高贵禀性,因不忍见同类疾苦而伸出援手。

这六项与人相处之道,从有血缘关系的最亲近的人开始,逐渐扩大到慈善的地步,这样的群体,当然是和谐的。

至于"六艺"的礼乐射御书数,都在实用方面。而在实用之中,"六德"也就表现出来,把品格陶冶和技能训练合而为一,才是真正的生活教育。

可以相信这种教育在西周四百余年间曾经实行,奠定了全民伦理道德的基础,也确定了中华文化的伦理道德精神。道德在民间,百姓虽然未必受过文字教育,却都知道仁义道德,才有了"忠厚传家"的格言;后代民间杂剧,大抵以"教忠教孝"为本,人人都知道"崇尚道德","唾弃不道德",便是事实。

2. 实施

依照纲领,司徒订定"施十有二教"。把这"十有二教"排列出来,就比较清楚明白了。

> 以祀礼教敬则民不苟。(祀礼即祭祀之礼。不苟即不轻忽随便,反过来即郑重之意)
>
> 以阳礼教让则民不争。(阳礼即乡射饮酒之礼。大司徒规定各乡定时聚会,乡民表演射箭。射箭的礼仪是揖让而升,下而饮,胜败不伤和气)
>
> 以阴礼教亲则民不怨。(阴礼即婚礼。男女到成年时,表示已经成熟,男女及时成亲则外无旷夫,内无怨女)
>
> 以乐礼教和则民不乖。(文内"礼"字可能为"衍"字,用乐教人和乐,可以免去乖张之气)
>
> 以仪辨等则民不越。(古时有社会等级,各等级的礼仪不同,各自依等级行礼,人就不会逾越分际,即各安其分)

以俗教安则民不愉。（“愉”字为苟且的意思，化民成俗之后，人安于习俗，就不会有分外的行为）

以刑教中则民不虣。（虣同“暴”。教育在培养善良民性，但非一朝一夕之功，仍然需要刑法的威慑作用）

以誓教恤则民不怠。（前代帝王常有“誓”以宣示政令，恤意为恭敬谨慎，以此教人，使人不致懈怠）

以度教节则民知足。（“度”即制度。依制度规定，教人节俭，则人容易知足）

以世事教能则民不失职。（世事即生活技能，可见伦理道德并未与生活脱节）

以贤制爵则民慎德。（古代的爵是赠给有德之人的，可以鼓励人重德行）

以庸制禄则民兴功。（“庸”即用。因有用而给予禄位，鼓励人建立功业）

这“十有二教”，大部分是以“礼”为本，而用于实际生活之中。可见“礼”并不是空虚无用的繁文缛节。前面各章曾说，“礼”乃是待人接物的原则。人人以礼待人，人间才有和谐，所以“礼”是一项重要的教育内容。另一项教育内容则是“乐”。“乐”在民间，可说是“俗民”的歌唱。前文说夏代“九叙唯歌”即是。先哲以为乐能陶冶性情，所以把民歌经过修饰，再来教人歌唱，使人一面抒发情感，一面接受教化，《诗经》即是由此而来。故而可以说，诗礼之教，就是当初全民教育的教材。《周礼》中说：“以五礼防万民之伪而教之中。”五礼即吉、凶、军、宾、嘉。又说：“以六乐防民之情而教之和。”六乐之名为：云门、咸池、大韶、大夏、大护、大武。

3. 贯彻

全民教育的贯彻，是负责教育的人员自大司徒以下，由中央以至地方，各有专职人员。依行政层级，中央之下为乡，有乡大夫与乡师；乡下为州，有州长；州下为党，有党正；党下为族，有族师；族下为闾，有闾胥；

闾下为比，有比长。

从比层递而上，各有重要的信守事项，即是：

比中各家相互保证；

闾中各家相互信托；

族中各家互通吊祭，互相协助办理丧事；

党中人患难时相互救助；

州中人贫乏时互相周济；

乡中人尊敬有德行和有才能的人。

然后是订有“乡八刑以纠察万民”。所规定的刑目是：不孝、不睦、不姻、不弟、不任、不恤、造言、乱民。是对不受教的人予以惩罚。

教育行事由大司徒发布命令，层递而下，并定期考核实行效果。前述的乡饮酒礼，就在乡举行，除了乡大夫和乡师之外，退休的“乡贤”也参加，一则鼓励乡民努力向上，一则使人知道“敬老尊贤”。

在大司徒之下，还有小司徒（类似教育部副部长）。小司徒的职权，在考核全国各地的人口数目（是现在的户政工作）与财物状况（是现在的财政工作），调整土地分配使之平均，兼管因土地而兴起的诉讼事件，以及大司徒所定的“教育法则”（教法有成文规定）。

此外司徒之官中，如前述另有乡师、乡大夫等职称，组织相当庞大。教令的执行，以正月将教令悬挂国门，使人人都可看见，并将教令传达到邦国都鄙，以通行全国。其中除了职业教育之外，便是德行教育。

司徒的职权，不只限于教育，《礼记·王制篇》中有一段话也可以作为补充，说是：

> 司徒修六礼以节民性，明七教以兴民德，齐八政以防淫，一道德以同俗，养耆老以致孝，恤孤独以逮不足，上贤以崇德，简不肖以绌恶。

照这样看，教育必须顾到许多层面才会真正有效。

第二节　培养知德兼备的人才

人才要为国家所用，既要品格高尚，为人所尊敬；又要有相当才能，足以任事。培养人才的教育，大体如下。

一、以礼乐育德

相传上古即有大学，是培养人才的机构。先见于《舜典》的是：

> 帝曰夔，命汝典乐，教胄子，直而温，宽而栗，刚而无虐，简而无傲，诗言志，歌永言，声依永，律和声，八音克谐，无相夺伦，神人以和。

文中的“夔”乃是乐官。下文再谈。其中“教胄子”三字，曾见后来教育史书中批评为“贵族专制”的措施，认为这种教育是贵族的“特权”。实则平心而论，古代职业确有世袭的事实。如果加以解释，其时的行业大抵只有“劳心”与“劳力”两种，劳力者多半从父学业，劳心者则是“治者”。后者显然需要学习，而随其父兄任职的所在地就学，应是常情。而且周代的人才教育，除胄子之外，“庶民”之俊秀者，也可入学，可见并非完全的贵族教育，但这并非本文讨论的重点。

现在要看舜命夔典乐时的指令，是在“直”、“宽”、“刚”、“简”之中，还要“温”、“栗”、“无虐”、“无傲”。这就是说所要培养的品质固然是可贵的，但同时也要避免这四者“相对”的缺点。因为“直”则不免“气壮”而欠“温婉”；“宽”则不免“姑息”而欠“坚持”；“刚”则不免“强毅”而少“怜悯”；“简”则不免“粗疏”而成为“傲慢”。取其长而补其短，才是“中和”。

人才教育是司徒的另一项职权，但依教育的原则说，还是以培养道德品质为本，因而以陶冶性情为重，即是以“诗礼”之教来达到这项目的，故而司徒有和“春官宗伯”合作之处。因为宗伯之下有“大司乐”和“乐师”，精于音律，而用“诗”和“乐”为教材，诗本来是可以歌唱的。乐有音节、韵律，所以成歌。诗教在诗文的意义；乐教在陶冶性情。诗文鼓舞人的志向，歌唱申明言辞之美，声韵和谐，可以达到神人合一的境地（此处神可解释为祭祀时的祖先）。

二、教育的实质

（一）德见于行行中有艺

人才教育是大司徒的另一项职权，但和乐官有相通之处。在大司徒的系统中，负责国子教育的是“师氏”和“保氏”。据《周礼》所载：

> 师氏……以三德教国子：一曰至德，以为道本。二曰敏德，以为行本。三曰孝德，以知逆恶。教三行：一曰孝行，以亲父母。二曰友行，以尊贤良。三曰顺行，以事师长。……凡国之贵游子弟学焉。

其次，保氏的职权是：

> 保氏……而养国子以道，乃教六艺：一曰五礼，二曰六乐，三曰五射，四曰五御，五曰六书，六曰九数。乃教之六仪：一曰祭祀之容，二曰宾客之容，三曰朝廷之容，四曰丧祭之容，五曰军旅之容，六曰车马之容。

师氏的教育为“三德三行”。以“三德”的“至德”看，是“以道为本”。这一点是中国哲学的“形而上学”根本。前曾说过，从《易经》以来，就把“道”视为宇宙的“原始”。而“道”则解释为抽象的“至高无上”的原理原则，依此才在天地间生成万物；而万物并生，各有其序。由此推出，人在天地之间以为生，也应该遵循一些“原理原则”。然而人并非生而即知的，需经过学习才能知道。由学而得知即是有所得，所以“得者德也”。（俗话只说“知道”为“知”，竟把重要的“道”字省略了）实则人若真要“知道”，所“知”的应该从形而上到形而下一贯到底，这样才知道天地万物以及人生的“道理”。由此看师氏所教的至德，乃是哲学的形而上学。

“敏德”之以“行”为本，所指的应该是“力行”，即是“知道就要做到”。我国早期原是“知行合一”的。

“孝德”之在“知逆恶”，是先哲教孝，要为人子女者必须善体亲心，检点自己的行为，不做违法犯纪的事，以免既害父母“忧心”，又“遗羞”于父母。所以“自爱自重”也是“孝行”的一面。

师氏所教的“三德”以至“三行”，用现在的说法，即是“理论”与“实际”合而为一。“理论”是“道理”，包括为什么要如此；“实际”是“做法”，在于行为表现。总而言之，绝非“徒托空言”。

再看保氏“养国子以道”的“道”，所教的重在实行（“道”字原可解作“行”）。“六艺”是实际的技术，其中射和御是武备训练，因其时用征兵制。为国育才需要“文武兼全”，所以其时的文官也佩剑（从现在孔子塑像即佩剑可知）。至于“六仪”，明显是在训练“仪容”，例如祭祀时应该面容严肃，以示尊敬；接待宾客时应该郑重礼貌，以示对宾客的敬重与诚恳；在朝堂之上，要规行矩步，进退有节；在丧祭时应该表示哀戚；在行军时应该精神振奋，以示勇武；在乘车骑马时各有乘坐或站立的姿势。这些实际训练，显然需要专人指导并矫正，而且需要相当时日才能纯熟。

（二）行政会通

前说宗伯内大司乐的乐教，《周礼》也有记载，文为：

> 大司乐……以乐德教国子，中和、只庸（即敬与常）、孝友。以乐语教国子，兴道、讽诵、言语。以乐舞教国子，舞云门、大卷、大咸、大磬、大夏、大护、大武。以六律六同五声八音六舞大合乐，以致鬼神示，以和邦国，以谐万民，以安宾客，以悦远人，以作动物。

大司乐在所教的乐中仍然以“乐德”为首，可见道德的重要性。所谓“乐语”，是指文字的诵读（用歌唱式，间有说白）。所举各舞已经失传。这些项目合起来（兼有歌唱与舞），才是原来所说的“乐”。另在大司乐之外，还有乐师，掌教国子小舞。又有大师教六诗，六诗即风、赋、比、兴、雅、颂。教这六者在于以德为本，以六律为音。再次还有大胥，掌管学生的名册，招集应该入学的学生，负责学生乐和舞的演习，并且管理乐器，还考核乐官。

前曾说教胄子的人才教育，并非纯粹的贵族教育，在《周礼》中也有明文规定，文字是：

> 司徒……命乡论秀士，升之司徒，曰选士。司徒论选士之秀者而升之学，曰俊士。

这样选出的俊士，入学以后称为“造士”。至于造士能否任官，和其他学习者一样，还要待此后考查学习成绩后才能决定。另外在《礼记·王制》篇中，也有一段记载说：

> 乐正崇四术，立四教，顺先王诗书礼乐以造士。春秋教以礼乐，冬夏教以诗书。王大子、王子、群后之大子、卿大夫元士之适（同“嫡”）子，国之俊选皆造焉。

由此可见，人才教育并未排除平民之俊秀者。教育的实际是如此。

至于教学科目和教学状况，在《礼记·文王世子》篇也可看到一些线索。如说：

> 凡学，世子及学士必时。春夏学干戈，秋冬学羽籥，皆于东序。
>
> 小乐正学干，大胥赞之。籥师学戈，籥师丞赞之。胥鼓南。春颂夏弦。大师诏之瞽宗。秋学礼，执礼者诏之。冬读书，典书者诏之。礼在瞽宗。书在上庠。

像这样专任教师各有专责，按时序分别教读书或体能活动，而且各有固定场所、教育措施，也可说相当完备了。

(三) 学习成效

对学习成效要加以考查，司徒也订有依优劣而黜迁的办法，见于《礼记·王制》：

> 命乡简不帅教者以告。耆老皆朝于庠。元日习射上功，习乡上齿。大司徒帅国之俊士与执事焉。不变，命国之右乡简不帅教者移之左，命国之左乡简不帅教者移之右。如初礼，不变，移之郊。如初礼，不变，移之遂。如初礼，不变，屏之远方，终身不齿。

这段是专就未曾努力向学的乡校学生之"不帅教者"，由乡报告到中央，大司徒和有名望的老者都聚会在乡校(庠)，定期似乎是"初一日"，教这些人先演练射箭，看其"中鹄"的次数，以定技艺高低；再看其演习礼仪，观其是否表现出"敬老尊贤"的适当仪容。如果和所报告的相同(不变)，就把左右两乡对调(犹如调校改变教育场所)。隔一段时日，再像初次般演练，若仍无进步，就降到郊区。此后若始终没有进步，就一再降到偏僻之处以至远方，确定不堪教诲，终身不再续录。

至于中央的学校黜迁的办法仍见《礼记·王制》篇的，则是：

> 将出学，小胥、大胥、小乐正简不帅教者以告于大乐正；大乐正以告于王。王命三公九卿大夫元士皆入学，不变，王亲视学，不变，王三日不举，屏之远方。西方曰棘，东方曰寄，终身不齿。

中央的考查只有两次。由举报者来看，是出自多人，可信度较高。而且学校注重平时考查(从《礼记·学记》篇可以得知)，其不帅教者应是熟知之事实。可以说这种人才培养制度相当缜密。至于任官，可以再用《礼记·王制》篇中的一段话来说明：

> 大乐正论造士之秀者以告于王，而升诸司马，曰进士。司马辨论官材，论进士之贤者以告于王而定其论。论定，然后官之，任官，然后爵之，位定，然后禄之。

通观这项人才教育的实质，即是培养当时国家所需要的人才，也就是培养政治领导者。这项事实，在《礼记·王制》篇也可找到证明，即是：

> 凡三王教世子，必以礼乐。乐所以修内也，礼所以修外也。礼乐交错于中，发形于外，是故其成也怿，恭敬而温文。

像这样培养出来的人才，以德才兼备为目的，理论上，其中的“帅教者”应该学而有成，可以担任政治任务。至于政绩，则有待行政考核了。

周代司徒的教育，至少可以说直到西周灭亡之前，延续了四百年左右，造就了大量的人才。否则到东周春秋战国时，就不会出现“诸子百家”。明显可以知道，诸子百家都曾受过教育，否则他们的学识从何而来？再看春秋时代各诸侯国，也多人才济济，这些人也不会凭空自己长出学识，当然自有来源。遗憾的是，东周以后，政治失序，国学与乡学荒废，领导者不顾伦理道德，人民失去典范，才造成全国混乱的局面。（以上可参见拙著《先秦教育史》）

第三节　教人修己以做君子

进入东周以后，诸侯国竞相扩张势力，王室政令不行，原来的教育制度被忽视；民众被征召入伍从事战争，自然不再有受教育的机会，于是乡学荒废。《左传》中有一篇记载“子产不废乡学”，有人见到乡学成了闲人聚集议论政事的场所，恐怕这些人制造言论生事，所以建议子产废除乡学，子产未曾接受，以为乡学留在那里供人民表示意见，并无不可。由此可见在春秋初年，乡学的功能已经失去，学校荒废或可能改做其他用途，只有郑国仍然保留。到此民众教育大概就算画上了句号。

此后虽然偶有帝王倡议民众教育，但并未完全普及，且时作时止，已非西周的状况了。

人才教育和民众教育一样，诸侯急功近利，只“招揽现成”的人才，并不“培养”人才，于是这一项国家教育制度也不再存在。

“公立”教育机构消失，并不能阻止人要接受教育。于是有志向学者便自行寻求“有识之士”，从之学习。其时这种有识之士，首推原出司徒之官的儒家之流，名垂千古的孔子于是出现。

大家知道孔子曾精研古籍，对诗书礼乐深有心得，参透天道和人道。因看到当时天下纷扰，怀着济世安民的心志，想辅佐当政者实行王道，救民于水火之中，但却没有国君采纳，只好退而教授弟子，想以自己之所学，培植下一代，使他们秉持正确的观念，使德才兼备于一身，有机会时可以实现治国安民的理想，于是开启了“私人教学”的先例。孔子的教学工作，是以“学生个人”为主体，教每个人从“修己”做起。于是天下从学者来自四面八方，据传有弟子三千人，其中最杰出者有七十二人。后来孔子被尊为先圣，七十二弟子被尊为先贤，受到历代帝王的祭祀。

孔子教弟子，并未教他们只管读书，而是首先提倡修养性情，以德性为主，因为要先有高尚的品格，符合“人道”所应具备的条件，才有“致用”的资格。至于弟子各自所学的特长，则各从所好，所以有从政者，如冉求；也有从商者，如子贡；更有继儒家之业，开门授徒者，如子夏等。孔子并不限制弟子的学习时间，所以说：“自行束脩以下，未尝无诲焉。”其中子贡因货殖致富，常常周济老师，也有记载可证。

孔子教人“修己以做君子”的要点，可以分述如下。

一、本天道修人道以德为先

（一）天道释义

“道”字在前述各章随文而有解释。概括地说，单用一个“道”字时，所指应是“本体”的道，是“形而上”的宇宙万物的根源。如《易经·系辞上》第十二章所说的：

> 是故形而上者谓之道。

但“道”字有时加上另外的字时，或者仍然指本体的道，或者另有所指，要看用法而定。如《易经·说卦传》第二章中说：

> 昔者圣人之作易也，将以顺性命之理。是以立天之道，曰阴与阳；立地之道，曰柔与刚；立人之道，曰仁与义。

此处“天之道”即等于一个“道”字，因而“道”与“天道”意义相同。而“天道”有时又称“天地之道”，如《中庸》第二十六章中说：

> 天地之道，可一言而尽也：其为物不贰，则其生物不测。

所说的“天地之道”，还是“天道”或“道”。

先哲尊崇天道，固然是追本溯源，不忘根本之意，更重要的是尊崇天道生物成物的“精神”。这“精神”即是一个“诚”字。《中庸》第二十章说：

> 诚者，天之道也。

“诚”指“永久不变”，即是“永恒”；又指“无偏无私”，是“廓然大公”；又指“坚持到底、不屈不挠”。从成物来说，见《中庸》第二十五章：

> 诚者物之终始，不诚无物。

又在第二十六章中说：

> 故至诚无息，不息则久。久则征，征则悠远，悠远则博厚，博厚则高明。博厚所以载物也；高明所以覆物也；悠久所以成物也。博厚配地；高明配天；悠久无疆。如此者，不见而章，不动而变，无为而成。

这一段把天道成物的精神说得最为透彻，也把对天道的崇敬表现得最为诚挚。由此而建立了中华文化“天人和谐”的观念，同时也确定了人的一项“道德”，即是效法天道之“诚”，如《大学》教人“勿自欺”，进而“不欺人”，再进而成为“与朋友交，言而有信”，于是“信”遂成为“五德”之一。前面曾经说过，“信”是“德”，是人所共同期望别人待自己的方式，则道德岂不正是本着人情而来！

（二）人道要旨

孔子曾经提出四句话可以作为修习人道的纲领。即是：

志于道，据于德，依于仁，游于艺。

“志于道”可以解释为“立志”秉承天道，明白人道，贯彻实行人道以符合天道。

“据于德”，则是信守“德性”。“德性”是后天经过学习而“获得”的，并不全指“道德”。后世有“知德”与“行德”之说，分指所具有的“知识”与“道德”。实则《礼记·乐记》中有：“礼乐皆得，谓之有得，得者德也。”所以这个“德”字，不应只作“道德”解。

“依于仁”即如前此所说的，本着天地生物之仁，“以仁存心”而表现于外。待后另加解释。

“游于艺”是熟练生活中所需要的技艺，是生活所需要的技能。有熟练的技能，谋生才能游刃有余，同时使生活富有情趣。

合这四者才显示出人在天地之间“不同凡响”，也就涵盖在人道之中。由此明显地可以看出，人道要经过一番努力来修习，更要持之以恒地来实现。孔子并未教人奢望做圣人，却用了许多言语教人做君子，也可以说，人道就是君子之道。

二、君子之道

《中庸》第十三章中孔子说：

君子之道四，丘未能一焉。所求乎子以事父，未能也；所求乎臣以事君，未能也；所求乎弟以事兄，未能也；所求乎朋友先施之，未能也。庸德之行，庸言之谨，有所不足，不敢不勉，有余不敢尽。言顾行，行顾言，君子胡不慥慥尔！

这段话是“夫子自道”的谦词。所谓“庸德”、“庸言”以下的话，即是“平时”所说应具备的道德必须要付诸实践，平时说话必要谨慎，如果自己发现有未曾做到之处，就要加倍努力，有可能做不到的事，最好不要先说出来(先说了而做不到，等于言而无信)。不说空话，才能言顾行，行顾言，即言行如一。最后可能是勉励人的话，说要做君子的“应该切实笃行”。

学者要“笃行”君子之道。但是君子之道既广大，又精微，并不容易把握。如《中庸》第十二章所说：

> 君子之道，费而隐。夫妇之愚，可以与知焉，及其至也，虽圣人亦有所不知焉。夫妇之不肖，可以能行焉，及其至也，虽圣人亦有所不能焉。天地之大也，人犹有所憾。故君子语大，天下莫能载焉；语小，天下莫能破焉。《诗》云：“鸢飞戾天，鱼跃于渊。”言其上下察也。君子之道，造端乎夫妇，及其至也，察乎天地。

这段话说君子之道广大而精微，虽“无知”之人如愚夫愚妇，也能知道这道理；虽“不行正道”的男女，也可以做到。可是到了最高点，即使圣人也很难说明白，也有做不到之处。以天地自然之广阔，人还有不满之处(如天灾、弱肉强食之类)。所以君子之道，说大，则可超越天地；说小，竟无法分解其最细微之点。鸢飞鱼跃是说它们具有腾空潜水的能力。君子之道，不过是从一对男女结合开始，待其达到极点，可以洞察天地之间的大道理。

这段话最后说到“君子之道，造端乎夫妇”，很值得深究。为什么君子之道要从“夫妇”开始？推敲起来，可能是一对青年男女结为夫妇时，已经达到成年，到了“安身立命”的时期，此时便要明白并履行“成人的责任”，即是君子之道。它包括“调节情感”的互相对待以及与有关“别人”的相处之道；更要负起家庭责任——敬长、慈幼、谋生等等。这一切都要二人同心协力、同甘共苦、互助互谅，才能维持一个和谐的家庭。所谓欲治其国，先齐其家；欲齐其家，“先修其身”，君子就是要从这里做起。

(一) 君子的品质

君子的品质系以天道精神之“仁”与“诚”为本。“仁”在人道中加以诠释后，和“诚”可作如下的说明。

1. 仁

仁者安仁。(《论语·里仁》)(言仁者安于仁，随在皆然)

唯仁者，能好人，能恶人。(《论语·里仁》)(“仁”之不同于“爱”，并不是“只会爱”，而是“可爱才爱”，不可爱甚至“可恶”者就“恶”，爱恶分明，是依以礼制情的原则)

仁者乐山……仁者静。(《论语·雍也》)(仁者乐山意指山是外观静止不动的，然而其内涵却包罗万象，可见的如云成山岚，藏蕴在内的则是“宝藏兴焉”。仁者所以乐山，在于其“不自为”而有内蕴)

夫仁者，己欲立而立人，己欲达而达人。(《论语·雍也》)

仁者其言也讱。(《论语·颜渊》)(“讱”字意为“不轻率出言”)

仁者必有勇，勇者不必有仁。(《论语·宪问》)(“杀身成仁”见出仁者死且不惧，可见其勇。勇者不必有仁，如“暴虎冯河”者，虽然勇气可嘉，却非出于仁)

2. 诚

诚者，天之道也；诚之者，人之道也。诚者，不勉而中，不思而得，从容中道，圣人也。诚之者，择善而固执之者也。(《中庸》二十章)(择善固执即是一秉至诚，永远依中道而行，造次必于是，颠沛必于是)

诚者物之终始，不诚无物。是故君子诚之为贵。(《中庸》二十五章)(这是把君子用诚成物，比喻天道以诚成物的精神)

诚者非自成己而已也，所以成物也。成己，仁也；成物，知也。性之德也，合外内之道也，故时措之宜也。(《中庸》二十五章)(这是说君子达到诚者的境地后，不是独善其身的仁而已，还要发挥知德来成身外之物，依时而动，仁及于本身之外才是)

唯天下至诚，为能经纶天下之大经，立天下之大本，知天地之化育。

(《中庸》三十二章)(这是说君子达到"至诚"的境地)

(二)君子的修养

君子的品质要靠自己修养而成。修身要依上述"修仁"与"至诚",时刻用心,所要秉持的,是下述各项。

1. 以礼义为宗

修仁与至诚,首先当以"礼义"为宗。"礼"的精神在"敬",在"自卑以尊人"。前面已经说了很多。孔子以"仁"为最高的"德",而"仁"就表现在"礼"上。所以说:

人而不仁,如礼何?(《论语·八佾》)

君子无终食之间违仁,造次必于是,颠沛必于是。(《论语·里仁》)

"义"字前面也曾解释过,也是做君子应该坚持的立身原则。孔子说:

君子喻于义。(《论语·里仁》)

君子义以为质,礼以行之,孙(同"逊")以出之,信以成之。(《论语·卫灵公》)

君子所贵乎道者三:动容貌,斯远暴慢矣;正颜色,斯近信矣;出辞气,斯远鄙倍矣。(《论语·泰伯》)

君子进德修业,忠信,所以进德也。修辞立其诚,所以居业也。(《周易·乾卦》)

直其正也;方,其义也。君子敬以直内,义以方外,敬义立而德不孤。(《周易·坤卦》)

"直其正也,方其义也"以下数句,南怀瑾先生在其《易经杂说》中解释说:"所谓直就代表正,方代表义。……君子敬以直内,(指)内心修养绝对公正,自己内心得直,没有弯曲,不在肚子里耍鬼。义以方外,(指)对外面,对人对事,一言为定,到处合宜,言而有信,规规矩矩,所以敬义立而德不孤，不要怕寂寞，不要怕倒霉，自然有自己的道理。”也就是说，君子进德修业，在“自己”立身行事问心无愧、合乎道德，至于是否因此受到排挤，能否得到别人认同或帮助，并不计较。引申来说，即是不做“乡愿”。

孔子本着天道精神建立了“人道观念”，教人行人道以配合天道。但是人虽生有异禀，却不似天道本原之“充实完满”，须自行努力以求健全自己，然后才能“几（近）于道”。如前举《中庸》第二十章中所说的那段话，说明天道本诚，自身就是完满充实的。而人只能是“诚之者”，即是人需要“本着诚”来自己努力以达到“诚”的地步。因为人从根本上对自己就不够诚实，既然可以自欺，则欺人又有何难？由此更确定了“做到诚”，自己就会“有得”，有所得，即是“有了德”。所以“君子”的守则之一即是“至诚”。

“诚”要做到不自欺又不欺人，需要无时无刻不戒慎恐惧，不敢蹉跌，这种坚持，需要“意志”力来实现。人这个“诚之者”如能达到“至诚”之境地，便可与天地同其高明博厚悠久了。

至于“自诚明”这几句话虽经朱子注解，仍然不易把握。约略作一解释，可以说“天道”本身“自诚”，其理非常明白。人则要从“明白诚的道理”做起，才能“至诚”，是为教育。所以从人这方面说，“明道”（明白道理）和“至诚”（做到诚），乃是交互为用的。

2. 好学力行

力行当自“学”开始，不学无从得知。孔子先分别从人的能力和学习的关系说：

> 知、仁、勇三者，天下之达德也，所以行之者一也。或生而知之，或学而知之，或困而知之，及其知之一也。或安而行之，或利而行之，或勉强而行之，及其成功一也。（《中庸》二十章）

“知”也是“德”，于此可见。而且“道德”之“德”也是由“知”而来。如果只有一些“庞杂”的“知”（未必可称知识），而不知有道德，至少是“知之不全”。从这段话可以知道能力虽有差别，但只要“用心学”，还是一样可以得到“知”。同时也可知道,“如何行”虽然不同,但只要“努力行”,还是一样会成功。可见道德和知识没有“分途而行”的必要。在这个说法之后,单说求知方面,则是:

> 好学近乎知,力行近乎仁,知耻近乎勇。知斯三者,则知所以修身;知所以修身,则知所以治人;知所以治人,则知所以治天下国家矣。(《中庸》二十章)

然后要知道“知”不是终点,不但知后还有几个步骤,而且必须到了“行”才是“知的完成”。如所说:

> 博学之,审问之,慎思之,明辨之,笃行之。……人一能之,己百之;人十能之,己千之。果能此道矣,虽愚必明,虽柔必强。(《中庸》二十章)

为唤醒读者注意,孔子自己就首先身体力行,可以引《论语》中孔子自己形容自己的话来证明。即是:

> 默而识之,学而不厌,诲人不倦,何有于我哉!
> 发愤忘食,乐以忘忧,不知老之将至云尔。(《论语·述而》)

3. 以成己成物为职志

君子修己只是初步,更进一步,如前所说,还要成物。成物之德可以配天。如果用《周易》卦象代表天地生物之德,则君子修德也可以达到这个境地。试看《系辞下》第七章中的一段话:

> 易之兴也,其于中古乎?作易者,其有忧患乎?是故:履,德之基也;谦,德之柄也;复,德之本也;恒,德之固也;损,德之修也;益,德之裕也;困,德之辨也;井,德之地也;巽,德之制也。

这些卦象都和“德”有关。解释起来,则是:

履以和行　谦以制礼　复以自知　恒以一德　损以远害
益以兴利　困以寡怨　井以辨义　巽以行权

印证到君子的作为上，则是：

履：以辨上下　　　　谦：以聚多益寡
复：反省无悔　　　　恒：择善固执
损：惩忿窒欲　　　　益：见善则迁，有过则改
困：不失其恒　　　　井：以劳民鼓励勤勉
巽：秉德义号令人行事

“履”之辨上下，指高低有别，各如其分，才能融洽。“谦”表现的是礼，所谓“礼多人不怪”。谦让似乎可能有失，实则“所得”不是即刻的，而是要长久积累下来，最后才见其益。“困”而不失其恒，即是面对困难时不怯不馁。“井”本是汲水之处，取水不免要用些力，这是指为政者使人民劳动以鼓励勤勉的精神。卦象象征大自然，也象征人生可能遇到顺利或挫折。君子遇到这些状况，无论自处或行事，都以“德”为据，至少不会造成“过失”。

再看君子的行为与作为，见于《论语》的可择要如下：

君子无所争。必也射乎，揖让而升，下而饮，其争也君子。（《论语·八佾》）

君子名之必可言也，言之必可行也。君子于其言，无所苟而已矣。（《论语·子路》）

见于《周易·卦辞》的如下：

天行健，君子以自强不息。（乾）
君子以多识前言往行，以畜其德。（大畜）
君子以常德行，习教事。（习坎）
君子以慎辨物居方。（未济）
君子以朋友讲习。（兑）

以上所举，足以看出君子“修己”在“德”，表现在实际生活中，即是“知”与“行”并无二致。尤其“言行一致”，固然可说是“德”，但若无实际的表现

印证,何从知其是否一致?即此足以证明道德既非徒托空言,与“知”也并不可分。实际上是“由知以入德,由德以见知”,知和德并非两回事。知而不行者,不是修德不足,就是不能“克己”力行,更在于所知的深浅有别。因为在实际生活中,人所受的基本威胁是饥寒,这是人们共同的感受,人都知道温饱可以延长生命,但是衣食无缺的生命,是否有意义或价值,则是另一个问题。

4. 努力实现生命价值

前面曾经说过,人生而具有一个生理的躯体,也要经历一个生理的“生命历程”,而生命历程必定有始有终。如果只是这样,则滔滔者天下皆是也,这样的生命终结后便与草木同朽。但人还要为自己建立一个可以不朽的“价值生命”,使生命的存在有其意义。那就是做一个“君子”。因此可以说,君子的生命是有价值的。而有价值的生命和只有生理的生命便有不同之处。试来说明一下。

(1)生命价值高于生理生命

生理生命是每个人都知道的,“常人”知道自己是在“活着”,便认为自己“还有生命”。可是这个生命有无价值,多数人并不深究。所谓“苟延残喘”,只要一息尚存,便为得计,这种人自古及今,曾经“活过的”无法计算,而后人无从知道其为张为李。另外也有一些人,虽然已经亡故很久,而“民到于今念之”,原因即在他们的生理生命虽然已经消失,却在他们有生之年,曾经创造了一个不朽的价值生命,这个生命有其意义与价值,因为其生前表现得使人尊敬,死后仍然使人怀念。他们生时认为自己的生命价值超出物质之上,不似庸人只知以温饱为务。他们认为在有生之年,一要活得“像一个人”(好人),不但不做害人之事,更要做一些有益别人的“好事”;二要自己努力向上,求知识,重德行,使自己不愧生而为人,使自己的生命有价值,于是便超出于物质之上,把观点提升到精神层次,力求发挥可贵的精神。

精神在物质层次之上,提升精神的重点就在超越对物质的欲求。孔子说:

君子食无求饱，居无求安，敏于事而慎于言，就有道而正焉，可谓好学也已。（《论语·学而》）

富与贵，是人之所欲也，不以其道得之，不处也。贫与贱，是人之所恶也，不以其道得之，不去也。君子去仁，恶乎成名？君子无终食之间违仁，造次必于是，颠沛必于是。（《论语·里仁》）

士志于道，而耻恶衣恶食者，未足与议也。（《论语·里仁》）

在这样的观点下，生活态度中首先已排除了物欲。没有物欲，才能追求更高的层次。所以才说：

德之不修，学之不讲，闻义不能徙，不善不能改，是吾忧也。（《论语·述而》）

君子有九思：视思明，听思聪，色思温，貌思恭，言思忠，事思敬，疑思问，忿思难，见得思义。（《论语·季氏》）

君子之所以能够如此，主要在以乐陶冶心性，以礼修饰仪表行为，内外兼修，是为君子。孔子教弟子，不离礼乐，自己虽在危难之中，弦歌不绝。可见饥寒困苦不足以腐蚀人心。心有定志，白刃可蹈，何况不足危害生命的变故。

但这样的修养，需要平时陶冶性情。乐对人就有这种影响力。所以音乐教育，不是用一两个小时装点的，而是要发挥实效的。以下论述可以有助了解音乐和礼仪。

凡音者，生于人心者也。乐者，通伦理者也。是故知声而不知音者，禽兽是也；知音而不知乐者，众庶是也。

乐者为同，礼者为异。同则相亲，异则相敬。

乐由中出，礼自外作。乐由中出，故静；礼自外作，故文。大乐必易，大礼必简。乐至则无怨，礼至则不争。

乐者乐也。君子乐得其道，小人乐得其欲。以道制欲，则乐而不乱；以欲忘道，则惑而不乐。是故君子反情以和其志，广乐以成其教。乐行,而民乡(同“向”)方,可以观德矣。

乐也者,情之不可变者也。……礼乐之说,管乎人情矣。……穷本知变,乐之情也。(以上俱见《礼记·乐记》)

孔子可以说是具有浸润于礼乐中的伟大人格,虽然孔子自谦不敢称为圣人,实则与古之圣者相比,孔子足可当之而无愧。从一段话可以看出:

仲尼祖述尧、舜,宪章文、武,上律天时,下袭水土。辟如天地之无不持载,无不覆帱,辟如四时之错行,如日月之代明。(《中庸》三十章)

(2) 价值有无之对照

如果肯定君子的生命有价值,则君子便代表“价值人格”。如果不相信这种价值,可以用“另一种人”的表现来对照,这种人是一般人都唾弃的,即是“小人”。我们可以断言没有人喜欢小人,孔子就常提到君子和小人的对比,试举几则以为例。

君子周而不比,小人比而不周。(《论语·为政》)

“周”意为“普遍”或“周全”。“比”为“偏私”。

君子怀德,小人怀土;君子怀刑,小人怀惠。(《论语·里仁》)

此意可以解释为:君子念念不忘“道德”,小人念念不忘的是“安乐”(利益)。君子以“刑”为戒,不敢违法犯纪。小人只记得“利益”,不惜因而违法犯纪。

君子喻于义,小人喻于利。(《论语·里仁》)
君子坦荡荡,小人长戚戚。(《论语·述而》)
君子成人之美,不成人之恶,小人反是。(《论语·颜渊》)
君子和而不同,小人同而不和。(《论语·子路》)
君子泰而不骄,小人骄而不泰。(《论语·子路》)

君子易事而难说也，说之不以道，不说也；及其使人也，器之。小人难事而易说也，说之虽不以道，说也；及其使人也，求备焉。（《论语·子路》）

君子上达，小人下达。（《论语·宪问》）

君子固穷，小人穷斯滥矣。（《论语·卫灵公》）

君子求诸己，小人求诸人。（《论语·卫灵公》）

上述君子与小人之别，昭然若揭，孰为道德，孰为不道德，也毋庸再说。世俗人都知道崇尚君子、摒弃小人，但是无论历史记载或世俗经验，“小人”往往能够“畅行其道”，原因何在，倒可分析一番。

首先要知道，小人的聪明才智，多超出常人，可以愚弄常人于股掌之上，常人不但不会发觉，且乐于接受而不疑。“小人之道”能畅行无阻，即在其以“私利”为目的之下，不惜卑躬屈节，逢迎谄媚，投对方之所好（这是正直的君子所不屑为的）。人们都喜欢别人赞美顺从自己，这是人之常情，于是在不知不觉之中，已经落入其“壳中”。唐代张九龄做宰相时，有一天闲居在家，想找个人来谈天消遣。自言自语道：“这个人正直无私，是一个好人。可是和他谈话，只能说一些正经事，相当无趣。这个人，和我说起话来，总是合乎我的心意，而且轻松愉快，还是去找他吧。”此时恰好有一个聪明孩子在旁边玩耍，听见了他的话，便对他说：“你做宰相，只能结交正直的人，听有道理的话，怎能和只会讨好你的人来往？”张九龄自觉很惭愧，竟然不如一个孩子，便打消了找后者的意念。可是并不是所有“爱听顺耳之言”的人旁边都有一个这么聪明的孩子；而且即使是大人，“阻其所好”时，也不见得会听从，这就是关键。

然则小人何以不用其聪明才智来依从“正道”行事？大概就因为“正道”和“私欲”背道而驰。依正道行事，便不能“满足私欲”。基本上，主要的是，小人“不知道”伦理道德之“可贵”，“不知道”“美名”和“骂名”的区别，不知道损害别人是“不道德”，只知道满足自己而得意。

返回来看，孔子未得实现他救国安民的心志，因为他不曾登上“官位”。历史中权高位重的人不胜枚举，他们之中也有“功载史册”的，可是他们的“生命价值”有谁能与孔子相比？

孔子的价值，在建立了儒家并开启了正确的教育理念；其所造就的人才，有著作流传的如曾子的《孝经》，子思的《中庸》。弟子们记录他言行的《论语》，永远是中华文化的“经典”。

总结起来说，修己以做君子，是每个人“自己”的责任。自己能做到什么地步，“全在自己”。伦理道德修养，在“知而能行”。孔子曾经告诫子路：“知之为知之，不知为不知，是知也。”（《论语·为政》）又称赞颜渊说：“回也，其心三月不违仁，其余，则日月至焉而已矣。”（《论语·雍也》）据传子路个性率直，修养始终未达炉火纯青的地步，但不失其正直。颜渊沉潜好学，能够连续维持三个月“不违仁”，是孔子最欣赏的弟子，可惜早亡，使孔子伤心至极，也使孔子之学，失去“系统而透彻”的真传。据此而言，以伦理道德修养身心，各人的功夫有深浅之别；至于实践到什么程度，更是人各不同。“差别”在人，不能因看了“不道德”的人反而飞黄腾达、名利双收，便以为伦理道德是“阻止”人“称心如意”的“迂腐”教条。事实上历史中的确有些“幸运的小人”，用其最卑鄙的手段，使其私欲得逞。相反的是正直之士，反受其害。一个大家熟知的例子，就是秦桧与岳飞，二人一生一死，生者“志得意满”，死者“遗憾”夙志未酬。不过这只是“当时”的事实，最后历史和千古人心会给予“公正”的判断：一个留下“千古骂名”，使其后代子孙“愧姓秦”；一个则是“留芳百代”，其精神足为后世典范，永远受人景仰。

第六章　伦理道德教育的实质

伦理道德教育有无必要，试看中国自伦理道德半荒废以致全部唾弃之后所见的国民素质与社会现象，便可得到答案。再看全世界的表现，瞻望人类的未来，可能答案还是“肯定的”。

从西周开始的化民成俗教育，至东周荒废。教育的效果仍未完全汩没，因为教育已在民间留下了根底，长辈对下代的教导还秉持着本有的观念，尤其农业社会，民风不会发生“突变”，至少“敦厚”的性格不会改变得太快。但在缺少深入、继续的教化下，“守旧”而没有进步，也是必然。民国初年曾有“乡村教育家”欲推行“乡村教育”，先调查了人民的状况，结论是国人普遍的“缺点”可以用“贫、愚、弱、私”四个字来形容。其中的“愚”在缺少“知识”，而“私”则明显关乎“道德”了。若要承认这是民众普遍的表现，则缺少了“化民成俗”的伦理道德教育便是主因。

待到新思想家出现，提出“打倒孔家店”、“废弃旧道德”的主张，于是“新思想”风起云涌，“知识界”以说道德为“落伍”，把“未曾透彻把握”的“民主”与“科学”生吞活剥地搬了进来，“相形之下”，道德既不民主，又不科学，因而世人“唯欧美之风是尚”。蔓延开来，从“年轻人”的诸多表现看，遂有人“慨叹”世风日下、道德沦丧。现在欧美国家也发出同样的感叹，他们不是没有伦理道德，只是这项教育由宗教负责，而且他们自有其文化传统，社会与学校以至家庭各有其“规范”，只是所用的名词与说法不同罢了。

综观目前“人类”的表现（大致上是世界性的），“贪私”无处不在，使正直者屈服于“财、货、权”之下，“正义”与“公平”只用为口号，“功能”却微乎其微。现在人与人之间，希望存在公平与正义；国与国之间，也以正义与和平为口号，但在“各从其私”的实际环境下，人和人之间只有冷漠与竞争；国与国之间只争权力、争武力、争财力。而且在这种情形下，人类生存的地球，已经被破坏得岌岌可危了。难道人坚持“各从其所欲”，真的可以过上想要的生活吗？

就前章所述，如果承认西周的伦理道德教育是成功的，明显可见的是到了东周的春秋战国时期，诸子竞出，其主张虽有不同，却各有见地，而且多数以道德为范。汉兴以后，民众教育并未恢复，礼乐失传。汉初虽令公孙弘演礼，但多为形式，已非礼乐原有的精神。汉武帝虽设立太学，亦只以“讲经”为主，经文既不完全，讲者也多只通一经，且各以“所传为是”。即在人才教育方面，也已不复原有的面貌，更非原有的精神。

汉代以后，历代帝王形式上都秉持儒家的道德观念，但只限在言辞与文字上，并不深究道德实践，以致士大夫阶级虽然不乏身体力行者，但更多的人只是盗名欺世。仕宦中“为民父母”者也有在政事中实行“教化人民”的工作，但并不普遍。以致到了讲究民主的时候，伦理道德遂荡然无存。

抚今思昔，“每个人”如果要有“安定”的生活，“与人为善”仍然还是“必须”。“人类”如果要“和平共处”，且“子孙绵延”，国际间还是要遵守一些“道德规范”。而道德规范，必须普及教育至全人类才有效；因为这项教育必须从出生开始，有赖“父以教子”；更赖“里仁为美”（靠多数人正当的影响力）。同时伦理道德教育，必须把握住实行的关键，关键在“知道就要做到”。因为伦理道德不在“口头上”，而在“实践上”。教育的关键要在教后，看到实际的行为表现才算有效。且就伦理分别说明其实质。

第一节　家 庭 伦 理

自从婚姻制度建立后，家庭便成了国家最小的单位。《大学》中说："欲治其国者，先齐其家。"于是齐家便成了验证治国之术的初步工作。而齐家自有道理，因为家庭中人，占"五伦"之三，且和其他两伦相关，"家庭伦理"遂成为重要规范。

因为家庭伦理是融合一家人共同生活的条件，必然有全家人需要注意的事项，实际上只有两大项不可或缺，即是：（一）以"情感"为基础，加上"理性"的调节；（二）以"义务"为前提，加上"彻底实践"的力量。

大致上一个家庭之内，无论实际共同居住的情形如何，同时存在的通常有"老、中、幼"三代人。理论上三代属于直系血统，与生俱来的血缘关系使这三代人之间存在着本原的情感，其中的差别只在作用上略有不同。大致如下：

老年代：情感方面是"关心爱护下两代"，但因经过养育下代的辛苦，到年事既长，有受到"尊敬"与"奉养"之回报的必然。

中年代：与上下两代血缘直接相关，心心相连，"爱"是本然。其义务是"承上启下"，即是"奉养"上一代，养育下一代，担负全家生活的责任。

幼年代：在"爱"的孕育下成长，只能接受抚养，但须遵守上代的"教导"。

这中间的第二代，是由婚姻关系而来。即是第二代的生成，是由加入一个无血缘关系的人，才使上下两代成为一体。因而在三代之间，就会生出一些微妙的情形，也使得"齐家"这件事复杂起来。

既然婚姻是两个系统的结合，又是家庭必需的因素，如果就孔子所说的："君子之道，造端乎夫妇"来看，这三代就要以中间的一代为核心，情形如下：

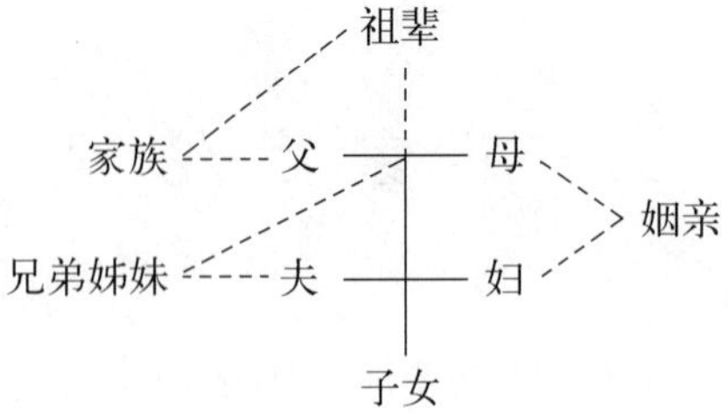

在这三代成员之中，“父母与夫”算是直系血亲，“妇”并不属于这个血统，正如母亲来自另一个血统一样。两代之间有一个“外人”（妇）加入后，会形成一些微妙而复杂的心理和情感状况。其中尤其在母—子、夫—妻与婆—媳之间。试看这三对人的情感之别：

母—子：亲情

夫—妻：爱情

婆—媳：无情感可言，却各怀戒备之心

在这两代人组合以后，从母亲方面说，母子间的亲情，“形式上”被另一个人“隔离”而冲淡。虽然实际上“子心”如旧，母亲却不免“心有戚戚”，仿佛儿子被人“攫”去了。而这个人偏偏又是朝夕相处，生活在一起的，不免心中“难以容忍”，本已是异常不快，在许多“举动上”（家事服务之类）又不合“己意”，于是由“排斥”而“厌恶”，因“忌恨”而巴不得“除之”而后快。

在妻子方面，离开自幼生长熟悉又受呵护的家，进入一个完全陌生的环境，和几个素不相识的人共同生活，其中的一个拥有天生的权威和尊严，但却不知如何与之相处，似乎动辄得咎，而又必须做若干劳役，自是痛苦不堪。

在夫妻方面，爱情本可维系“二人同心”，然而“夫”夹在母亲的亲情与妻子的爱情中间，往往“左支右绌”，疲于应付。

这中间代和上一代之间的矛盾，最主要的存在于婆媳之间。尤其诟病旧道德者，多痛斥旧式大家庭之弊就在于此。然而实行小家庭制后，婆媳矛盾虽然减少，二者的感情却未见明显的改善，究其原因，可能还在

“伦理不彰”上。

首先照伦理讲，“长要慈幼”，婆媳长幼分明，长者慈，则用和煦的爱对媳妇，且媳妇既已成为家庭中一员，“应该”视同一体，亲切地对待，特别是对一个“新来者”，需要使其感到这个环境的“温馨”，将其融入于这个小组织中，一家人和乐融融地生活才合情理。

另一方面，依照我国的“礼制”与“伦理观念”，儿子成年娶妇，这个“新妇”是将来“主持中馈”的，要上承家庭传统，处理全家生活事务，并要生育下一代，养之育之，使子孙绵延不绝。“礼制”中“婚礼”的隆重，就在于娶进门的新妇是家庭的“支柱”，与儿子共同担负承先启后的“重责大任”，所以女子结婚后从夫姓，成为这个家庭的一员，自己的母家反而成为“外家”，就是这个“道理”。所以在“礼制”中，媳妇孝敬公婆，和儿子孝敬父母一样，乃是“当然”。所以古代女子出嫁时，其父母要谆谆叮嘱，试看《诗经·桃夭》这一首说：

> 桃之夭夭，灼灼其华。之子于归，宜其室家。
> 桃之夭夭，有蕡其实。之子于归，宜其家室。
> 桃之夭夭，其叶蓁蓁。之子于归，宜其家人。

这是希望女儿嫁到人家后，成为快乐家庭的一员，所以就要小心谨慎地促进一家人的幸福快乐。中国礼制从对父母养育之恩的“感激”，返回来成为“孝道”。即是到了父母老年，要“养老送终”。如此就必须夫妇合作，才真正是“老有所养”。

然而实际上，多数婆媳不明白“这个道理”，婆婆不能视媳如女，媳妇也不知道如何转变婆婆的观念，成了民间常说的婆媳不合的故事。

事实上，两个人相处，感情是否融洽，绝不能只责怪一方，两个人都有责任。但至少必须有一方“先发动”，和善而真挚地待对方，以期逐渐改变对方。有一个婆媳转变的故事颇为辛辣（可能是事实），不妨略费一些笔墨以为例。

一对新夫妇私下相处时，妻子总说婆婆的“不是”。开始时丈夫只有好言安慰,然而日久无效。于是妻子再说他母亲不好时,他也表示愤怒,便告诉妻子将磨一把快刀,杀死母亲,为妻子出气。此后只要妻子说起母亲,他就磨刀,最后把刀磨得锋利无比。然后告诉妻子说:你和母亲不合,人人都知道,如果我杀了母亲,人们也会归罪于你。你最好改变对母亲的态度,表示温和孝顺,那么我杀了母亲,就和你无关。妻子果然改变了对婆婆的方式,婆婆大为高兴,也对媳妇爱护有加,婆媳感情日益浓厚,宛如母女。于是丈夫说杀母亲的时候到了,要付诸实施时,妻子反而哭着说,婆婆这么好,怎忍杀她!丈夫才告诉他这原来只是一个策略而已,一个人怎能杀死自己的母亲?

说君子之道于夫妇,实际上恐怕为夫者的责任要重些,由上例可以看出,如果丈夫有能力调停改变婆媳之间的情感,便可化干戈为玉帛。不过有些人溺于夫妻之爱,唯妇言是听,不但疏离了母子之情,更破坏了手足之谊。而实行君子之道时,夫妇二人的责任是共同的,处理家务是一回事,还有许多和家务有关的,如待亲戚朋友等诸般事务,都要二人共同料理,有时甚至需妻子设想周到,才不会开罪于人。从前所说的"贤内助",也就在这方面。而到有了子女之后,"母教"更为重要,因为幼儿和母亲相处的时间大多超过父亲。

另外婆媳之间,还夹杂着姑嫂关系。"明理"的母亲会禁止女儿说媳妇"闲话"。如果母亲反过来问女儿将来嫁人后,是否希望姑嫂和睦,从而让女儿站在嫂子的立场来看待事情,那么反省的"恕道"便可在家庭里"息事宁人",这是"长者"应该知道,下一辈应该想到的。

归结起来,这几个人之间微妙复杂的关系如果处理得当,一些非常简单的矛盾就可消失于无形,改而建立和谐的气氛,只要各人"明白"一个道理就可以,即是:

母亲爱儿子,媳妇是儿子所爱的,最好"爱屋及乌"。

妻子爱丈夫,婆婆生了一个自己所爱的人,最少也要有些感激之情,何况还有"敬老"的礼仪在。最重要的一点,是要"认同"这个"终身所寄"的家庭和家人,与他们打成一片。

兄弟姐妹之间有手足之情，姐妹爱兄弟，也要爱他所爱的人，如此才见出手足情深。

由此看来，“伦理”的道理非常简单，主要的是每个人放弃一己的“主观”或“先入为主”的“成见”，不站在自己的立场上“要求”别人“应该”如何如何，而是设想如果自己“是他”，可能会是什么状况。如果“一定”认为对方有错，也可“尝试”着不予理会，只管“如常”地对他。这里不妨用孟子的一个说法，即是：“爱人不亲反其仁，治人不治反其智，礼人不答反其敬。行有不得者，皆反求诸己。”（《孟子·离娄上》）在“情感”之上加入一些“理性”成分便可。同时还要各人认清自己的“责任”，知道自己在家庭中所处的“地位”和“名分”，表现出“恰如其分”的作为才会有一个和乐的家庭。但是要做到这个地步，先要明白“居家”的道理，关键在排除“主观”，把“薄责于己，苛责于人”变成“不预设别人的应该”，如此这样便不致“苛责于人”了。这是因为越是关系密切而又经常相处的人，越容易假定对方对自己的“应该”，却不知这些应该并不在对方的心中，于是自己的“厚望”不得如愿，便归因于对方的“粗心”以致“罪过”。自己可能从此“积怨”以致“积恨”在心，而对方还“莫名其妙”，无从明白“个中的玄机”，受了“不白之冤”。

最后，家庭中的长幼之序，专指年幼者而言时，他们是“无所知”而需要学习的人，于是家中每个长于他的，除了“爱护”的情感之外，还有“教导”的义务。从情感方面说，父母当然有出自天性之爱，但这份爱若纯任自然时，便可能有两种偏差：一是“爱而不知其恶”；二是“恨铁不成钢”。爱而不知其恶者，出于爱心，只见其幼稚可爱，虽“恶”亦不以为意，久之遂成为“娇宠”。而在娇宠之下，幼儿可以无所不为，更可以予取予求，甚至造成“无法无天”的状况。尤其在祖父母的宠爱和袒护下，虽有父母的教导亦不以为然。如此不但宠坏孩子，且造成上两代之间的歧见。

实际上，幼儿虽小，却正是需要学习的时期。而“学习”也正是幼儿天生的本性，不过“学习者”也自有其义务，即是对于成人的教导“必须服从”。然而在学习中的幼儿“是否”服从，关键还在教育者及教育方式。

如果教育者并未采取“适当”的教导方法,或是“嘻笑”,或是“恫吓”,将使幼儿或者不以为意,或者心生恐惧。其实幼儿需要学习的,主要在建立生活和行为的正当习惯,所以教导重在辨明是非善恶,要幼儿从是去非,喜善恶恶。所以教导的事项,全家人都有监督指正的责任,且必须完全一致。

中国家庭中的一个常见现象是,祖父母爱孙子甚于爱自己的儿子,以致成为溺爱,反而影响其父母的教育,故而“理性”是长辈教育幼儿时不可或忘的。家庭伦理之“长幼有序”是“祖辈”人必须切记的。祖父母阻挠子媳管教其子女,不足为法。

幼儿教育,母亲的责任较多,是事实也是必然。婴儿出生后,母亲是第一个经常和他接触的人(无论哺乳与否),而建立生活习惯,也就从此时开始。如哺乳的时间、睡眠的时间,控制得当,一则建立了幼儿的正常习惯,一则减少父母的辛劳。但如果父母仍按自己的习惯生活,如迟睡晚起之类,幼儿必然也学会与成人同起坐,一旦父母想早睡,就不能责怪幼儿不肯入睡,这是非常明显且常见的事实。

到幼儿渐长,便要有“活动规范”,如对长者的礼貌、游戏活动的范围等,幼儿无知,全靠教导,稍一疏忽,不但不能培养好习惯,甚至会发生危险。所以养育和纪律要同时并进,需要禁止的动作必须坚持约束。

第二节 师生伦理

师生伦理主要建立在“理性”上,向上可以推到“天道”,中间所秉持的是“人道”,但却不出人情之本然。在这里必须引用《中庸》开章的三句话:

> 天命之谓性,率性之谓道,修道之谓教。

第一句从普遍处说,天生万物各有其性,是为天道。从“人”来说,人只是万物中的一类，生而禀有人这一类的性质。不过这一类有其特异之处，即是在初生时，先天之性尚未完全发展出来，有待后天在成长的过程中，经过“引导”才能出现。这个“率”字最好解释为引导。原因是“率”应该有些“讲究”，以与句中的“道”字相合。

中国先哲认为天地生物是秉持着“生物之仁”，是最高的“德”，也是“善”。人也禀赋了天地之善而生，若适当成长（得到适当的引导），“善”发展出来，才符合造物之本。不过人在成长的过程中，若引导有问题，也会向另一个方向发展，而与善相反。明白地说，性是否合乎道，“引导”有决定作用。如此解释，才能和最后一句贯通，才能说“修道之谓教”。于是确定了“教”和“修道”的关系。

如此说来，“修道”必然有需要遵循的“道理”；“教”也要有“适当”的做法。二者都不是“纯任自然”，并非“盲目冲动”的行动。

一、师生伦理的理性成分

教育原则上是“先知觉后知”的活动。前面曾引“自诚明，谓之性，自明诚，谓之教，诚则明矣，明则诚矣”。自明而诚，是先知者由明理而达到诚，完成了“成己”的工作。然而在这项工作完成后，生出一项“义务”，即如《中庸》二十五章所说的：

> 诚者，非自成己而已也，所以成物也。成己，仁也；成物，知也。性之德也，合外内之道也。

孟子说：

> 天之生斯民也，使先知觉后知，使先觉觉后觉。（《孟子·万章下》）

上文“成己之仁”是秉承天道之善，而天道无私，既以诚成物，则“成己者”也要“承”天之道，同样地来成物。这里的这个“物”字，并非专指物质而言，应该包括人在内（人也是物类之一，所以说话有“人物”一说）。那么在教育里，“成物”可以说是“成人”（这个人字指别人），便是引导别人，使其发挥与生俱来的人性。若就君子之道而言，孔子说的“君子成人之美”，也可引用到这里，即是君子不徒“独善其身”，还要“与人为善”，更进而“兼善天下”。不过从根本上说，“善人”乃是善天下的前一步工作，所以教育也可以说是君子的义务。这样推演起来，君子将如何教人，便很明白了。

教人必须秉持理性，是教育的先在条件。因为人经过教育之后，颇似“脱胎换骨”，离开了“原始”的风貌，成为有知有德的人，宛如有了另一个生命，称之为“精神生命”。所以也有人认为教育乃是一种“创造活动”，即是替人创造一个精神生命。扼要说来，教者中的理性成分，见于教师的伦理和学习者的规范。

学校是正式教育机构，其中主要的教育者是教师，其他工作人员也有教育的义务，所以一并合在一起，就教师而言。教师所要秉持的伦理，扼要说来，至少有四项：一是具备“教师典范”；二是秉持“学而不厌，诲人不倦”的精神；三是“因材施教”；四是“爱人以德”。以下再略加说明。

二、教师的典范

我国传统尊师，把师看作德业双修者，具有君子的品质。君子的品质，前章已经有所说明。君子而为师者，有其更明显的特质，可称为教师的典范，其特征如下。

（一）明礼尚义

大体说来，为师之道，首在“敦品”。品的表现在行动有礼，因为“礼”是立身的根本。孔子就曾对孔鲤说：“不学礼，无以立。”又曾说：“恭而无礼则劳，慎而无礼则葸，勇而无礼则乱，直而无礼则绞。”（《论语·泰伯》）（“葸”为恐惧之意，绞为扭紧之意）而“礼”的精神，本在一个“敬”字。

“敬”表现在“庄谨”，包括对人对事都“心存敬意”。而教育者(一般成人如父母、教师)对受教者，往往心存成见，以为对“小孩子”或“不如我者”无须顾及礼貌，却不知孩子年龄虽小，和成人一样，仍然有其“自尊”，也希望得到别人的尊重。而成人“呵斥”儿童，往往不假辞色，从心理上说会伤害儿童的自尊；从“礼”上说，便是给儿童“无礼”的示范。《礼记·曲礼》中说：“夫礼者，自卑以尊人。虽负贩者，必有尊也。”这是从职业地位而言。对幼小者，也不应因年龄即予轻视。因为教人以有礼，重点在“礼”。孟子说：“敬人者人恒敬之”，不因人而异。“教”有“示范”的作用，且必须前后一致，并无例外。一贯下来，才能养成习惯。如果因人而施，将生出另一种效果，使学习者学到对人有“敬与不敬”之别，违背了“礼”的原意。教育者对受教者的“礼”，也应不失敬意，只是换成另一个说法，即是“尊重个人”。

至于“礼”之用于待人处事上，无时无处无之，能以礼存心，自无差池。

其次，“以义持身”也是“敦品”的根本。“义”在“正直无私”，见于为人与处事上。正直无私则公平。教育者面对多数受教育者，对其中一个人的眼色或一句话，往往引起另一些人的悬想，且用来与对自己的方式比较，以见待遇是否公平。成人已是如此，儿童尤甚。所以教育人员的一言一行，虽非对学习者而发，却都落在学习者的眼中，“典范”的示范作用无时不在，“持身”的意义，即是坚持原则，“无时或已”。君子之“不欺暗室屋漏”之义，也在于此。

(二) 学不厌诲不倦的精神

学不厌诲不倦的精神，乃是教育的“义务感”。如果承认行人道是君子的义务，则学不厌教不倦便是“教育的义务”。先哲已经认定生而为人，即有“人的义务”，而“成己成人”即在其中。然而这两项“任务”并无终点，“成己”的最高理想是“止于至善”。就以“知德”与“行德”来说，若要一一列举，便无法“罗列俱尽”，所以“至善”乃是一个永无止境的追求。

教育之由先知觉后知，先觉觉后觉，注定了“先知先觉”的“先”无尽无休，《礼记·学记》中说“教学相长”即在说明教的“开始”并非学的“终结”，其中有几个道理，即：第一，知也无涯；第二，人在不断地进步，往往“昨日之是”会成为“今日之非”，即是“时移势异”。用现在的话说，知识日渐增加，新事物继续出现，不学则无从得知。以孔子学识之宏富，犹力学不止。《论语》中孔子自己就说：“加我数年，五十以学《易》，可以无大过矣。”司马迁在《孔子世家》中也说：孔子五十以学易。今天《易经》中的《十翼》，据说就成于孔子之手。根据《十翼》对卦辞的诠释，可以印证天道与人道的内涵，了解到人道的根源。又如《论语·述而》篇中载：“子与人歌而善，必使反之，而后和之。”我们知道孔子一生不离弦歌，对乐有极深的研究，曾经在鲁闻韶，三月不知肉味。所以听到唱得好的，便请他再唱一遍，把握住歌唱的要旨，然后与他合唱，可见其求真的精神，也见其学而不厌并非空谈。

“成己者”如果知道“学无止境”，便会“虚怀若谷”，以有所不知为憾。在教育伦理中，“不自以为有知”，也是不可或忘的。有人“自以为有知”，恃其所知，“目空一切”，此种“恃才而骄”姑且勿论，令人担忧的是“不容学习者讨论”，认为如是便是“大不敬”。不仅对学习者如此，即对“同道”亦然，便值得再思了。

诲人不倦的精神，说是教育的义务感，一则在“成物”的义务，一则在“良心”。教育良心认定“成人”为一种“责任”，在负起这项责任时，一心以“成人”为“己任”，心目中只有任务，而把自己“置之度外”，进入一种近似“忘我”的境界。在《论语·述而》篇学不厌诲不倦的下一则中，孔子便说：

> 德之不修，学之不讲，闻义不能徙，不善不能改，是吾忧也。

可见孔子给自己定下的责任。《孔子家语·终记解》第四十中载：

> 孔子蚤（同“早”）晨作，负手拽杖，逍遥于门，而歌曰：“泰山其颓乎！梁木其坏乎！哲人其萎乎！”既歌而入，当户而坐。子贡闻之

曰："泰山其颓，吾将安仰？梁木其坏，吾将安杖？哲人其萎，吾将安放？夫子殆将病也。"遂趋而入。夫子叹而言曰："赐，汝来何迟。……余逮将死。"遂寝病。七日而终。

《史记·孔子世家》中所载为"孔子病，子贡请见"，其余和家语的文字大致相同。由这段记载可知孔子到将终之日弟子仍出入其门，孔子也未尝终止教诲。

"尊师重道"是中国的传统，孔子之后的为师者也绝大多数都秉有诲人不倦的精神。即是教学唯恐不尽不详，如果了解这些，便不会对教师有任何微词了。由此教师的期望"青出于蓝"而"责望殷切"，也不会以为是"强人所难"了。

(三) 因材施教

孔子对学习状况，曾说有生知、学知、困而学之之别，即是知道学习者人各有别。在《论语·为政》篇中可见孔子对同样的问题，却有不同答案。试举几例来看：

孟懿子问孝，子曰："无违。"樊迟御，子告之曰："孟孙问孝于我，我对曰，无违。"樊迟曰："何谓也？"子曰："生，事之以礼；死，葬之以礼，祭之以礼。"

孟武伯问孝，子曰："父母唯其疾之忧。"

子游问孝，子曰："今之孝者，是谓能养。至于犬马，皆能有养；不敬何以别乎？"

子夏问孝，子曰："色难。有事，弟子服其劳；有酒食，先生馔，曾是以为孝乎？"

孟懿子是鲁大夫，可以说是一个从政人物。只这"无违"两个字，实在难以明其窍，只能猜测说是"无违政道"。孟武伯是孟懿子的儿子，给他的回答就不同了，是就着他的身份说，为人子者最怕父母生病。这是"孝"的大原则，是从为人子者幼年的经验体会而来。想想自己幼年有病时，父母的焦虑，求医求治，不遑寝食，是什么状况！现在自己长大成人，当然希望父母长寿，使自己多有侍奉的机会，所以父母有病，必然忧心忡忡。所以“孝”是中国传统“追本”溯源的“感恩反报”的“良心”，无论从情感说，还是从报偿说，是一个人对另一个人应有的心意。所以“孝”乃是伦理的根本。

到了子游问孝，孔子的回答便不一样了。说明只给父母衣食等物质，并不能算孝。人养狗养马都要喂它，对人的养，在物质供应之外，还要加上“尊敬”。因为人只有物质生活并非全部，精神的满足更为重要。可能子游对父母奉养无缺，只是对长辈缺少应有的尊敬。至于对子夏，则说“色难”，应该指的是“态度”。有些为人子女者，当父母有些使令时，虽然勉强做了，却拉着一副长脸，可以想象父母见了作何感想；至于推故不做或不予理睬者，就更不必提了。或者子夏生性严肃，在父母面前欠缺温顺的表现，孔子才这样教他。由此也可见孔子对弟子私底下的行为表现，也了若指掌。最明显的一个例子是：

> 子路问："闻斯行诸?"子曰："有父兄在，如之何其闻斯行之!"冉有问："闻斯行诸?"子曰："闻斯行之。"公西华曰："由也问'闻斯行诸'，子曰，'有父兄在'；求也问'闻斯行诸'，子曰'闻斯行之'。赤也惑，敢问。"子曰："求也退，故进之；由也兼人，故退之。"（《论语·先进》）

这是根据弟子性格不同而作的回答，当然属于个性的指导。培养个性更重于知识的传授，而个性的启发，又怎能与知识无关？孔子又告诫子夏说："汝为君子儒，勿为小人儒。"（《论语·雍也》）君子与小人的差别，是君子识大体，小人重小节。子夏后来因丧子哭泣过度而失明，后人讥其不识大体。因为孔子也曾遭遇孔鲤之丧，并未闻悲伤过度，反而是颜子死而哭之恸，即是情感和理性作用的不同。

（四）爱人以德

“爱人以德”语出《礼记·檀弓》。其中记载曾子病危时，乐正子春坐在床边，曾元曾申坐在床尾，一个侍者拿着蜡烛坐在角落处。眼看曾子即将断气，只是身下铺着大夫所用的床席，这是不合曾子身份的。侍者发现了，便说，那是大夫用的床席，乐正子春以为此时不便再移动曾子，叫他不要说话。曾子却听到了说这是季孙（鲁大夫）送他的，意思是不应该用。于是曾元站起来要更换，但却又说，病到这个地步，最好不要再扰动他，还是等过去后再换吧。曾子说："尔之爱我也，不如彼。君子之爱人也，以德。细人之爱人也，以姑息。吾何求哉！吾得正而毙焉，斯已矣。"于是大家一齐更换床席，还未铺好，曾子已经气绝。这记载表示曾子到死，不肯越礼，所以留下了"曾子易箦"这个成语典故。

教育者教导弟子，本是根据"仁"的精神，即是"理性的爱"。基于这项精神，所以必教以"正道"，绝不苟且姑息。如果说师有"严厉"的一面，就在这一点上。孔子教弟子，就秉持这一点。《论语・八佾》中载，子贡以为"告朔"用饩羊已经流于形式，可以免去。孔子则义正辞严地告诉他："赐也，尔爱其羊，我爱其礼。"意思是形式虽然已无实质，"礼"却是"实际的存在"，所以立即纠正他。我们知道孔子相当欣赏子贡，但在表现不当时，仍然不会放过批评他。

三、弟子的学习规范

弟子是从师学习的人。人需要学习，是因为有所不知或有所不能，所以要向有知有能者去学。从君子学习，当然要学做君子，要学明过知非，然后才能"改过迁善"。所以对于师的指正，原则上必须服从。故而学习的第一要义，便是接受规范。

（一）接受规范

《荀子・修身》中说：

> 见善，修然必以自存也；见不善，愀然必以自省也。善在身，介

然必以自好也；不善在身，灾然必以自恶也。故非我而当者，吾师也。

这是说明人需要有师以规过劝善，当然此处所说的“师”，是“名副其实”的师，不是如《礼记·学记》中所说的“教者”。“师”是适当地指出我的错误的人。（通常人因礼貌，不肯轻易指出别人的错误，朋友有规过劝善的义务，师则可以直言不讳地指出学生的错误，乃是基于师的职责）

因为人对善不善自能分别而有好恶之感。在《劝学》篇中荀子也说：

木直中绳，輮以为轮，其曲中规，虽有槁暴，不复挺者，輮使之然也。故木受绳则直，金就砺则利。君子博学而日参省乎己，则知明而行无过矣。

这是说明人经过学而迁善，嗣后可以虽入污泥而不染，即是“学”的效果。然而学并非一蹴而就，如何才能学而有成，便要明白一些道理和规范，那就要自己去努力。

（二）持之以恒

荀子同篇中说：

不积跬步（即一小步），无以至千里；不积小流，无以成江海。骐骥一跃，不能十步；驽马十驾，功在不舍。锲而舍之，朽木不折；锲而不舍，金石可镂。

这是说“学”不是一朝一夕之功，需要日积月累，努力不懈。下文又说：

真积力久则入，学至乎没而后止也。故学数有终，若其义，则不可须臾舍也。为之，人也。舍之，禽兽也。……君子之学也，入乎耳，箸乎心，布乎四体，形乎动静。端而言，蠕而动，一可以为法则。

这段话说累积学习经验，日久自然存于心中。而且学是终身的活动，所学的内容或有终止的时候，但深入心中的义理则时刻不能或忘。照义理行事，才能算人。舍弃义理，便将成为禽兽。然后又说：师所教的，听到便要记在心中，付诸行动，一言一行，无不可以做法则。

（三）亲贤隆礼

《礼记·学记》的学习过程中，有“好学亲师”一项，是在学习入门以后，进而对学习发生兴趣。对学习有兴趣，自然要时时向师请教。此时把师看作是知能的来源，师不但不足畏，而且更值得亲近。荀子说亲师是“近其人”，“好其人”，“隆礼次之”。这是因为接受教诲已久，心悦诚服，自然对师礼貌有加。另一方面，也学到对“礼”的重视。所以“礼者理也”，是“人道”一贯的秉持。

（四）学至成人

学不能半途而废，必至于“成人”而后已。荀子同篇中说：

> 百发失一，不足谓善射。千里跬步不至，不足谓善御。伦类不通，仁义不一，不足谓善学。……全之尽之，然后学者也。君子知夫不全不粹之不足以为美也。故诵数以贯之，思索以通之，为其人以处之，除其害者以持养之。使目非是无欲见也，耳非是无欲闻也，口非是无欲言也，心非是无欲虑也。及至其致好之也，目好之五色，耳好之五声，口好之五味，心利之有天下。是故权利不能倾也，群众不能移也，天下不能荡也。生乎由是，死乎由是，夫是之谓德操。德操然后能定，能定然后能应。能定能应，夫是之谓成人。天见其明，地见其光，君子贵其全也。

这段话不难理解，其中说到可好的五色、五声、五味，所指的是感官作用，是人所共有的。目辨五色，耳辨五声，口辨五味，人尽皆能；但要知道“美之为美”，不必极尽所好，即是“好其所当好”，这是不容误解的。而到了贯彻所当学的，持之终身不变，死生一之，是为“德操”，才能算是“成人”。

第三节　政治伦理与社会伦理

教育是全面性的，所以前章一再说明舜命契为司徒所实施的是全民教育。全民教育势必包含在施政方针之中，才能遍及全国，而奠定社会伦理。试就政治伦理与社会伦理分别说明。

一、政治伦理

（一）为政者做典范

孔子曾说："为政在人"，又说："政者正也，其身正，不令而行；其身不正，虽令而不从。"（《论语·子路》）为政者管理众人并办理众人之事。其中管理众人之道便首在教育。

但是教育人，需要教育者本身能做"人的典范"。中国古代帝王为万民所爱戴，首先即在其"德行足式"；然后是其才能出众，堪当治国大任，如尧舜禹汤文武。爱民治国的帝王，同样要有才德兼备的臣子辅佐。辅佐者人数众多，在工作上必须恪守应有的规范，是为官箴。所以从舜以后，历代有道之君，除了检点本身的言行，并在任命百官时，谆谆嘱咐，或者颁布诏令，订定为官之则，在《古今图书集成·官常典》中即有相当资料可供参考。

前曾举述舜命契为司徒时，即曾嘱其"敬敷五教，在宽"。因为教育人民使之明理，以改变其溺于物欲之蔽，需要"由渐而入"，并非一朝一夕之功，要在政策决定后贯彻实行，使其逐渐生效。

周代司徒之制十分完备，前曾引述一部分。查《官常典》中载：

> 司徒掌邦教，敷五典，扰万民。

孔传解释说：

地官卿司徒主国教化，布“五常”之教，以安和天下众民，使大小皆协睦。

（二）教育的基础在幼儿期

一个人不是一出生就进入学校，开始时是在父母抚养下成长，同时接受教育。从前述章节中可以看到，本书的旨趣在说明教育从一个人出生即已开始，而进入学校要在五岁以后，这之前数年的教育，其重要性绝不低于入学之后。而入学前的教育职责在家长，家庭教育适当，日后才能顺利地接受学校教育。“礼记”中便载有幼儿教育事项。

幼儿教育在家庭，家庭教育的责任属于成年国民，而几乎每个成年国民都有为人父母的可能，则何时获得教育幼儿的知识颇成问题。在三代同居的年代，上一代可以将自己的育儿经验教给中生代，其时生活变迁缓慢，旧经验仍然有效，虽然不尽妥当，却仍不失其用。到小家庭制形成后，中生代独立生活，且有了新知识，却缺少实际经验，于是幼儿教育纵有少数可以委托幼儿园，实则父母仍要负担相当时间的教育工作，所以国家施行全民教育，要把教育幼儿的一项包括在内。

家长已是成年人，理论上应该具备教育幼儿的正确知识和方法。实则家长对幼儿的影响，并非全在直接的教育，其在家庭中的一言一行，都会对幼儿产生影响。

从婴儿呱呱坠地起，教育活动就随之开始了。我国古代认为在怀孕期间，孕妇便要遵守胎教，饮食起居以至休闲活动，都要有规范。这项做法曾被崇洋者认为无稽之谈，因为洋人并无这项说法。直到晚近西医承认胎儿会受到母亲生活状况的影响，如孕妇饮酒吸烟足以影响胎儿大脑的发育，人们才不再诽谤中国的这项传统。

家长（以父母为主）爱护子女，是天职，基于动物界与生俱来的本能。不过人教育子女，在天职之外，还有一项“社会义务”，即是为国家“培养公民”。因为人类已经进步到有了国家体制，下一代固然与父母关系密切，但与国家更有终生的关系，故而家庭教育也是公民教育的基础。如果家庭教育奠定了为人立身与生活的正当基础，那么孩子日后进入学校也会是循规蹈矩、用心学习的学生；成年后自然会是守法守纪的公民。所以家庭教育和学校教育是一贯的，就全国国民来说，便是全面的。这就是何以舜在开始实施教育的时候，把重点放在“百姓”上的原因。

这样说来，家庭教育为下一代奠定未来公民的基础，其实并不难，主要在于建立三种习惯：（一）秩序；（二）活动法则；（三）善群。这三种习惯从幼儿时期便要开始“训练”并培养。但是所谓“训练”并无“专制”或“暴力”的含意，而是“坚持”一贯的“纪律”和某些“规范”，而且成人自己要“率先”遵守。

就“秩序”来说，从婴儿哺乳时间，便是建立习惯的开始。虽然在这方面说法不一，实则父母或保育者应配合自己的生活习惯和婴儿的需要，决定哺乳的时间，因为人的饮食习惯完全是后天养成的。所以要考虑婴儿的哺乳时间，是因为和婴儿以及成人的睡眠时间有关。（有的母亲夜间不喂奶，婴儿便不会在夜间因饥饿而啼哭，并未影响幼儿健康）其次是睡眠时间的规律，有些父母晚间好与幼儿玩耍，不规定其定时入睡，多半养成幼儿不肯早睡的习惯。待到入学年龄，起床便成了亲子“争论”的时间。

就“活动法则”说，到幼儿有了活动能力时，就要有一些“禁止”。因为此时幼儿一方面由于生长发育而需要活动，一方面对环境中事物十分好奇，凡是可以接触到的，都要去拨弄，最常见的如电器开关、火炉之类，以至刀剪等物件。这些有危险性的东西，必须绝对禁止触碰，不容有一次例外。到其确切知道“禁止”无法突破，失去了尝试的兴趣，便习惯地不再去接触。在积极方面，则要训练其收拾玩具，遵守丢放废弃物的方式。

就“善群”来说，如果有兄弟姐妹者，应该及早培养他们和睦相处。到了会竞争的年龄，最好不评定孰是孰非，而叫他们自己去想，怎样才是快乐相处之道。如果他们坚持是或非，最好不理。成人不介入儿童的争执，有消弥争端的作用。如果儿童本身没有兄弟姊妹，在其开始和其他儿童相处时就要教以适当的方式。

以上本来属于家庭教育，放在此处说明，原因在这三项基本教育不仅仅是家长的责任，任何可能接触到儿童的成人都要有这种“常识”，所以放在政治的全民教育中。

（三）官箴

施政中推行教育，在政教合一的时候，政治官也就是人民的表率，所谓“作之君，作之师”。确守“官箴”，也是“以身作则”的榜样，其实现在仍然如此。官箴属于伦理范围，主要内容在于德行操守。试举一些官箴以为例。

《尚书·周书》中载：成王训迪百官作“周官”。其中数则可以为例：

其尔典常作之师，无以利口乱厥官。（孔传：为政当以旧典常故事为师法，无以利口辩佞乱其官）

作德心逸日休，作伪心劳日拙。（孔传：为德直道而行，于心逸豫而名且美。为伪饰巧百端，为心劳苦而事日拙不可为）

尔其戒哉！尔为风，下民为草。（孔传：……民从上教而变，犹草应风而偃，不可不慎）

尔无忿疾于顽，无求备于一夫。（孔传：……顽嚚者当训之，无忿怒疾之。使人……无求备于一人）

（四）以法纪继教育之后

教育的效果不能立竿见影，因为受教者在接受教育后能否立即身体力行因人而异，所以不得不用强制措施，使不能自律者有所警戒。例如前述周礼大司徒在行十二教之外，便规定对纠举的不受教者的惩罚如下：

以乡八刑纠万民：一曰不孝之刑，二曰不睦之刑，三曰不姻之刑，四曰不弟之刑，五曰不任之刑，六曰不恤之刑，七曰造言之刑，八曰乱民之刑。

凡万民之不服教而有狱讼者，与有地治者听而断之，其附于刑者归于士。

这段说明大司徒在施教的同时，兼有“罚权”，对不遵教令并有事实可据者，在证明教育不能立即生效后，只好用刑罚惩处其“不当的行为”。

此外乡师乡大夫都掌管政教禁令，所以教育中积极的方面是引导向善，同时也必须用纪律作为约束，即是要有所禁止，以防顽劣，且使顽劣者改过迁善。

二、社会伦理

社会伦理可以分几方面来说。

(一) 群众伦理

群众对教育的影响，最重要的有几方面：一是“违纪行为”留下错误的示范；二是“传言”；三是“群聚活动”。

“违纪行为”常因一时“偷懒取巧”而破坏秩序，如争先恐后，损坏公物，占据公共设施，以至将公物据为己有等都是。但若前述全民教育成功，成人便不至发生这类行为而留下不当榜样给下一代。

“传言”并不代表“舆论”，只是指“口耳相传”。一个孤立事件，本来并无重要性，只是为好事者看见或听到，便“煞有介事”地当“大事”传播。这种传言扩散极快，而且越传越夸大其词，最后可能是非混淆、黑白颠倒。“谣言”便是在这种情形下形成的；一些不正确的“意见”也是如此传播的。这种传言开始时未必“有意”，只缘“口快者”随口道来而已。

“群聚活动”往往由一个事件或意见引起。当群众人数越聚越多时，“情绪冲动”而失去理性时，就可能会成为“暴动”。在民主的口号下，某些人为申述意见，会“集体”表示。其合乎法纪或理性者，会用“合法合理”的方式表达。但人群往往因一人或少数人鼓动而失去理性。这后一种情形对未成年者影响最大，给他们显示了“不当有”的榜样。在这种情形下，群众守法守纪的义务便需要表现出来。

归根结底，如果教育在幼年便奠定了公民义务观念，人民便会形成守法守纪的习惯，自然能保持社会安定。所以民主必须与“法治”并行。如果幼年教育有缺失，对成人则要“继续教育”以弥补缺点，但终不如自幼便建立正确观念与习惯为佳。

(二) 资讯伦理

以目前状况说，资讯至少包括新闻、人与人之间的传播以至广告。由于技术进步，一个消息可以在一瞬间传遍全世界。因此教育便面临了一种“尴尬”状况。

过去教育总是教“积极”的一面——做好人、做好事，至于“坏”的一面，则“讳莫如深”，学习者对这方面，不但目无所见，且耳无所闻。以伦理道德来说，学习者所学的，是以诚信仁义礼智为道德，遵循道德而行为，则为好人，好人必然做好事；反之，欺骗、无信用、不仁、不义、无礼、愚昧，则是不道德。有道德者为人所尊敬；不道德者则为人所唾弃，且会受到法律制裁。利用历史中褒善贬恶的实例来为学习者建立信心，一向被认为是有效的教育方法。

但在资讯无所不及的现实情况下，耳目所及的，善恶并存，而且一些恶或不道德的事件，因其“反常”而成为“大事渲染”的话题。而在“短时间”内，听闻者既看不见也听不到“善有善报”或“恶有恶报”的切近结果，反而只知道“为恶者得逞”，于是“怀疑”以致“唾弃”道德，不相信学好做好有好处，倒是认为“作恶者”反而能“快意如愿”。尤有甚者，更学会一些“高明的”手段，才出现了“只要我愿意，有什么不可以”的论调。(这种论调不但藐视道德，而且无视法律的存在)

在这种情形之下，教育需要资讯配合，更需要资讯负起为国家培养公民的义务。因为学习者从资讯所受的影响，已经成倍数地降低了教育的效果。资讯的教育义务，除了传递正确消息之外，还有提高文化品质的责任。所以在语言文字方面，当知“质胜文则野”，“通俗”不等于“俚俗”，“文雅”才能提高文化水准；一味用庸俗的语言文字，虽然易为无知者接受，却无益于提升其文化品质。当然教育无权干涉资讯报道，只希望资讯报道“反道德”的消息时，顺便“指明”其为“不道德”，为那些正在学习而知之不全或缺少判断力的人，提供判断的指标。

（三）行业伦理

目前行业多不胜数。从基本处说，大多数人从事某一种行业都出于人要谋生这个目的。而在目前的状况下，都不外要“有所得”，坦白地说，即是要求“有利于己”。自古以来，“利己”便是人和人相处的一大问题。因为在“人群”之中牟利，有时“利己”便不免于“损人”。在这种情形之下，只有在“得”与“失”二者之间取得“平衡”，双方才能各不失其“利”。

大体说来，无论哪个行业，都要遵守一个原则，即是“诚信”。本来诚信二者是一而二、二而一的，“本分待人”，不失自己的“分”，便不会亏待对方，即是“公平”，这是对所有人共同的一个要求。反过来说，诚信便是“不欺不骗”，如生产者以品质为诚，销售者以货真价实为信，工作者以实心任事为务。不求“非分之利”，不务“非法之得”，更不用“诈欺蒙骗”之类的手段，就不会逾越伦理道德的范围。目前有些行业牟利，以“利”诱人，先是将产品花样翻新，鼓励人做不必要的消费，继而变本加厉，哄骗人做欠债的享受。一些商家制造一些不实的宣传，用虚幻的名目，引导人崇尚虚荣，以求得私利。工商业如此，甚至金融业也诱导人先负债消费，然后赚取高利，实在与道德背道而驰。

在这群趋于利的时代，“义利之辨”更为重要。对利字讳莫如深已经不可能，人但能“见利而不忘义”。与别人相对时，勿只求利己，把“利”看得淡些，求与对方“各有其利”，便去义不远，即是《易经》所说的“利者，义之和也”。

第四节　国际伦理

我国先哲的“大同”观，虽与目前所说的“世界”名称不同，在观念里则是同样指不分种族肤色的“全人类”而言。先哲所希望的是：

> 天下为公，选贤与能，讲信修睦。故人不独亲其亲，不独子其子，使老有所终，壮有所用，幼有所长，矜寡孤独废疾者皆有所养。

这个观念，在“近在咫尺”的今天，应该遍及全世界各个角落，不再以国境为限。但在“国家”这个观念仍然存在的形势下，国际间的争端并未减少，加上战争武器的威力惊人，国际伦理更有重视的必要。最低限度，国际间应该谋求“和平共存”。

国际争端，在人类演进中，起于最早的“群斗”，可以说是人类求生存的“悲剧”和“矛盾”。从传说中的一群人为争猎物而斗，到部落为争地盘而斗，基本上还不过是为了求食而已。到从求食的本能演变成“争权力”，政治就成了“野心家”残民以逞的工具，制造了层出不穷的历史事件。试来推究一下这类事件的主因。

一、野心家的统治欲

在中国，因为原本土地广大，只是“朝代更迭”，一个统治欲强的人，必须靠厮杀消灭竞争者而取得统治权。而在两雄相争之下，被驱向死亡的，乃是并无野心也未想到要统治别人的无辜者。每次战争，战场上固然白骨累累，牺牲者更有无数的无所养的老人，无所长的孩子，和鳏寡孤独以至残疾者。中国历史上也有受异族侵略或讨伐异族的事件，结果是一样的因“人和人”相争而损失了若干“生命”。

最早有史可查的是战国时期的列国互相争战。各封地领主为了扩张土地，增加其统治权，于是强吞弱，大并小，最后剩下七国，最后其中六国又为强秦所灭。秦始皇统一天下后，发动数十万人修筑长城，目的是为了子子孙孙“常保帝王宝座”，结果只到二世便告终结。两千年后，今人只见“万里长城今犹在，不见当年秦始皇”！

其次，汉武帝可算是有“雄才大略”的帝王，为了抑制北方的匈奴，先派张骞、继派卫青通西域，二人各有成就，开拓了大汉疆土，也打通了东西交通道路。可是在开疆拓土的过程中，战死的乃是无数无名的无辜百姓。到了东晋，在中原广大的土地上，出现了五胡十六国，征伐不断，死亡的只是无数被驱向战场的人民。至于因战争而流离失所的老百姓，更无法统计。元清二代，蒙古族和满族分别征服了汉族而取得统治权。在征服的过程中，往往做出“屠城”的暴行，死亡受苦的还是多数百姓。

1937 年日本在占领东北各省之后又大举发动侵华战争，持续八年之久，战地几乎遍及全中国，最后终因野心太大，侵及东南亚，且轰炸珍珠港而致美国参战，到了民穷财尽，才声明投降而结束了战争。战争给被侵略国家的人民带来了深重的灾难。

欧洲大陆国家为数颇多，历史上有名的普法战争、英法战争，以至拿破仑的征俄之战，不外为争夺利益而造成“人杀人”的惨剧。待到“霸权国家”形成后，一个国家为了本国之利，侵略弱势地方，既攫夺其资源，又鱼肉其人民。至今有些地方仍然战云密布，野心与强权痕迹犹在，落后民族备受威胁，生活困苦无人过问。

进入 20 世纪后半期，所谓先进国家用其有利武器，各不相上下，一则互相竞争，一则扩张势力，企图成为世界的霸主，实际上却在觊觎某些资源。时至今日，物产丰富的国家宁可将过剩的农产物投入大海，却不肯去救济饥饿待毙的人。

联合国存在已数十年，口号是维持世界和平，而在战争发生时却束手无策，世界正义仍然遥不可及。

二、人道治者须大公无私

治者以“仁心”为本，以为百姓谋福利为信念者，历史中却也不乏其例，仅举二例以见一斑。

孔子一再称道尧舜文武周公。据载武王殁后，成王年幼，周公“摄位”(居于王位处里政务)。武王之弟唐叔蔡叔觊觎王位，因而一面制造流言，说周公有“篡位野心”，使成王也心生疑忌；一面谋划起兵争位。于是周公讨平唐叔蔡叔，对流言置之不理。待到成王正式继位后，才发现自己幼年生病时，周公曾经留下了祷文，祝祷愿意用自己的健康换取成王的健康，于是周公不因私心姑息兄弟，没有私心攫取王位的真心，才公诸天下。

第二个例子出在汉文帝。史载惠帝殁后，吕后擅权，进用诸吕，政治大乱。周勃平定诸吕，迎立高祖子代王(名恒)继位，是为文帝。其时中原初定，南越(今广东广西)尉任嚣死，赵佗自立为“南越武帝”，发兵攻打长沙边邑。文帝为消弥兵患，派陆贾持书晓以大义，于是赵佗复书除去帝号称臣，归附汉朝。两篇书信都成为经典文章，有兴趣者不妨阅读一下。汉文帝的书信写得不亢不卑，使赵佗看了心悦诚服，不必动用武力，免去边境兵患，才是“协和万邦”的做法。所以史家称文帝为三代后的“贤主”。史册中另载文帝崇尚节俭，因其时经过秦末楚汉之争，民生凋敝，所以文帝力求与民休息，曾有人进献一匹千里马给他，他说，我出去的时候，有许多护卫，一天只能走五十里，要千里马何用？其实他拒绝接受的真正目的，是提倡节俭，禁止人们搜求珍奇之物讨好皇帝。另一件是文帝想在宫苑内修一个高台，找人估价，需要一百金。文帝说：一百金相当中产阶级的财产数，不必修台了。到其子景帝继位，大体上仍秉持俭朴，两代在位四十年，天下太平，民生富足，史称“文景之治”。

三、国际伦理守则

为今之计，似乎各国的政治家需要放远眼光，以全世界的人皆能生存为目的，用和平的手段求国际间合作，不再作武器竞赛，转而开发生活所需要的物资，互通有无，才是领导世界的方略。政治领导者的国际伦理守则约略如下。

（一）视天下为一家

一国的政治领导者如何治国，不容他人置喙。但对待其他国家，最好改变“敌视”的态度，信守国与国“平等”，尊重别国的“主权”，使各国都不受“干扰或侵犯”，便应坚持“和平共处”的原则。再进一步，则是急难相助，有无相通。更进一步，则是联合其他国家，为全世界人类谋福利。

（二）秉持国际正义

无论哪一个国家元首，若想成为“世界领袖”，最好还是以“正义”为宗。即是抑制强权、扶植弱小，公道地解决国际间纠纷。中国历史中倒有一个例子可作参考，即是春秋五霸之首的齐桓公。在齐桓公的时代，要想使人信服，就要以“礼义”为原则。当时“礼”在尊王；“义”在抑强扶弱。

“尊王”是由于周室衰微，王权不彰，周王失去统治力。“抑强扶弱”在讨伐侵略小国的国家，扶植被欺凌的弱国，使之继续存在。这种正义作风，得到所有国家的信服，所以在他号召征伐侵略者时，各国都出兵相从，维持了一段时间的安定。

20 世纪两次世界大战，也因有正义国家联合起来，才战胜“黩武者”。但战后美苏两大壁垒互较武器，曾引起世界人民的忧心忡忡，唯恐爆发另一次大战。幸而苏联解体，只剩“一大”。这“一大”能否完全主持正义，公平地领导世界，为全世界人类谋福利，还要拭目以待。

(三) 保护地球

目前地球危机,已是极感忧心之事,需要有力者真心提倡,唤醒全世界的人们,上自科学研究者、技术开发者,下至求生存的无知之人,勿再只求"一己"的生存,以至个人的"名"或"利"而将生物赶尽杀绝,将资源淘空。或是只求新发现,只宣扬一己的成功而不问可能造成的"后遗症",因为待到发现后续问题时才来设法解决,为时已晚。国际领导者应有相当好的前瞻目光,看向若干年后的未来,勿在地面上留下长期无法消弥的祸患。

第七章　道德伦理教育的实施计划

教育本是针对人而实施的活动，前章一再说明人要合理地共同生活，就要在本能的层次之上发展理性层次，以提高人的品质，修正人的行为。所以先知先觉者才要“教育人”。

从生活的基本层次说，维持生命当然是第一要义。可是生命的维持，就有许多相关的条件。例如食物的获得，就不是可以手到擒来的，而是要“取之有道”。于是这个“道”字便有了讲究，因为这不是人“生而能知”的。

从人类生活方式的演进看，是由简单演变到越来越复杂。大家在食物当前的时候，只管吃下去，不会再追根究底。如果一步步推究下去，首先这食物就未必是自己“做成的”。如果确实如此，就可想到是“有人代劳”。“什么人”要做饭“给别人”吃？大体说来有两类：一类是和自己有关系的（亲属或雇佣），基于关系义务而做；一类是和自己全然无关，靠社会所有的“交易”方式“购买”（买食物或进饭店都如此）。在这后一类的交易中，如果没有靠做食物“维持生活”的人，大概就会面对“饥荒”。从这一点看，“一个人”的生活就有赖于别人，当然以做食物为生的也要依赖顾客光顾，才能维持他的生活。再推想下去，食物材料从何而来，又要仰赖从事农业畜牧等诸多的人；而这诸多的人又有赖于另外的若干人。

这个链锁再推下去，最后将要扩展到广大的人群。而这些人与自己不但没有直接或间接关系，甚至终生都未曾谋面，然而自己却依赖这些人以为生，则如何与这些人相处，是否是一个值得考虑的问题？

这是从最实际的一面着眼，因为“生活”在最基本的层次上就是非常实际的。再从实际上说，“生活”也是“个体生命”的先在“义务”（本能）。自己饥饿只有自己知道，所以“饿”时当然要“先顾”自己。把自己“习惯的”放在“第一位”，无论何事，便不免“先己后人”。到了个人需要仰赖别人以为生时，再把别人“置于脑后”，等于未曾把别人和自己放在“平等地位”上，有了“重己轻人”的状况。如此站在“别人”的立场设想，则别人是否愿意满足“你的”所需，就要作一番理性的思考了。

思考中有了别人的存在，就不能只为自己设想，必须把别人列入考虑之中。思想是理性的活动，一个人和众多的别人（人群或群体），无论认识与不认识，要有一个“互相对待”的“通则或法则”，大家都承认其“公平”，都愿意身体力行才可以。只有大家都如此，每个人才能在生活中顺利地满足需要。“个人”在群众中，与任何人有所关联时，必须把自己和另外的人放在平等的立足点上，这就是由“现实”生出来的“道理”，这道理可说是在“现实理性”的层次，虽然是抽象的活动，所印证的却是现实的生活。

根据这抽象的道理，在实际生活中就必须把“先己后人”转变成“人我相同”，人我相对而平等，“同时存在”。然而先己后人的“本性”，若不经启示与导引，便很难超出初时的状况而进入抽象的道理层次，并进而用抽象道理来规范实际。于是需要“开启知识”，需要“确定信念”，需要增加“自律的力量”，把“规范纳入本性”，使其成为“自己的品质”；再把这种品质表现在动作或行为上。人人如此，社会才能和谐共存。确定了这一点，学习道德伦理规范，便成了教育的任务，因为这是要经过学习才能做到的。

要人人服从伦理道德规范，教育工作就要有缜密的计划，所谓善始者才可以善终。本章将就这方面加以阐述。

第一节　总 体 计 划

自古以来，一个国家的政治方针必然是"全面"的。国家存在的基本条件之一就是人民，所以古话说："有人此有土。""土地"就在这里，要人去经营，去爱护，然后土地才成为"牲畜"的资源。这个事实说明土地养人，然而却要人付出相对的力量，所以还是要从人开始。

在一个国家体制中，既然人民是第一要素，则国家的状况——强弱盛衰，便以人民的品质为转移。民愚则贫，民贫则国弱。所以明智的政治领袖必然重视开启民智（只有独裁者拘于"一见之私"，才用愚民政策），建立民德，使人民在国家的保护下善群爱国，然后人民才都能有安乐的生活。

这里所说的"民智"，指普遍的生活知识，是一般人都能由学习而知道的。在此之上，因为人的才智有高低之别，故其发展各异，至于特殊人才的发展，另当别论，不在此处的论点之内。所谓"民德"，就是每个人在生活中所应有的"品格"和"规范行为"，主要在于要"善己善群"。"善己"在锻炼"忠实"、"诚恳"、"自律"；"善群"在"仁慈"、"友善"、"公道"。这些是一般人都可以学到并做到的。

教育全体国民，是国家行政的职责，而且也只有国家行政可以全面规划，才能一体实行，这是从国家整体上说，也可以说是教育的"社会面"。因此教育国民是一项重要的政治策略，不但要"慎重其事"，而且要"好谋而成"。扼要说来，应有几项重点。

一、计划工作

（一）开始前的缜密研商

一项大计划在开始前，需要先认定"目的"。进行"伦理道德"全民教育的目的，明显在于"德性"与"德行"。德性在品格；德行见于行为。此处要特别说明的是：这二者的“实质”，一是需要“长期培养”，一是重在“行为习惯”的训练。都在“实际”生活的领域，不在“抽象文字”的学习。为了“慎重”起见，先要详细地作一番研商。研商的事项包括：

1. 目的的正确性

由于对伦理道德的主张以至见解不一，首先要确定的就是伦理道德教育“是否必需”。这个步骤也是做任何举动前都需要的。这里用“研商”二字，就在“目的”不能取决于“一人”的意念，因为这是关系“全民”的大事，要有具有“专门知识”、有“识见和远见”的人来共同“研究商讨”。

在研商的过程中，可以参照过去的历史事实，可以比较各国举措的得失，更要通观当前的社会现象。如此就需要搜集多方面的知识与事实资料作参考，则最后形成的结论就不是一个人的意见，或一两句话可以决定的，而是要分门别类地搜集并研究，然后会合众人共同详细商讨。

在这些参考资料中，将可发现对目的有不同的“佐证”。一类是“赞成的”，认为伦理道德教育为必须；一类是“反对的”，主要原因是这种教育的效果无法完全确定。这两者的“共识”大概在于都看到了人有善恶的差别，只是赞成者相信可以借教育长善去恶，不过如何行之有效，尚有待进一步探讨；反对者则认为教育的效果“有限”，纵有法律制裁，威吓作用与重建工作也不能收到十足的效果。两者可能要经过反复讨论，最后才勉强达成一个结论。如果结论是否定的，则要到此为止。假定结论是肯定的，则可继续以下的步骤。

2. 计划纲要

(1)道德伦理规范项目

计划规范项目的原则：

① 必须从“普遍性”着眼。即是凡略有知识者，都能“知道”(懂得)并可以“做到”。

② 项目必须“去繁务简”。选择生活中最重要、出现最频繁的，是一个人立身行事待人所必须的。

(2)设计教材内容大纲

教材内容要点应为:

① 规范的"正反"两面道理,务求言简意赅。

② 说明"实践"与"不能实践"的心理作用以及"自律"的做法。

③ 举例显示"道德"与"不道德"两种事实及其"后果"。

④ "作业"记录个人所做的"合乎道德"与"违反道德"的行为。

⑤ "作业"讨论所见别人表现的"道德"与"不道德"的事实及感想。

⑥ 编制"角色表演"的材料,使学习者演示。

⑦ 教材依各类教育对象选择。

(3)培养教育人才

人才类别以教育对象分:

① 婴儿教育:包括婚前、怀孕期、养护三岁以下的婴幼儿的人。

② 幼儿教育:包括父母、祖父母、保姆、幼儿园教师。

③ 学校教育:包括小学、初中、高中、高职等教职人员。

④ 社会教育:包括新闻及传播工作人员、公职服务人员、社会教育人员。

订定考察实际行为的方法:考察包括平时且长期观察,并记录观察时间及事项,定期汇集摘要评定。

订定奖励与惩戒办法:对符合伦理道德的有事可据者,即予嘉奖。定期分别在中央与地方嘉奖实践道德规范有据者。

除法律有明文制裁或处罚违反道德规范者外,平时邻里机构得检举违反道德规范者,由邻里会议予以警戒;严重者则应举报有关机关制裁。

(二) 求得必须的了解与支持

由负责教育机构(教育部)邀集有关部门会同商讨实施办法。公安部与户籍、人口数、地方行政机关,以至警务有关,可以提供与实施有关的资料。国家实施教育需要经费,与财政有关;青少年的违规或犯罪行为与警务及司法有关;行业伦理与各种职业有关。另外需要多种资料以拟定实施计划与办法，且要各个部门支持并配合，取得共同的了解才能实现；且可得到有用的意见及建议。

(三) 使全国人民周知

利用新闻及广播发布消息，使全国人民都知道德伦理教育的必需。在民主国家，国家施政应先使人民了解，然后才能得到人民的支持。而且这项教育与全民有关，必须群策群力才能有效。

要做到这一点，必须计划相当时间的“宣传”工作。从“社会现象”、“地方新闻”摘取实例，客观地说明“利害”，逐渐“灌输”道德伦理观念。(新闻应作翔实的报道，可以附加客观的分析，但应避免“主观”的判断)文艺可以发表有关道德伦理的作品(但应避免“说教”)，最好用温馨感人、说理透彻的内容。广播取材最好选择通俗(但应避免庸俗)、人性化、能深入人心的话题；而且定时且长期地播放，使大家随时可以收听。

二、行政措施

(一) 确定执行机构与工作人员职责及奖惩办法

这项全民教育计划，教育对象遍及全国，所需要的教育人才类别繁多，所牵涉的机构颇广，大体说来，可分别如下。

1. 婴儿教育：各地户政及民政机关有关人员

说明：这项教育的对象实际是婚前婚后的成人，包括婚姻关系的伦理、家庭生活中关系人相处之道，因为这二者和幼儿出生后有莫大关系。如果婴儿一出生就成长在一个道德伦理正当的环境中，受家庭气氛的感染，所感受到的是温馨和谐，那么其性情也容易正常发展，生活习惯也会正常，这是道德伦理奠基的开始。和幼儿有关的成人教育以后再论。

只就这类成人教育的机构而言，其一在“成人”成年前的教育，属于学校领域，应包括在国民教育中；其二是“成人当前”应该具备的“教养”婴儿的知识。这类知识无须另立学校，可由“民政”以及“社会教育”机关负责进行一项测验或训练。

测验这类知识应在事前由“适当”人员编制手册之类的读物印行，以为婚姻当事人及照顾幼儿的亲属之用。书籍由相关机关交付当事人阅读，以备测验。

至于保育人员应另行设置培训场所，训练有意从事保育婴幼儿者，合格者给予“执照”。

2. 幼儿教育：父母、监护人。后者包括亲属、保姆及幼儿园教师

幼儿生长发育迅速，自三岁以上至入学的阶段变化极大，而此时动作能力增强，活动范围扩大，凡能走到之处，毫不退缩，故而必须注意其安全，“禁止”乃是“必须”。“禁止”目的在维护幼儿的安全，因此要阻止其触摸有危险性的东西，或自行离开监护人的视野，使之“知道”成人因为爱他，才要有些禁止的命令。对这样的命令，他必须服从。要使他开始学习“不可任性而为”，学习必需的约束。幼儿爱好游戏、听故事，正是学习行为规范最重要的时期，又是培养正当行为习惯的奠基时期，所以父母或有关的养护人员必须具备“适当”的教育知识，且要确实实行。

3. 学校教育

学校教育自以教师为主，但在重视“知识教学”的状况下，道德伦理行为被忽视，因此行政措施必须对此有所矫正。以目前的情形看，有三项必须特别注意：

第一，教师方面，除“加强”教师的“规范教学”知识与方法外，更要增加“道德伦理教材”以及“所有教师”对规范教育的“责任感”。原因是目前只有“导师”负责学生的行为与品格指导，且多数只有“言教”，又且“教训”多于“鼓励”，并未实际观察学生的行为表现，只在学生有“不当”行为时，作“教训或惩罚”；对“良好”行为，“认为”是当然，缺少明确的奖励与鼓励，这些应该改善。其次，所谓“课任教师”，只管“传授知识”，不管行为约束与指导，以致连教室秩序都不能维持。而培养学生良好的行为习惯，必须“一贯”且“持之以恒”，所有教师共同注意，免于疏漏。这项教育应列入教材编制与师资培育之中。

第二，职员方面，除教师兼任职员者外，“专任事务人员”也应有规范教育知识，且有责任随时指导并纠正学生的行为。这项内容，应列入其工作要求中，缺乏此项知识与责任感者应予以补救。

第三，学校常有工友之类的人员，这类人员多有和学生接触的机会，其一言一行对学生更有影响，也应具备规范知识与行为表现。

4. 社会教育

社会教育的内涵颇广，影响道德伦理教育的力量很大。对人员的培育，除包括在国民教育中的人，应分别为：

(1)新闻及传播从业人员：这类人员包括广告制造者在内，多在大专受过“专业教育”，都有“专业伦理”知识。他们对道德伦理的影响至深且剧，则在工作中的“字里行间”、“言辞语气”上的表现，会对“宣扬”道德伦理产生极大的推动作用。虽然不至“一言兴邦，一言丧邦”，却足以影响或改变世人的“视听”。这类人员所负的道德伦理教育的责任，绝不亚于学校教师。尤其一些广告制造者，以“耸人听闻为尚”，不惜“言过其实”，不惜以“卑劣庸俗”求深入大众，甚至编造“违反”常情的说法欺骗大众，以求“销售”。如果期望其在专业伦理之外，也以教育“为己任”，则要在其专业教育中，培养这份“责任感”。

(2)公职服务人员：公职服务人员就民意代表来说，即包括由选举诞生的中央与地方各级政府或其他机构代表，特别是“中低级服务”人员。这些人员的教育程度与背景各自有别，却因其职务最接近人民，对道德伦理影响也更大。故而除了有法律规范外，也要受“专业”道德规范的约束，更应秉持道德观念，保持道德水准，所以这项知识也相当重要。

(3)各类行业人员：各类行业人员多数受过基本的教育，应该具备道德伦理的基本知识，关键只在“实践”方面，这方面留待谈实际做法时再论。

(4)图书馆、博物馆、纪念馆人员：这类人员对道德伦理教育的推广责任甚重，而且确实实行时，收效最明显；因为这类场所多存有有关道德伦理的资料。如果重视道德伦理教育，则应对场所秩序的维持、对参观指引有详尽的说明,把这类资料放在明显易见之处,且加以生动有趣的描述,以引人注意;或对参观人士进行详细解说,以加深其印象。故而在培训这类人员时,应侧重这方面的知识与责任感。

(5)其他社会教育工作人员,虽然工作性质不同,服从道德伦理规范则一,在培育或任用时,都应有对道德伦理规范的要求。

(二)订定培育有关工作人员纲领

道德伦理教育,固然要借重"知识",但更在"知而能行"。故而在培育人员方面,应就"教育实况"加以修正或增加。就前述教育机构与人员职责而言,对人员的培养或训练,当以确定"道德品格"为个人建立"人格价值"的基础,以自己作为一个"好人"为目标。还应依其需要的"知与能"订定培养要点。

1. 在普通科目中,除文史社会等,加入"心理学"。只有充分了解各年龄人的心理,方知如何指导其行为,使之顺利接受。

2. 在"文字知识"中,特别培养对道德伦理的信念,及身体力行的必要。

3. 注重培养道德伦理的品格,以品格建立"个人价值"而增加"自信心",并由此坚定实行伦理道德的"责任感"。次则培养正当的行为习惯,使习惯成为"自然",才能纳入品格之中。"操行"应以平日表现为确定指标,列为与知识学习成绩并重的项目。

4. "陶冶品格"与"指导并纠正行为"的方法,应为一项重要科目,并应有实际"实习"的训练。

5. 道德伦理实习成绩"合格"为毕业或结业的"必需条件"。

(三)学校教材要点与考查

1. 国民教育

(1)依照道德伦理要项,分别按照学生程度选择并决定教材。

(2)在知识学习中,加入道德伦理规范教育材料,分别编入适当科目的教材中,内容应以实际行为事例为主。

(3)取材以事例表现翔实为准,古今中外历史事件及人物传记材料多有。

(4)教材编制避免艰深文字,注重事实与行为表现。

(5)在学习过程中,订定实际观察与纠正学生行为表现的办法,作成记录,定期评价。

(6)成绩考查注重对道德伦理意义的了解与实际作为的做法,并印证个人遇到类似情境时应有的想法与做法。

2. 中等学校(高中高职)教育

(1)将道德伦理规范适当融入相当科目与教材中。

(2)在学生作业中指定对道德伦理的事实验证。

(3)鼓励学生组织课外活动研讨、观察道德伦理规范的事例,自行订定实践的做法。

(4)鼓励学生与中小学学生联合举办活动,讲述道德伦理事例。

(5)鼓励学生向社会群众宣传其学校同学有关道德伦理实践的事迹。

3. 学院及大学

(1)学校有关人员指导学生共同商讨道德伦理实践项目,定期检讨成效,作为学校特色及荣誉。

(2)指导学生组织“道德伦理荣誉团”,定期表扬有事实为据者;并商讨对“行为不检者”的“劝勉方法”。

(3)订定奖励办法。

4. 社会大众

(1)依照道德伦理规范项目分别选择通俗或一般性材料,制定广播谈话或话剧等节目,定时轮流播放。

(2)邀约各行业具备道德伦理观念及有辅导经验者在广播或新闻报道时作简单讲话,说明正当或欠妥事例。

(3)新闻报道中加入对所发生的有关道德伦理事件的评论,但要以客观公正为原则。

第二节　实 际 做 法

道德伦理教育的实施，原则上是从幼年开始。但在现实中以某个时间为起点时，各个年龄的人“已经存在”，其中的成年人对年轻人已经发生影响，因此教育一方面要针对年轻人，一方面又要针对成年而缺乏道德伦理教育的人，或教育不得其法的人。对这些人不能完全责成学校教育。不过道德伦理有其一贯性。从一贯性说，各年龄人所要服从的“规范”相同；从教育做法说，方式便有异。本节将分别加以说明。

一、总体规范及做法

（一）总体规范

品格陶冶与性格锻炼：以培养“诚”与“仁”为基本原则，以实践“仁、义、礼、智、信”为德行。

（先就“诚”与“仁”说，“诚”是“不欺”，即不自欺，亦不欺人。“仁”以仁慈而言，是理性的爱心，即以爱心对待一切。反过来说，有人喜欢被人欺骗吗？有人愿意受到残暴的对待吗？）

（二）总体做法

1. 要旨

道德伦理重在实践，必须使知行合一，故而需要“长期”随时随地指引、观察、说明、指导并矫正。

2. 情感作用训练

练习控制情感作用，即当情感冲动时，“延缓”发作时间，尝试改变对事物的情感，如转怒为笑，变“攻击”为“幽默”，变“指责”为“商量”，使“戾气”变为“温和”。训练材料为音乐、诗歌、文学，特别以长时间聆听演奏朗诵为宜。

3. 督导行动

(1)仁慈——仁人爱物：同情并帮助老弱残疾，爱护动物，爱惜物品。

"仁"字的含意甚广，从深远处说，孔子曾经赞美"殷有三仁"，是因为商纣无道，微子认为其无可救药，于是逃到外地去(据说是到了现在的韩国)；箕子劝谏纣王改变治国之道，纣王恼羞成怒，把他拘囚起来；比干再次犯颜直谏，纣王怒不可遏，把他杀死。这三个人都出于爱民之心，希望政治领袖以民为本，用正道治国，他们的目的相同，都出于"仁心"，所看到的极大，仁的层面也极广。往小处说，即使是对最细微的物，也当有一份顾惜心。

(从反面看，如果自己是老弱或残疾的人，在必要的时候，是否希望有人肯伸出援手？是否感谢肯帮助自己的人？动物也是有生命的，也有感觉作用，不喜欢被控制，更不喜欢受到虐待，这就是"仁人及物"的道理。至于没有生命的物，既然供人使用，人便应该存着一份爱惜之心，不任意浪费，以求可以长期应用)

(2)正直——利己利人：以义为先，见义勇为，不顾自身利害，以廉洁自持，仗义助人。

(从反面看，人都不免有"私心"，在有利于自己的时候，往往只顾自己的利益，以致损及别人。反过来，假如别人为了利己而损害到我，我将作何感想？这样想，在求私利的时候，就要想到这个"义"字。我们歌颂见义勇为而不惜牺牲自己生命的人，可见这是难能可贵的。廉洁是贪的反面，似乎人类长久以来习惯于累积财货，忘了《红楼梦》中说的："生时但恨聚无多，及至多时眼闭了。"更让人遗憾的是，闭眼时一文也不可能带去)

(3)礼节——谦恭和气：言词温和，不嘲讽人；不高声喊叫。对人的礼貌就在日常生活中：听人说话须目视其人，倾耳以听，人言未毕，不可插话；行不中道(走在道路一边，留空间给其他行者)，立不履阈(以免妨碍通过者)，坐不横肘(以免妨碍同桌者)；徐行后长者，让座于老弱。

(礼在待人接物中无时无刻可免,这项训练十分重要。如果自己希望别人如此待我,自己就要"先施之"。

简单地说,我们都希望别人客客气气地待己,根据这一点推想,就是"以己度人",因为人同此心,心同此理。随时随地想到还有别人存在,给别人留些余地,可以换取别人心中也有我们的存在)

(4)由知增智——曾有人说:"世事洞明皆学问,人情练达即文章。""知"是从"多见"、"多闻"、"多识"而来,只要自己用心,将见闻默识于心,就能通达人生。

(人非生而能知者,知必由于学。

俗话说:不经一事,不长一智。"经验"中自有知识,只在自己是否留心。俗话又说:前事不忘,后事之师。许多不识字的老人,因其经验丰富,所知的很多,便是"不忘"的效果。古代"知"和"智"同字异音,后来才有了区别。就"智"字说,通常所指的是"智慧",意谓"聪明才智"。现在已经知道"智"的类别不同,"用而得当",则"不妄"其聪明;用而"不得其当",多半会于人有损或有害,纵使自己得利于一时,最后仍然逃不过公正的批判)

(5)言信行果——"人言"为信,"人行"必成,是自己对自己"负责"。对自己和对别人一样,说到就要做到,做到了才算"言而有信"。只说不做固然不可,"做"而"不彻底"者,不是"自欺",就是"欺人"。"欺人"则"失信"于人,"自欺"则"何以自处"!

(反过来看,有人和我约会却未及时赶到;答应了帮我做一件事却没做,或是虽然做了却是草草了事,我是否会觉得他没有信用或是不负责任,下次还愿意和他来往吗?)

4. 督导的根本要项

综上所述,道德伦理不经过教导则无从得知,但是教导之后,接受者是否实践,就在于督导,需要长时间密切观察,看其是否能真正做到。如何能使受教者切实做到,从根本上说,在于接受者是否真心接受。未真心接受则不会存于心中,不存于心,自然不会见诸行动。而所以未入于心，多半是缺少“信念”——不以为道德伦理是必须。如果据上述“反过来看”的说法，使之反过来想，或者有接受的可能。不过有人会“借口”辩驳，理由是“有些人并不道德，反而得到好处，我为什么要做傻瓜”？这就要提醒他：做人是应该“取法乎上”（学好）还是“取法乎下”（学坏）？在这个阶段中，就要继续观察，继续督导，直到其能自动做到，才会生出“责任感”，承认自己有责任如此做。有了这份责任感，才能“自发自动”地实践，把“实践”当作是“自己”要做的。有了这种心愿，才能把外在的“督促”变成自己督促自己，即是“自律”。

“自律”是发自内心的作用。心中有一件“应该”做的事要做，就要“督促”自己去做，否则便是“不应该”，便将坐立不安，必须做完了才感到安心。就道德伦理来说，如果一个人所做的符合道德伦理，便会心中“欣然”；倘若违反道德伦理，便会“歉疚难安”。这种内心的作用称为“良心”，是“监督”自己并评判自己，犹如侦察员，又如法官的一个机构。

到“良心”发生作用时，所学的道德伦理已经融入品格之中，成为自己的品质，也可说构成自己的“人格”。人而有格，从人文的立场说，便是已经“脱离了野蛮”，成为“人而有道”。依照“人道”生活，才能顺利地生活下去。

对“缺少”自律能力者，应严密观察其行为表现，指导其“自我反省”，待有所领悟时，令其提出自行约束的方法，继续观其后效。

人类世界需要所有的人都依人道而生活，才不致有人“不得其生”。因为只有人的智慧能了解这个道理，也只有人能发挥“良心”和“自律”的作用，如此在“民胞物与”的信念下，人人都能过“人的生活”。

二、分类做法

（一）普通成人

成人的范围极广，广义地说是社会大众，其中包括年老退休或不再从事生产工作者、家庭妇女，又有农工商服务等各类人员。在人际互动中，这些人的道德伦理行为互为影响；其与道德伦理的传播有关者，影响更巨。又在这些人中，有人已经为人父母，对婴幼儿负有教育责任，除本身服从道德伦理规范外，还要知道如何教导自己的子女。依此情形，须将这些人的规范教育分为两类：一类是本身须受教育者；一类是“本身”既须受教育，又要接受“教育人”的教育。

普通成人这一类指老弱病残及家庭妇女等不从事生产工作者而言。这些人多半终日无所事事，所过的是休闲的日子。其娱乐活动固然各有所好，但也不免有时三五成群，相聚排遣时间。他们需要正当的娱乐，如听说书、听广播、看电视、观剧等，这些节目内容都可用做规范材料，把古今忠孝节义、仁义礼智的人物故事或事迹编入节目中，既激发视听的兴趣，又发人深省。这些人多半有孙辈，可以把所知的用作教导孙辈的材料。

我国古代实行“养老制”，把国老（曾出仕中央政府职务者）养在“国学”，把乡老（地方年高有德者）养在“乡学”，在学生定期集会时，讲究“叙齿”（分别年龄大小）以“敬老”。敬老意在“教孝”。而老人中有特长或专长者，也可适时教育学生。这种做法，实际上是使人才发挥最高的效果，老人不尽是“废物”。目前医疗进步，人的寿命延长，老人有“余勇可估”者，尚大有人在。

家庭妇女所占的人数相当多。这些人多半以理家、烹饪、做些小物件，或串访左邻右舍闲谈为消遣。这些活动，本有养性怡情的作用，若借此增强道德伦理的观念，更足以影响其家人。尤其在闲谈之中，所知的时事常是话题，对道德伦理材料最易吸收，且有迅速的“传播作用”，对道德伦理的推广而言是一股不可忽视的力量。

（二）各类从业人员

各类从业人员中，因新闻与传播业者和道德伦理教育关系密切，除将在其专门教育中讨论外，已经执业者似各有专业组织，教育机关应会同各专业组织用“会商”或“讨论”等方式，提醒从业者“重视”道德伦理，提出宣扬与倡导及切实实行的方法。

其他各种行业在职者，亦各有行业组织，可如新闻与传播业者般，由教育机关与行业组织会同商讨，“强调”各自的“行业伦理”；并订定对从业者中有良好表现者的“嘉奖办法”，表扬有事实为据者——表扬方式最好由行政机关首长主持，以示“郑重”。

(三) 亲职教育

亲职教育对象应分为三类：一类为“新婚”者；一类为“育有婴幼儿者”；一类为“子女已经上学者”。后一类将在学校教育中讨论。

1. 新婚者

新婚者的道德伦理教育，因接受者已是成人，且可能已经就业，除专业伦理由有关机关办理外，此处“重点”应放在“家庭伦理”，包括新婚夫妇如何互相对待，和两家关系人的相处之道，以及教育婴幼儿的正当方法。前章已略加说明，此处所要强调者为实际做法。实施这项教育的主体须以教育机关为主，会同内政、社会等机构，利用“闲暇”时间（免与在职者冲突）开设“讲习班”，或编制“婚姻须知手册”，制定讲演、讨论、广播、电视等节目，定时并轮流举办或播送。

资料内容包括：

(1) 夫妻相处之道

(2) 夫妻各与对方家长相处之道

(3) 夫妻共同与对方亲属朋友交往之道

(4) 夫妻共同理家计划

说明：照常情而论，一对及婚年龄的男女，基于互相爱慕、志趣相合，而决定共组家庭，共同生活。人之常情是在做一件事前，往往只想其“美妙处”，很少顾及其他，有几点相当重要的事项常被“忽略”或“误解”。

第一件常有的是：当两人相爱时，一方面各自要“表现”自己的“优点”，其中不免有相当的“伪饰”，“真面目”很难“完全”显露出来，难免给对方造成“错误”印象；一方面此时都陷入“热恋”中，目光“为爱所迷”，纵使是对方的“缺点”也不以为意，甚至反而认为是“可爱的”，不会“深思”，更不会“计较”。而且在结婚之前，虽然约会频繁，终是时间短暂，未曾日夜不离，看不到生活中所有细节，总而言之，难有透彻的认识和了解。

第二件是结婚之后，才在全部生活中看到了对方的“全貌”，发现有些和自己所期望的“并不相合”。此时如何“应对”和如何“自处”，便弥足深思。大概处理的方法不外三种：容忍、要求他改变、设法弥补。

照道德伦理来说，第一、第三两个方法如处理得当简单地说应该不致严重到动辄提出离婚，前述规范可以参考，用以容忍或设法弥补其缺点。唯有第二种方法照心理学和“人权”说，很有困难，理由如下。

一个人的个性（心理学中叫“人格”），含着遗传的因子，更有后天教养的成分。根据多数调查研究发现，后天环境（包括家庭生活、家人的性格和相处的状况、邻居状况、社区状况等）影响更大。人格心理学家相信，幼儿在四五岁时，已经奠定人格雏形，此后虽然可能略有改变，但相当有限。中国俗话说：山易挪，性难改。便指一个人的性格不易改变而言。所以想改变一个人的性格，的确十分困难。有些人在婚前知道对方有些是自己并不欣赏的，以为婚后可以“改变他”，乃是一种“奢望”。

另外就“人权”来说，每个人都有“做自己”的权利，如果听从另一个人的意见而改变，自己势将“不再存在”，这是任何人都不能忍受的。反过来说，如果“我”要“你”改成“我”，“你”是否愿意？这就是“己所不欲，勿施于人”的“道理”。

中国文化传统讲究夫妇“琴瑟和鸣”，需要二人共同努力以求和谐，在意见不合时，可能需要一方“让一步”（少说一句，或留待以后再商量，不必作意气之争）。因为相争时，在盛气之下，谁也不肯相让。如果夫妇二人希望和谐地共同生活，最好避免意气之争。

夫妻与对方家长相处之道，在于明白道理，前章已有说明，其道理应列在手册中。至于共同交友之道，属于社交知识，可提供参考书以供阅读。

这里把夫妇相处的状况提在前面，是因为夫妇相处的状况对即将来临的婴儿影响最剧。夫妇应先建立和乐的生活，预先为即将来临的下一代安排一个和乐的环境，以免婴儿来临时在忙乱中手足无措。

2. 育有婴幼儿者

育有婴幼儿者须具备“育儿知识”。婴儿最需要的为“养护方法”，同时更要了解婴儿心理，这些知识都有专门的书籍，应为需要者“提供专门的书籍”，另外亦可编写简要“手册”，举办“讲述会”或“讲习班”，或开办广播、电视等节目供家长学习“教养婴幼儿的方法”。

说明：养育婴儿不仅仅是供应生理需要而已。心理学家沙利文（H. S. Sullivan）和艾瑞克森（E. Erikson）都认为婴儿需要有“安全感”。即是需要一个温馨的环境和必须的照顾。强光、大声叫喊或争吵，饥饿时食物不来，尿片湿了不更换，都使婴儿感觉不适，因而心生恐惧。心怀恐惧则失去“安全感”。此时为人父母者必须知道：

（1）夫妻因照顾婴儿而意见不合，婴儿会感受到那种“气氛”而失去安全感。

（2）夫妻因管教幼儿方法不一致，将使幼儿无所适从，因而漠视两人的说法，使两人的管教同归无效。

（3）幼儿有活动能力后，“养育”与“管教”须双管齐下。养而“不教”（管），父母必须为此承担最重要的责任。

在适当方式养育下的婴儿，多半生长正常，很少有无理取闹的表现。习惯啼哭或拒食，除有病痛原因外，可能缘于养护方式不当。婴儿自出生以后，便在成人的养育方式下形成习惯与性格。孕育在温馨气氛中的多半“乖顺”；在暴躁且变化不定的气氛中生长的，受到强烈又不稳定情绪的影响，也会反应强烈且喜怒无常。常受打骂的多会与同辈打斗，即因对自己曾经身受的待遇心中不平，有报复的冲动，便以习惯所受的待遇来对待别人，这种情形已有多例研究证实。

幼儿和婴儿一样，既需要生理方面的供应，又需要心理方面的满足。前者以衣食为主；后者在于得到“适当的爱”，即“合理的爱”。

以衣食来说，很多父母在养育幼儿时，会有两件事不得其当：其一是唯恐幼儿“食而不饱”，所以往往努力“喂食”，在幼儿已经停止进食转而游戏时，仍然拿着食物追赶，逼其多吃。影响所致，会养成幼儿“边吃边玩的习惯”，此后一顿饭往往拖延相当长的时间。殊不知饥饿与否，一个人自己最清楚，停止吃便是“饱”的表现，无须过量，以免造成肥胖。其二是唯恐幼儿“衣不保暖”，所以层层包裹，以致幼儿活动不便，最后落得大汗淋漓，反而容易感冒。

从心理方面说，幼儿所需要的是父母的“爱”。“爱”表现在“诚挚”与“温馨”，是一种“心灵”的感受，幼儿在这方面的感觉最为“灵敏”，不是糖果可以代替的。因为如此，幼儿“最怕”成人有“愤怒”的表现，父母应竭力避免在幼儿面前争吵便是这个原因。

另一方面，爱护幼儿并非完全“一任其自由”，也非“有求必应”。因为幼儿爱好活动，却无辨别“危险”的能力，所以有些活动必须加以“禁止”，且要“毫无例外”。现在家庭生活中，无论居室或设备，都可能对幼儿造成危险。先就居室说，高楼的室外阳台围栏是否能阻止幼儿攀爬，便是应该注意的第一件事；然后是室内设备如电视机、火炉、常用的电器，是幼儿最有兴趣的玩耍物件，甚至引火器材，也是幼儿特别喜好的，应该“绝对禁止”其触碰。

再一方面，幼儿正是极端好奇而又爱好模仿成人活动的年龄。成人所做的，他也要尝试，因而必须分别出对幼儿有危险性的活动，告诫只能旁观，不可插手，同时好言告以插手的危险。如在这种状况中，成人一方面由于溺爱，一方面乐于看见幼儿参与活动，而不加禁止，到成人不在面前时，幼儿便会自行去摸索，便可能发生危险而无人能够补救。禁止幼儿参加成人的活动，除了预防危险外，也可使幼儿学习“长幼有序”，在家中有访客时，幼儿才不致成为搅乱者。

在自己家中有这种训练，则幼儿到别人家做客才会有“分寸”。许多在家里任意活动的幼儿，父母习以为常，从不管束，到了别人家，孩子便和在自己家中一样的任意喧闹，任意奔跑，任意拿取或玩耍物件。主人不便禁止，如父母视而不见，则幼儿必将成为不受欢迎的人物，对方会避免再与往来，将会影响一家人的社交活动。

其次幼儿的要求往往非出必须。如果父母拒绝，初时必然应用其拿手武器大声啼哭，再不允许，则会卧地乱滚，父母若此时屈服答应其要求，哭闹便成为幼儿最有力的要挟武器，将会一再应用。如此是养成其“不知自律”、需索无度的心理。其实如果父母有原则，忍耐幼儿的啼哭，不理会其在地上乱滚，或者走开不看，使幼儿知道这武器无效，此后便不会重演。而且幼儿也“可以理喻”，不过要待其哭闹过后，温和地说明道理，幼儿在前计失效后，很可能会驯服受教，仍然会喜乐如常。

对幼儿不放任，不有求必应，已经寓有“管教”的作用。有一“似是而非”的说法，认为儿童应有“充分的自由”，且“不能受挫折”，以致培养出无法无天的“小霸王”。

幼儿在有了行动能力以后，便要教他知道他的行动有“可”与“不可”。幼儿的活动，出于动物性的生长历程，在练习体能，所以其活动并无确定意识，要靠教导引起其意识，使之知道“可”即是“对”或“是”，“不可”即是“错”或“不对”。这是初步的“知”与“识”的教育，是最重要的开始。这样做使幼儿知道成人对他是“真正的爱”而“不是宠惯”，同时也使之知道“成人的权威”，才能有“服从是和对”的心理准备。这样做是为他将来成人后，一能“辨别是非”，二能“约束自己”，三能“遵守规范与法纪”，并练习“独立自主”的学习能力和树立自求进步的信念。

这一方面是绝不能忽略的。中国传统说“教子婴孩”，便是说幼年教育的重要。但并非说要用“严厉的打骂”，而是要“慈爱而理智”地教导。幼儿学习善恶观念的“潜能”，在其听成人讲故事时已经出现。如听过有关人的作为后，已经得到一些“好人坏人”的印象，此后再听到有关人的话题时，往往要问“这个人是好人还是坏人”？如果家长此时顺便问他要学怎样的人，使他有一个反省的机会，则更能增强其对自己学习倾向的意识。

实则在人文社会里，儿童固然需要成人养育，但更需要成人教导，使之在成长中学习，成年后才能“独立”生活于群体中。因为没有任何人能终生靠别人(别人也没有这项义务),所以从幼年开始,就要"逐渐学习对自己负责":幼年要学习对自己的"行为"负责,知道有可以做的,也有不可以做的;可以做的是对的,不可以做的是错的;做得"对"是"应该","不对"是"不应该"。能管住自己"不做不应该"的,是从幼年就要开始练习的。幼年练习对自己的行为负责,将来他才能对自己的"生活"负责。要使他坚定一个信念,即是一个人"应该有所为",也"应该有所不为"。幼年的"管教"便是"教导"应当做的,"禁止"不应当做的。这项教育是为人父母者必须知道且要做到的。

3. 子女已上学者

有些子女已经上学的家长,以为可以把教育责任完全交付学校,在这类家长中,一部分原本缺乏教育知识,不知道如何教育子女;一部分因谋生忙碌,无暇关心子女教育,甚至与学校毫无联络。另有一些家长自以为懂得教育,对学校多有意见,但多从"私爱"出发,往往干涉校政与教学,以致学校教育事倍功半。

其实子女进了学校后,家长教育子女的责任不但不能卸除,反而因儿童年龄渐长,需要教导的事项更加繁杂。儿童在学校之内的时间,固然由学校负责教育,但放学回家之后,便要由家长来负责。因为在家庭中,儿童可以自由活动,是儿童表现十足个性的时间,其行动是否合乎规范,只有家长看得见,就必须由家长负起应负的教育责任。

但是许多家长因为某种原因而忽略了这项责任,所以唤醒家长,负起其应付的责任,并提供教育知识与方法,也是教育机构的任务。

教育机关应规定子女上学的家长有责任参与学校有关自己子女的活动,对疏于和学校配合者可强制其改善,并列入记录中。

对学校有"不当"要求,甚至借助权势干涉校政或教学者,教育行政机关应作"明文"规定禁止,以免校务与教学受到"不当"的干扰。

这类家长对道德伦理的认识与实践,须有"手册"之类的刊物,伴以讲演、研讨、广播电视等节目作为引导,以助其应用正当方法教育子女。

还可订定办法,凡子女在校有道德伦理表现优异的,家长与其子女共同接受表扬；而子女行为过失严重的，则应予以警告，并提供家长改善教育方法的研习机会，且定时考查改善的状况。可从学生与家长身上两方面观察。

说明：从实际情况看，儿童在家庭的时间仍然多于学校，家长必须与学校通力合作，学校教育才能发挥实效。尤其道德伦理重在实践，正在学习中的儿童与青年，行为习惯尚未定型，有赖家长与教师共同教导与监督，日夜不懈，才能有成。

人之常情，父母无不爱其子女，因而在家庭中多“姑息”——只看到子女的可爱处，不计其“不当处”，纵使知其所为不当，也以为只是“小瑕小疵”，不以为意。殊不知“纵容小过”，即是“大过之源”。

（曾经有一个民间流传的故事：一位母亲带着三岁孩子在门前买菜，孩子在旁边戏耍，顺手拿了一个瓜藏在衣服下，卖者并未发现。母子回家后，孩子拿出瓜来，母亲大为高兴，夸奖孩子。此后这个孩子就专做不劳而获的事情，进而由偷变成抢劫杀人而落入法网，按法律定成死罪。行刑时他把母亲叫到面前说：我从小就被你鼓励偷窃，以致落到这个地步，今后你再也得不到不花钱的东西了）

通常上学的儿童，尤其年龄较小者，会把老师的话当作“金科玉律”，对家长的话反而“置若罔闻”，这是很值得家长“反省”的一点。

儿童以至青年中不服家长管教的，其在外的行动表现也往往不合规范。有些家长以为是孩子“不受教”。据若干研究，学校的“问题儿童”之所以有问题，原因一部分源自家长，一部分在教师。就家长来说，子女之所以“不受教”，在家长方面就有下述原因：

管教方式：极端放任或极端严格；或二者兼有但不得其当。

宠爱姑息或要求过分。

重男轻女或对长幼偏爱。

喜时有过不计；怒时以子女为泄愤对象。

语言方式：责难多于鼓励；或小事唠叨不休；或只有一错，便将过去所有错误反复说不停。

缺乏身教：禁止子女的行动自己却公然行之。

言行不一或前后矛盾。

家庭气氛：夫妻不合、长幼失序，在生活困难时只有抱怨而缺少勉励。

像这样的家庭状况有上学子女的，其子女在学校中的表现多数不安于学习，且常常触犯校规，在校外也多有不轨行为。目前多数地区青少年犯罪人数日渐增加，且多人群聚滋事、吸食毒品，逐渐成为社会问题，其根本解决之道，首先在家庭教育。而家庭教育，则责在家长。家长如何知道“正当地”教育子女，就在“亲职教育”。

子女已经上学的家庭，家庭教育可依子女年龄分儿童期与青年期两个阶段。但这两个阶段并无明显分界，因为生长乃是一个连续过程，可以大致分别说明。

(1)儿童期

儿童期的行为训练，一在行为规范，二在基本生活能力。

行为规范的训练，首先在“语言”，其次在“表现”，第三在“行动”。三者都以“礼貌”为宗。

“语言”的训练在“应答”之际的，首先是幼儿对长者“呼唤”时的反应。中国古代教幼儿在长者召唤时必须立即答应，且有答应的规矩，实际上是为养成礼貌的习惯。长幼相唤是家居生活中无可避免的。其正常的情形是“有呼必有应”。相反的是：用“不耐烦”的声音答应；或是“充耳不闻”、“相应不理”，及至呼声不断，才“反击”一句“叫什么叫”。后一种情形的出现，可能长幼两者都是肇因。在家长方面，常因不必要的原因招呼子女，扰乱了他们的“活动”；当子女第一次以不礼貌的方式回应时，父母又未作适当处理。(适当的处理是先了解子女此时在做什么，如果正有正常作业，除非必须，否则便不应该干扰他。但要告诉他最好礼貌地回答，以免此种情形再次发生)在子女方面，以家长呼唤，必是要去“服务”，打断自己有兴致的活动，自是心有不甘；或者自己正做重要的工作，认为不应受到干扰，故而应答失礼。

语言方面还有在平时便要练习说话的“语气”，包括“语调”在内。儿童的表现都由模仿成人而得，所以父母先要为儿童树立典范。如果成人经常轻声细语，在儿童无故大声喊叫时，告诉他不应如此，此后儿童自会留意，这是在一开始就要建立的习惯。但若成人自己大声说话已成习惯，要儿童轻声细语便难乎其难。（笔者一次在火车上看到两个明显的例子：一对显然是母女的坐在一边，女儿约十岁左右，二人各手执书本阅读，偶然谈话时总是轻声细语。另一对夫妻带着三个大小不等的孩子，夫妻说话的声音可以响彻全车。三个孩子都不能安静地坐在座位上，车前车后地奔跑，父母则大呼小叫地与孩子说话，孩子仍然跑闹自如，完全不理。那两个“家庭”显然是明显的对比）

轻声细语，本质上便是“温和”的，是“和善”对人的礼貌表现。这样的语气，即使在愤怒时，也不会成为“恶声”。因为温和出自内在平和的心境，在此心境下自不会冲动得大声吼叫起来，故在陶冶情感中已经完成对孩子的培养。前面说夫妇相处之道时，已经说过。夫妻相处有道，是家庭幸福之源，也是养育子女的必要条件，语言和语气是不容疏忽的一方面。

接下来的是“应对”的礼貌。面对年长者，有问则答是基本要求。答话要切中要点，简单明了。年长者说话时，应该敬听，不可随意插话。如有问题，也要待年长者说完后再行请问。如果自己有需要申诉的，也要平和地说明，即使自己有“充分的理由”，也不可“疾言厉色”。这一礼貌，学校可能教到，但要形成习惯，却是在家庭中练习的机会最多，父母不应忽视这一责任。

语言之外，主要的行动规范，自古便是“出必告，入必面”。即是出门之前，要告诉父母，说明去处。实际上是因为父母关心子女，子女外出，做父母的往往担心其安全，儿女要体谅父母的这番心意，自然要告知自己的去处，免得父母担忧。然后回家时，必然要面见父母，使父母释怀。这是长幼双方互相体谅的表现，虽然说是礼貌，实际上却乃是人情的“情意”。（目前常听说有儿童多日不回家，在儿童方面可能是沉迷于游戏，乐而忘返，且忘记通知家长。在家长方面可能便有无可原谅的疏失：第一是平时失于教导，未曾建立规范；第二是家长与子女的情感有欠亲密，子女夜不回家，而不知其去向，怎能漠不关心。有人为此责怪学校失职，未免张冠李戴。学生放学后，原则上便是回家，此后的行踪便是家长的责任，家长责无旁贷）

其次是最近若干年来在学校中，每见学生当门而立，或坐在楼梯上，阻碍道路，应该是学校教育的缺失，但家长也不能完全没有责任。如果自幼便教导儿童"行不中道"（不走在路中间，以免妨碍别人）、"站不立阈"（不站在门槛上，以免阻碍别人出入，且门槛本就不是站立之处），就不会出现这种情况。在公共交通工具中，为了"道义"，都分别设有"老弱特别座"，却经常为"青壮"者占据，无视于座位上的标示。

入学后的儿童，活动区域已从家庭环境扩大到社会层次，所接触的人，不尽是有亲情的家人，在"外人"面前的行为表现便要"有分寸"，因为它所代表的便是"家教"。而家庭教育的内涵，虽然不须时刻牢记，却不能不知"社会礼貌"，这就需要家长随机教导。

在儿童入学后，已经不再尾随在父母身边，需要自行料理一些生活必需的事项。父母在家庭里，便要培养儿童自己动手的习惯，如整理自己的衣物、用具，以至帮助清洁工作等。这项训练，一在使儿童练习技能，自己有能力，才能确定自己的价值；二在培养其对自己和所生活的环境负责，如此才知道自己与环境的关系，将来才能有广大的视野。（有些溺爱的父母不让儿童做事，等于剥夺了儿童学习的机会）

总之，家庭教育是父母的责任，不能委诸学校。教育下一代，要家长与学校共同努力，才是完整的教育。

（2）少年期

少年期是儿童期后进入青年期前的一个中间阶段。这段时期的"大儿童"，身心两方面都有明显的变化。生理方面两性特征出现，特别需要父母的注意与教导。所要注意的，一是女性生理期的出现，需要学习处理及心理的调适，这是母亲的责任。男性性器官的变化，最好由父亲与之说明。由于这项变化，而生出“大儿童”对“性的好奇”，加上资讯便利，往往引起尝试的好奇心。目前性教育已受重视，但“大儿童”所需要了解的是“生理卫生”知识以及性活动可能产生的“后果”。新闻报道十余岁少女未婚怀孕而不自知，以至生产时惊慌失措的事件，显示性教育尚未成功。实际上这项工作的真正责任者全在父母，因为只有父母才是最容易发现的。尤其女儿体型变化，关心女儿的母亲“怎会”视而不见！由此可见父母的“教养责任”尚待多方传播推广。

其次是这阶段的“大儿童”所知有限，而又勇于尝试。初次尝试毒品不过由于好奇，不“先有人告以厉害”，就难免盲目试验，一入其中，便难以自拔。在这方面交友最为关键，而交友活动多半在课后时间，父母应该注意子女所交的是益友还是损友，了解其朋友的人品及爱好，因为也只有父母才有较多的机会了解这些事项。

这个年龄阶段的儿童，自以为“已经长大”，自己有了主张，一改过去对父母唯命是从的方式，要表现自己的“强大”，最明显的就是“叛逆”。只要是出自父母的意见，便“反射性”地抗拒。尤其对父母的要求或命令，都认为是“没有道理”的强制。在这种“状况”下，父母需要表示“即刻”的容忍，待其“冲动力”减弱后，再与之解释其“不当”的反应，使其有“反省”的机会，才是教育。通常父母一遇子女有违背命令的表现，立即怒不可遏，甚至大加责罚，如此反应，是缺少包容力和“不成熟者”的一般见识，未免不符合尊长的身份。

实际上“大儿童”并非不可理喻。只是在这个年龄已经有了强烈的正义感，其正义感虽然缺少理性成分，却爱好辩论，且坚持自己的“一面之辞”。这就是需要成人容忍之处。不与之作“无意义”的争论，将论点暂且搁置，留给他反省的空间，“耐心”地等待他自行明白，才是上策。

这期间的“大儿童”，情感丰富，“热情洋溢”而尚未找到“寄托”，指导其寻找自己的“爱好”最重要。读书(课本以外的)、运动、练习技能，都是正当而有益的。更重要的是，必须使之知道父母的爱和对他的关切，使其获得心理上的安全感。这份安全感有赖于和乐的家庭气氛：家人有相聚并闲话家常的时间，不只增加快乐，也可给予随机教育。

少年期强烈的正义感，正是父母指导子女辨别“是非”、“善恶”与“美丑”的可利用因素；同时也要指导其树立正确的人生观。这阶段的少年，已经对自己的将来有了一些想法，当然并不成熟。他们需要知道怎样的人才是值得让人“尊敬的”，需要知道怎样是“对的”和“美的”。有了这样的“目标”或“典范”的启示，可使他们知道自己所要遵循的道路，即是知道自己要做一个怎样的人。有了自己想要做的人的形象，并按照那形象去做，即是有了自己的“同体”(identity)，也就是“认定”了自己。心理学家曾说这是这个阶段非常重要的“自我认定”(self identity)。例如自己想要做一个好人，自然依照道德伦理去做。如此下去，便相信自己是一个好人，对自己便有了“信心”，为人做事，便有了方向，而不致盲目地追随流俗，盲目地羡慕别人并仿效别人。

如果以做“好人”为自己的目标，那么行为表现要合乎“规范”，这是每个少年都做得到的。因为规范行为是人人都“认可”的，有这样表现的人都受到社会的赞誉，表示这个人有价值，如此就奠定了一个人对自己的信念。有了这个信念，无论再受到什么挫折或失败，都不会怀疑自己，更不会失去生活的勇气。本身的价值无可动摇，对于身外之物的价值，如学业成绩、金钱、享受等，便都看成是“次要”的了，此后的“归趋”必然不离“正道”。

近几年来世界人们群体性地趋向于“利”；资讯哄抬“出名”的人物(不论善恶美丑)，使人的价值取向陷于混乱，以致少年也羡慕财富，崇拜标新立异，歪曲了生活的目的。等而下之的是沉迷于感官享乐，几乎不知道人世间还有伦理道德。这是学校和家长都要重新思考，重新鉴定人的价值，寻找指导下一代“正当为人”的“正确途径”的时候。

(3) 青年期

青年期约略从高中阶段开始，此时已度过少年时的狂飙期，以前的一知半解已逐渐减少，情绪也较前稳定，如果在前期已经有了正确的“自我认定”，进入这个阶段后，上学的可以按部就班地学习下去。

父母对这个阶段的子女，作“适当的”指导还是必需的，应该注意的有下述几点。

① 爱与尊重

父母的爱原是必然的，但所要表现的却应该与此前有别。第一是勿再如对幼儿般斤斤计较细枝末节的小事，对其生活细节之无关痛痒者，应该尊重其“个人意见”，也就是表现出对他的“尊重”，使他在受到尊重之下，更加自重，也明白尊重别人的意义。此时应使之有参与家庭事务的机会，要求其负担一些家务，使他知道自己对家庭也负有责任。

② 指导人生之路

这时期随着年龄增长，知识渐广，视野也扩大到社会、国家以至全人类。根据这一点，应该鼓励其自行努力增加知识和见闻，并衡量自己的能力与兴趣，考虑自己将来的职业所需要的准备。

对子女职业的选择，多数家长容易犯一个错误，即是不管子女自己如何想，也不问他们的能力与兴趣，只依照“一己”的“期望”与“想象”，便“越俎代庖”地作了“毫无异议”的决定。以目前的情形说，几乎家长都以子女读大学为唯一目标，成为社会风气，遂致大学林立。仅就常情而论，国民知识程度提高，本是好事，不过若人人都以大学学历为荣，便有几个不容忽视的问题存在：第一，是否每个人都有读大学的能力？“无能力”完成大学学业者，中途将何去何从？又有什么方法对其将来作保障？第二，社会各行业目前以至将来对大学人才的需求量如何？倘若供需失调，尤其“供过于求”时，如何处理？高学历者“就低职”是否为浪费？第三，目前行业多不胜数，“行行出状元”的事实俱在，个人的成就是“专在学历”，还是在“自己努力”？

由于家长“迷信”学历，已造成学生“莫大的痛苦”——童年没有游乐的时间，废寝忘食地补习；连带的使教育“失常”——只重课本知识，无暇生活实践，以致缺乏生活知识，“昧于人事”（为人处事之道）；尤其“忽略”了“教育人”——漠视伦理道德（这一点已有调查资料可证）。

青年所需要受教于家长的，是学校学习之外的“人生方向”。这类观念靠在家庭生活中“非正式”的“随机”进行，也就是要靠家长就着自己为人做事的经验，随时告知子女而培养。例如做人首要的是“公道”；做事最重要的是“负责”。自己和别人的经验都可为证(纵使相反的例证也足采用)。为人做事以公道负责为终生志向，不能只以一件事的即刻结果论得失或成败，更无关因果报应。

③ 给子女留下终生值得回忆的话题

家庭教育的主要形式，就是一家人茶余饭后，聚在一起闲谈，共同享受家人之间的和乐气氛，在交换个人经验的过程中，年幼者的收获便在从长者那里学到别处得不到的知识或经验。

在这段共话“家常”的时间里，父母可以告诉下一代一些关于“家世”的掌故。例如可以上溯多少代，把历代的生活状况、奋斗的过程加以描述，使年轻人如听神话故事，同时领会生活不是永远“一帆风顺”的道理。上代人往往要“坚苦卓绝”、辛苦工作，才能奠定一家人生活的基础。“家庭历史”或“家族历史”一方面使后代人明了自己不是“从天而降”，而是在有“足够称道”的光荣，或“使人感叹”的“艰难创业”的前代辛苦下而来。加上父母养育自己的辛劳，都会给下一代留下深刻的印象与感受，也激起他们奋发向上的意志。

目前世风竞尚奢华，世人习惯于夸耀财富。有些父母耻于“落在人后”，以不能“大量”供应子女“为憾”，而力求“不亏待”子女。结果反而使年轻人“怨恨”父母，诛求无厌。“所欲”不得，则“铤而走险”，可说观念有待更正。

家长的生活经验不同，因其所从事的工作有别，且未必与学校有关。然而基于子女对家长的“孺慕之情”，无论家庭生活状况如何，家长所从事的工作为何，都不失“亲子”的情感，都会热衷听取家长的经验。人到中年以后，往往乐道年轻时的家居状况，对父母，无论经验快乐与否，仍不惜“细说当年”。人的确有遗忘的本能，但对幼年的记忆却经久不忘，有些事成为人到老年还津津乐道的话题。父母应该给子女留下这珍贵的回忆资料，也是期望子孙绵延不断的意思。

第八章　道德伦理教育者的素养

学必有师，自古已然。对师的概念，从开始似乎就认为是“教人”“敦品力行”并增加“知能”的。大体说来，从有了“正式学习”形式后，便有了“学校”的形式，也就有了“形式”上的“教师”。教师的概念，初见于《礼记·文王世子》：“师也者，教之以事，而喻诸德者也。”《扬子法言·学行》：“师者，人之模范也。”《玉篇》：“师，范也。教人以道者之称也。”（《玉篇》为南朝时顾野王所撰，讲文字、训诂、音韵等）韩愈《师说》：“古之学者必有师。师者，所以传道授业解惑者也。”从这几个解释可以知道“师”是“学行足式”，教人“修己善行”、“进德修业”的人。由此才有了“尊师重道”的观念。

大概后来为师的人数增加，品类不齐，在《礼记·学记》里才有了“师”与“教者”两个名称。《礼记·学记》里所说的“师”，不但深明教育之道和教学方法，而且更注重培养学生的品格，尤其知道学生的心理和学习中可能遇到的困难，所以对学生除了教导之外，并观察其课后的学习和行为表现，如此才能使学生“德业双修”。而《礼记·学记》里所说的“教者”，从其中的描述可以看出“教者”只是：

> 呻其佔毕，多其讯言，及于数进，而不顾其安，使人不由其诚，教

> 人不尽其材。其施之也悖,其求之也佛(同“拂”)。夫然,故隐其学而疾其师,苦其难而不知其益也。其去之必速,教之不刑(同“行”),其此之由乎。

这段话刻画“教者”只会“念课本”,“考问”所念诵的;教新教材未达到精要之处,使才高者无法表现,才低者又学不会,教学不合常理,要求不合常情。所以学生无法表现自我,饱受学习之苦,自然对教师不满,又不知道学了有何好处。最后总结说,这就是教育不成功的原因。这样的“教者”,当然不能称之为“师”。

到学习的人数日渐增加,对“师”的数量需求越来越多,难以广求才德兼全的人,只有少数符合“师”的概念,而衍生出另两个名称,即是“人师”与“经师”。前者仍然是“德才兼备”,教学生知识,更重学生的品格,无愧“师”的名称;后者只作“知识”的传授,不重人品的陶冶,但是也称“师”。至于传授“技艺”的,则称为“傅”(俗用两个字的名称为“师傅”),另是一说,不过同时也会教些行业道德。

我国汉代以后,中央先有了“太学”,以“通一经”者为师,于是诞生了经师的观念。后代有了地方学校,“教师”大抵多为“有所学”或经“公家选拔”(如科举)的人,虽然也重道德传授,却只在言传,观察学生行为者很少。不过还是没有专门培养师资的措施。直到新教育制度实施后,才开始有了专门培养师资的措施。但在开始时,为了“应急”,只作“短期训练”,未曾顾及师资的条件。好在其时社会单纯,民间未脱“读书识字”的观念,学生能学得识字,便能在绝大多数不识字者间显得“出人头地”,受到尊重。对于师,也还未失尊师重道的传统观念,很少作严格的“要求”。也因为如此,世俗以为“识字者”便可以“为师”,才生出许多讽刺“三家村塾师”的笑话。

到正式师范教育制度成立后,先有普通师范学校培养小学师资。后有“高级师范学校”培养中学师资,但中学师资不限高师毕业,即普通大学毕业者也能担任中学教师。高级师范学校改为师范大学后,普通大学毕业者照旧可任中学教师的事实仍然存在。担任教师须修教育学分乃是最近的事。

从20世纪开始，“术业有专攻”成了世界性的趋势，各行各业都要经过“专门学习”。一向以为“人皆可以为师”的观念渐有改变，教育界也在“争取专业地位”，不过尚未成功。

试看“专业专攻”的必需，是基于一项事实，即是“外行者”难以胜任“专业”的任务。以此类推，未经学习师范教育者，理论上将无法担任教师的职务。然而教师需要何种“专业教育”，才能在出任教师时可以胜任愉快？对这个问题，应该说师范教育自有其专门“属性”或“特质”，要受过“专门教育”者来担任。我国初时对教师的培养，仍不失传统培养人师的观念，所以师范教育另成一个系统，至少保持了专业趋向。细想师资教育，应有其专业素养，除了专门知识之外，有关“道德伦理”的，可来分述一下。

第一节　教师的基本品质

为人师要有“师”的特质，第五章所说的“君子的品质”和第六章所说的“教师的典范”可供参考。试再举述一下教师的基本品质。

凡为人师者，应该属于君子之流，而又具有“教师专业”的特质，主要的基本特质，可以下述各方面为例。

一、以“仁”与“诚”为本

孔子在《论语》中所说的“仁”，前举颇多。孟子以“仁”为人性的一个方面，所谓“恻隐之心”人皆有之。“以仁存心”，即心中所存的，是一片温馨，通常说是“仁慈”。仁慈适当地发挥出来，即前章所诠释的“合理的爱”。推“合理的爱”以“自爱”，则少受自己偏私的蒙蔽，可以达到“自知之明”的地步。推“合理的爱”以“爱人”，则是“人道”所讲求的重要方面。“爱人”的领域极为广泛，不嫌其多，只担心其不足。这种爱在教育中有一个专用名词，称为“教育爱”（“教育爱”下文另作较详的解释）。推“合理的爱”以“爱物”，分有生命之物与无生命之物：对有生命之物，有恻隐与欣赏；对无生命之物，也当重之惜之。二者都可为人所用（人御物），“用物惜物”是“人道”，“人为物御”便“违反”人道。用而使无弃物，在不浪费，也是尊重大自然的环保之意。再等而上之，推“合理的爱”以爱“道理”，到秉持道理而立身行事，则可达到君子的境界。如此一贯地坚持下去，把“合理的爱”融入“性格”，代替原始的“冲动的爱”，便是“仁”。

“教育的爱”之理性成分，第一在“先知觉后知”的“责任感”，以“教育后学”为“己任”。有了这份责任感，才能从事“任劳任怨”的教育工作。第二在“知道”自己所教的学生，是无知无能的未成熟者，有时他们的幼稚可能使教师不快以至动怒。但正因为如此，才证明他们需要教育。从另一方面看，如果能承认学生的幼稚是需要切磋琢磨的，则学生使教师不快之处，正是教师“施展才能”的地方，反而要用“可爱”的眼光来看他们，看到他们未来的希望，乃是自己“理想”之所寄。

“诚”之本在不自欺并不欺人，前章已经说过不欺源自不欺心。坚持诚实便是“一秉至诚”，始终如一。不自欺完全是自己的事，是使自己心无愧耻，而泰然自若。不欺人见于推诚待人接物，秉赤诚以任事。“一秉至诚”要时时刻刻心存“不欺”，“诚”无时不在心中，如日月之照临，毫无偏私，无所遗漏，没有一丝“欺”的意思，也正是“信”之所以“立”。

二、文质彬彬

《论语·雍也》篇中孔子说：“质胜文则野，文胜质则史，文质彬彬，然后君子。”其中“质、文、史”三个字的解释：“质”字最普通的意思指“质地”，即是“物”所含的基本成分，是物所必有的，在这里意指“朴素”，是相对于“文”而说的。“文”原是“交错而有秩序”，是“质”之外另有的一种品质，是基本成分之上另有的增益光彩而不乱，使“质地”更加完美的成分。“史”多用来指人类经验的材料，是人类文化进步以后的记载。这三个字用来形容人时，是说一个人如果表现出“过多”朴素的“本质”，则近乎“原始”，即是未脱“粗野”的状况，和其他的物没有什么差别；如果有“过多”的“文饰”，则难免“矫揉造作”，显得“迂阔酸腐”，这是在文化进步以后，有些人读书识字，学了一些古圣先贤的道德文章，却未把握住“真谛”，一力模仿，反而变成“食古不化”。二者都不合中庸之道，最好调和二者，使之无过无不及，即是“文质彬彬”。

“文质彬彬”是文质调和兼备，内在与外表都很完美。说内在，所指的应该是“学识修养”。“学识”由好学而来；“修养”由力行而得。说外表，则是“彬彬有礼”，正是君子的风貌。

“好学”在“学而不厌”，此在立志。古人常说：人无志不立。志为心之所之，心有所至须继以自励自勉的行动，才可能达到心所要到的地方。求学以求博闻广识，默识心通为目的，这是立志要干事业的开始步骤。因而就要“痛下工夫”，首先在“自律”，以一事不知为耻。立志为人师，就要以“先知觉后知”为己任，“存心”作“觉后知”的准备；便要对学识如饥似渴，以学为乐事。邵雍曾说：“学不至于乐，不可谓之学。”事实上进入“学”中，和做其他的事一样，“开始”难在尚未进入其中，不知有“乐”，需要经过一段“克制自己”的时间，到有所发现时，才觉得快乐，所以“至于乐”的“至”字，要深思并体验，才能领会。

孔子曾说：“好学近乎知。”知识浩如烟海，皆是由学而得。为人师唯患知不足，知不足则无以为学生解惑。教师所需要的知识，不仅限于所教的科目，必须知道自己所教的是“学生”，而学生是“人”。人是一个“整体”，虽然学生所学有限，却生活在充满各种知识的环境中。一位教师所教的，只是全部知识中的一小部分，而这一小部分却又常常与其他部分有关。精通自己所教的而不知其他，是知之不全，不全的缺陷要自己来弥补，所以教师必须有“好学”的心志。

孔子又说：“力行近乎仁。”此“仁”字中所含的“爱”是对“行”的“热衷”,是对所要做的期望其不成不已。孔子又曾说:“仁者必有勇。”即是“仁者”的“热爱”转为“力量”,促使人“勇往直前”。我国历史中有许多先例,在“力行”方面,最早的有“愚公移山”的不怕艰难;在治学方面,有“头悬梁、锥刺股”,“凿壁偷光”的苦学精神。“有志于行”,不达到目的不止,前人已建立了良好的典范。而许多成功的人物,虽历经艰苦,靠的就是不屈不挠的精神。但在力行之中,也要知道欲速则不达。“学而不达”与“做而未成”便止者,都是“力有未逮”。

“彬彬有礼”的君子,又称“秉礼君子”,也称“谦谦君子”。中国传统以“谦”为美德。“谦”在心中为“虚怀若谷”,“虚”则“有容”,“有容乃大”,意为气量宽宏,能容人容物。(所谓宰相肚里能撑船,意在能容忍常人所不能容忍的人、事与物)从学识方面说,“谦虚为怀”,不以已知而自满,则力进不已,则可以德日进而学日宏。从气量宽宏方面说,对任何人都会自卑以尊人,尤其尊重不如己者,将来才能容忍学生的无知与劣行,而肯更加悉心教导。“礼”的表现在“素养”,行动以礼,把礼融入品格,才能动静不失礼。

三、心理健康

从前人们多知道重视身体健康,现在更知道心理健康的重要性不亚于生理。其实身心二者本就息息相关,甚至生理的健康也有赖心理健康。心理健康以心情愉快与否为重要影响因素,和自己的想法、情感作用、对生活的态度,以及对人对事的处理方式都有关系。

马斯洛(A. H. Maslow)根据多项资料,列举出心理健康的常态表现,可以作为培养师资的参考,扼要列举如下:

1. 适当的安全感:即是心中安适的状况,包括有相当的“自尊心”、有“成就感”和“自我价值感”。

2. 正确的自我评价:有适当的“自知之明”。即知道自己的生活目的、自己的能力限度,能自我反省,自强不息。

3. 有行动的"自发性"与敏锐的"感受力"。"自发性"是积极自发自动的力量，凡是必做或应做的，不待"外力"刺激或催促，便自己行动。敏锐的感受力即感觉敏锐，在于事事留心、处处留意，不致视而不见、听而不闻。

4. 对现实生活与环境的认识与适应：包括"正确"并"广泛"地认识世界，能忍受生活中的打击，具有适应与改变的能力。

5. 适当的生理欲望与满足能力。生理欲望多属感觉作用，"适当"则不致成为"奢望"。能自行满足所欲，才能保持愉快。

6. 人格统一：无自我矛盾或分裂现象。

7. 能在经验中学习：经验中有快与不快，对二者都能接受，作为日后的借鉴。

8. 服从团体的正确意见，不屈从，不同流合污。

9. 有判断力：明是非、知善恶、感恩而不记仇。

10. 有坚持性与容忍力：坚持道理，容忍异己与挫折。（以上参见马斯洛之 Principles of Abnormal Psychology，1951，及拙著《拟情作用与心理健康》，师大教育研究所集刊第八辑）

在此之外，乔拉德（S. M. Jourard）也举出几项不健康的表现：

1. 不当的知觉：对别人的表情或行为动作不能确切地知觉到，以致作出不当的反应。

2. 缺乏知人之明：对别人认识不清，善恶不分，以致遭遇交往的困难或挫折。

3. 过分的焦虑：遇事畏首畏尾，多疑而恐惧失败，时常担心别人陷害自己。

4. 常与别人比较，羡慕别人之所有，怨恨自己之所无，以致自卑而怨天尤人。

5. 自我理想过高，因实际不然而烦恼。（参见其所著 Personal Adjustment，An Approach through the Study of Healthy Personality，1958）

如此互相对照，可知教师在心理方面，应求健康而免除不健康，端在教育的启发，指导人生修养。

人生活在人群之中，心中的自己往往要和别人对照，这种作用对心理影响至巨，所以自知与知人，便是相当重要的心理功能。

老子说："自知者知（同"智"），知人者明。""自知"之难，心理学中说者已有多人，难在人对自己有"自爱"的情感作用（或称"自恋"）。爱自己这个"我"，出自情，其实也是理。因为只有"我"和"自己"息息相关，"情不由己"。但在群体生活中，因为自己和别人不断接触，自己会从别人那里得到相当多的信息，即是别人对所看到或知道的"我"的意见。基于自爱，当然喜听别人说"我""好"，讨厌别人说"我""不好"。尤其在和别人比较时，更不甘屈居人下。于是因"自爱"而存着"自满心"，从而希望自己"出人头地"。结果是只承认自己的优点，"罔顾"自己的缺点。因为若承认自己有缺点，自己将会对自己不满，那不但"无法忍受"，也将"无以自处"。

只这一心理作用，便遮蔽了自知之明，阻碍了"自进"之路。自知之明使人一方面保持自己的优点，而力争上游；一方面改进自己的缺点，使自己日趋完美。后者对自己更为重要。

"知人之智"对教师来说，首先在"了解学生"。学生的心智识见在理论上当然不如师。《礼记·学记》中说，学习者有所失，是指学习的缺点；也有所困，是指学习的困难之处，这是为师者必须知道的。目前学校分大、中、小三级，大学生虽然已经进入成熟阶段，需要学习者仍然很多。中小学学生尚未成熟，多数人集于一起学习，不但能力有别，性格也有异。教师如果没有知人之智，不但无法教其增加知能，更无法陶冶其性格。若教师偏重知识传授，忽略品格陶冶，不用心了解学生个性，则会因个性偏差而影响学生的学业，造成双重损失。

陶冶性格，不但是教育的首要工作，也与知能的增加关系密切。在教学中，传授知能易于陶冶品格，只取其易而避其难，是道德伦理教育不易见功的原因。

实际上，要使学生乐于从师向学，为师者不但要知道学生学习中的问题，更要知道每个学生的个性。当学生知道教师了解自己时，便会减少师生之间的距离，而愿意接受教师的指导，并乐于亲近教师，即如《礼记·学记》中所说的“安其学而亲其师”。而教师了解学生，不能用成人对“成人”的看法，而是要放弃自己的立场，站在学生的立场去揣摸他们的需要与想法。这就是所谓的“客观”。而在“客观”之外，还要加上“同情的了解”，能体会他们的“感受”。如此便可能达到师生“心灵相通”的地步。到了这个地步，在学生，是受到教师的“化育”；在教师，则是“化育人才”。“因材施教”，不仅指知识学习，更在性格的“变化”。试看孔子答弟子同样问题，而答案不一，所针对的，并非仅是其才能之别，对性格的针砭作用更大。而教师也正是学生的典范，颜渊曾赞叹孔子说：“仰之弥高，钻之弥坚。瞻之在前，忽焉在后。夫子循循然善诱人，博我以文，约我以礼，欲罢不能。既竭吾才，如有所立卓尔。虽欲从之，末由也已。”由此可知，教师在教学生时，品格当居首位。荀子所说的教育是“化性起伪”，性虽不必恶，但有偏差，“长善而救其失”，才是真正的教育。教师要能做到这个地步，自己先要有“健全的心理”。

四、价值良心

人在生活中几乎整日“价值”二字不离口，那是在“有所指”的时候，通常都指实物而言。若只说“价值”这两个字，追究其意义何在，想说得明白些就不容易。哲学中曾探讨“价值”是否为“单独的存在”，很难得到定论。因为价值出自人“主观”的判断，为人情感之“所寄”。即是必须指向一个“对象”，才能把握“意向”之所至。而在意向中，“情感”的“好恶”是明显的指标。通常说“有价值”时，意思中含着“爱好”、“喜欢”、“珍惜”、“重视”，以至“尊崇”。若说“没有价值”则恰好与此相反。

柏拉图曾说：“本身就是好的就有价值，或者本身是好的，所造成的结果也是好的，就有价值。”这个解释和“善”与“美”颇有同义，因为“善”

与“美”都意味“好”。若要再把“好”形容出来，就很难作出“确切”的指陈，因为“主观”是最大的决定因素。这就是“好恶”之情，为人所共有，可是“好什么”或“恶什么”则人各有别。从判断价值时所含的情感说，对于认为有价值的，所感受的是“快乐”、“喜悦”、“满足”或“郑重”，都属愉快的一类，心理学中称为积极的情感。从人有避苦求乐的心理倾向说，人重视价值，也是顺应心理的常情。情感因指向而有别，只有从“普遍”方面着眼，从“大致”趋向看，有大多数人同意的，才可以作为一个指标。道德伦理中所说的“善”或“好”，就是这样确定的。

价值良心，若认为“良心”本就是好的，依良心而作为，其结果自然也是好的，再加上“价值”，便都在“好的”一面，无疑能够产生快乐。

不过照孟子的观点说，“良心”根于人天赋的“善性”；康德则认为是先验道德的“义务感”。照这两个说法，人有良心，秉持良心作为，应该是顺理成章的，不会发生道德伦理的问题才是，难道这里还要加以探讨?

“心”是人的“主宰”，天生自然的善心或先验的义务良心，受后天感染。如康德说的，要使“理性”发挥作用，使之实现。用善心或理性之心作主宰来发生作用，才不违道德伦理。这就是说，人在后天，要用一番工夫培植良心作用，用以“审视”自己的行为，判断自己的行为是否符合价值。

从事教育工作，就要秉持合乎“理性善”的价值良心。这良心的作用，一在控制自己和自己的行为，二在判断自己和自己的行为。

一个人的行为通常都出于自己的意愿，可是生活中有些行为是自己愿意做的，有些则不是。而一些自己不愿意做的，却又是非做不可。非做不可的事之中，有一部分是“必须的”，又有一部分是“应该的”，两者都和“义务”有关，因为必须的常常也就是应该的。问题就在这“应该”是否与“意愿”相合。愿意做应该的，可以顺理成章地做到。如果并不愿意，这“应该”有多少驱策力，能够驱使一个人去做，就要看心的“主宰力”。心的主宰力可以排除意愿中的情感作用，使理性驱使人去做应该的活动；同时也能用“控制力”阻止人做“愿意而不应该做”的活动。于是可以看出心之主宰作用的力量。

教育工作是良心工作，要依理性作指引，需要“价值良心”来驱使人工作。因为这项工作要有基于“责任感”的良心，对应该做的就要“认真”去做，是谓“敬慎乃事”。从而就要任劳任怨，把“热情”注入责任感中。所以要时时审视自己的责任，监督自己的工作，并判断自己的工作结果。

心发出这种力量所依据的是“理性”。理性使心趋向“价值”而拒绝“非价值”，“应该的”在道德伦理中乃是“有价值”的；相反，“不应该的”便是“无价值的”。这种心的“理性作用”，即是“价值良心”的作用，是“辨别”并“判断”是非善恶的指标，也是使人“从善去恶”的力量。

这种品质需要长期培养。培养的过程除了使学习者认识这种品质，还要使学习者“知道怎样做”。受良心指使，做应该做的，则认真做了会感到“良心安”。不做或做而不认真，则“良心不安”，到了这个境地，便是良心发生作用，便有了“理性的主宰”。如此便要在整个培养的过程中，使人会时刻监督考查自己的行为，直到成为习惯，能自发自动地表现出来，才算完成。

第二节　教师的才德素养

教师应有“教人”的品德与才能，乃是“专业需要”，这是“必然”。专业才德的“获得”，是师范教育“独有”的任务。从“才德”来说，将为“人师”者，自然不出知识的领域，但学习做教师者，需要“由知见德”，故而教师的知识领域，不仅仅在“专门”的教育方面，还要具备“整体”知识概念，如现今所谓的“通识”，借广博的知识涵泳性情，才与“人师”名实相符。具有适当的才能与德性，将来应用时，才能有效地教学生学习，且使学生对所学确实能有“心得”。以下将分别说明。

一、应有的人文素养

前节曾以“文质彬彬”为教师的一项品质，因为教育本就是替人加上“文饰”，使人彻头彻尾地脱去野蛮的“原质”，经过“文化”作用而改头换面，成为“文化人”。文化人的品质和形象，其内在，秉“人道”精神，成为“仁厚祥和”的“理性”，以“动静合理”为本；其外在，经“礼”的练习而内在化，与“乐”的陶冶融为一体，以“动静和乐而有礼”表现出来，才“有别于禽兽”。因而需要有“人文素养”，才能达到这个地步。教师要教育人达到这个地步，自己就先要具备这种条件，因而需要有这方面的素养来涵泳性情。这项素养来自如下一些学科。

（一）音乐

我国从教育开始，无论民众教育或人才教育，都用音乐来陶冶性情。音乐对人性情的影响，在《礼记·乐记》中说得最为详尽，试举几例。

> 乐者，音之所由生也，其本在人心之感于物也。是故其哀心感者，其声噍（短促）以杀；其乐心感者，其声啴（舒缓）以缓；其喜心感者，其声发以散；其怒心感者，其声粗以厉；其敬心感者，其声直以廉；其爱心感者，其声和以柔。六者非性也，感于物而后动。是故先王慎所以感之者。故礼以道其志，乐以和其声。
>
> 凡音者，生于人心者也；乐者，通伦理者也。是故知声而不知音者，禽兽是也；知音而不知乐者，众庶是也。唯君子为能知乐。……知乐，则几于礼矣。礼乐皆得，谓之有德。德者，得也。
>
> 乐者为同，礼者为异。同则相亲，异则相敬。乐胜则流，礼胜则离。合情饰貌者，礼乐之事也。
>
> 乐由中出，礼自外作。乐由中出，故静；礼自外作，故文。大乐必易，大礼必简。乐至则无怨，礼至则不争。

《乐记》总是将礼与乐相提并论，意在陶冶性格的工作，一要自内而外，即用乐调和情感，使之达到“中和”的地步；礼要由外而内，即用礼节制行动，使人动静“合度”。礼乐合并的效果使内外融合为一体，则表里如一，才是“谦谦君子”的风格。

今人以为“歌唱”是人类共同的语言。但歌唱不足称为“乐”。《乐记》中说，歌唱虽出自“声”，需要“声相应而生变”，“变成方”才称为“音”，“比音而乐之”，加上“舞”，合起来才称乐。这里所谓的“变”，是指声有清浊高下。“方”指“曲调韵律”。音声相合，才成为“乐音”。使人听起来赏心悦耳，才会同声相应。到了所谓的“乐”，是完全“正式”的，通常所说陶冶性情的乐，不一定必有“舞”，所以无须拘于一方面，只要比音而乐之，就可收到陶冶的效果。

引文中所说的“乐者为同”，应是说能“同声相应”者，必有相同之处，所以才一声歌起，众声应和，而有“亲和”的感受。“礼者为异”应是指本无相同之处（不相识），所以要有礼貌而表现“自卑以尊人”的“敬人”。而敬人者人恒敬之，遂成为互相对待的“道理”。

先哲之重礼乐，目的在“礼节民心，乐和民声”。先哲认为“大乐与天地同和，大礼与天地同节”是源自“天道观”的认识；认为大自然的原理原则，本就在生物造物之仁，其中自有秩序节变之方。庄子说有“天籁、地籁、人籁”，所指的就是自然所发出的声音以及人所形成的乐音。

如此说来，人在生活中便要在“乐”中接受熏陶。声乐、器乐之合乎“变”与“方”者，都悦耳动听（热门音乐不在此限）；而且音乐不只是声音之美，更含着意义。拜科技之赐（如收音机、随身听），音乐欣赏可以不离身，优雅的歌曲数不胜数。为人师者的音乐素养，应该普遍地“能欣赏音乐”，“能歌”，最少能演奏一种乐器，既以自娱，又能娱人，尤其用在教育别人时，会有“教化”之功。

（二）文学

文学是创造思想的表现，是把内心想到的“素材”经过“修饰”以后，从基本的言词到见诸文字。如果出于口，则铿锵有致，传达心声的美妙细密；如果见诸文字，也会觉得掷地有声。

文化进步的民族，有文字把文学之美流传下来。中国的文学，不但见于“文辞”之“焕乎其有文章”，就在“文字”本身，也成为“书法艺术”，这是不容“抹杀”的。

自从“白话文”普遍应用之后，“口语化”的文字，已难见“辞章”之美，除非应用者尚有“古文素养”，还能在口语之中，引用一些“成语典故”以为装饰，阅读之下，还能增加一点“咀嚼”的“余味”，否则便难得“文”的感受了。

口语和文字书写的差别在：口语若非“正式场合”，出口时没有“修辞”的必要，所以“出口成章”的不常见。在书写的文字方面，就不得不看前人的文章。且试来回味一下“文言文”的风格。陆机《文赋》开始有一段话说：

> 余每观才士之所作，窃有以得其用心。夫放言遣辞，良多变矣，妍蚩好恶，可得而言。每自属文，尤见其情，恒患意不称物，文不逮意。盖非知之难，能之难也。故作《文赋》以述先士之盛藻，因论作文之利害所由，他日殆可谓曲尽其妙。至于操斧伐柯，虽取则不远，若夫随手之变，良难以辞逮，盖所能言者，具于此云尔。

这段话由习惯于白话的人看来，大概会觉得“文绉绉”的有些“别扭”，也不易痛快地把握意义。若直截了当地用白话文说，可能会是如下的文字：

> 我每逢看到文人的作文，可以感到他对作文很用心。畅快地用言辞，变化也很多，美丑好恶，随便都可说。在文中也可看到作者的情感，却常常觉得他的意思和所说的不尽相合，未曾把心中的意思充分表达出来。这不能说他无知，而是能力不足。所以才作成《文赋》，用来说明从前士人的“文采”，并论述作文优劣的原因，日后看起来，可以囊括文章的妙处。至于说到拿斧子伐木时，就要依照伐

木的法则，量好大小长短再动手。至于随手变化，就不是言词所能说尽的了。所说的文体，这篇赋大概都包括了。

陆机这段开场白，不能算太过于“文”，可以说就是他那个时候的“读书人通用的语言”。比较一下译文（当然译得并不好），可以明白陆机的意思，但这段“译文”有“咀嚼”的味道吗？用现在的眼光看，从前“文人咬文嚼字”，未免有点“自找麻烦”。不过文学中的“修辞”，和画家的“绘事后素”（轮廓后加色彩，见《论语·八佾》篇），给人生增加了无穷“美”的“情趣”，也自有其欣赏价值。

再看《文心雕龙》这本书，可以说把“文章之美”和“做法”，形容得无以复加。其《情采》第三十一中，开头便说：

圣贤书辞，总称文章。……

故立文之道，其理有三：一曰形文，五色是也；二曰声文，五音是也；三曰情文，五性是也。五色杂而成黼黻，五音比而成韶夏，五情发而为辞章，神理之数也。《孝经》垂典，丧言不文（吊丧的唁文不须藻饰），故知君子常言，未尝质也（未尝质朴无文）。老子疾伪，故称“美言不信”，而五千精妙，则非弃美矣。庄周云：“辩雕万物”，谓藻饰也。韩非云：“艳采辩说”，谓绮丽也。绮丽以艳说，藻饰以辩雕，文辞之变，于斯极矣。研味《孝》、《老》，则知文质附乎性情；详览《庄》、《韩》，则见华实过乎淫侈。若择源于泾渭之流，按辔于邪正之路，亦可以驭文采矣。

这段话开始便说“圣经贤传”，都有文采，所以称为“文章”。然后说形成文采的方法有“形”、“声”、“情”三者。“形”是描画形象的；“声”是表现声调变化的；“情”是抒发情感的。形如同五色交配而成为“藻采”（如文绣的装饰）；声如五音组合而成为乐章；情感充沛才能见诸言辞而成为文章，这是微妙的理数。继而又说，除了吊唁丧者不用华丽的辞藻外，老庄韩非诸人，无论赞成“美言”与否，其著作的文辞，都不失其美，而且不流于淫邪，不脱离文章的正轨。

由此可见，文言不因其“文”而失去价值。时代演变，语言和文字也都有变异，后来者的趋势在求“便利”，自有其应用的考量，但也不必扬弃前者的优点。莎士比亚之名著的地位，历久不衰，至今仍被视为研究的宝典，且为“学习者”所乐于引用，便是一例。外文如此，中文又何独不然。而且前代中文之美，多不胜收，多读对文学素养自有其利，因为前人的许多美妙文章，后人不但不易模仿，甚至无法超越之。

文学的领域甚广，举凡诗、词、歌、赋、小说等都是。前几类重在形式与文辞；小说更可以丰富生活知识。为人师者应该有极高的阅读兴趣，古人云，“三日不读诗书，则语言无味，面目可憎”；又有常言道，“开卷有益”。多读书不但可以增加知识，更能丰富休闲生活。

（三）史哲

人类生活有史可据的已经数千年。虽然往者已矣，可是前人的经验仍足以作为鉴戒。试看《春秋》中列国的政治家和外交人员，说起话来，无不引经据典；以至到了汉代之后的各代，“议论”也无不举述过去的事迹以为例。这种“言谈议论”的方式，固在“引古以证今”，实际上正是为增加内容材料，证明自己所说的“持之有故”，以明“言之成理”。现在做学术研究，必须有“文献探讨”，所持的是同样的道理。（现在有一趋势是“以新为尚”，实则“新的”到了为人引用时，已经失去新的面貌了，何况“旧的”并非全是糟粕）

文化是人类经验精华的累积，历史即是其记录。人生经验不尽完美，“成”与“败”对后人都有启示作用。用历史的例证作教材，不是“历史教师”的专利，各科教师都可随时信手拈来，增加学习者的见闻，提高学习者的兴趣。如此应用的原则是，不以严肃的方式讲历史，而是赋历史故事以“生命”，变成“有生命”的“活教材”，以印证所教的内容。这种方式，对年龄较大、学习程度较高的学生，可以增加其知识；对年龄较小的学生，既可增加其知识，又可提高其学习兴趣。从前启蒙用的《三字经》，从“经子通，读诸史，考世系，知终始”以下，便把“自羲农”以后的各代以至清朝，都以三字为句简单地串起来，到“读史者，考实录，通古今，若亲目”，给幼童一个完整的历史体系，使这些“史实”如在眼前。如果教师用说故事的方式讲授知识，大概学生不会以学习为苦事，而像那种韵语式的文字，学生可以像唱歌般唱熟。幼年的记忆，往往可以终生不忘。如果教法得当，对学生并无损伤。

现在国家仍然是国民的保障。一个国家的人若对自己的国家全然无知，被“外人”耻笑还是小事，自己不知道自己“从何而来”，乃是自己的惶惑，自己会有身如浮萍，不知道何处是“落脚处”之感，因为“世界大同”的“天下一家”尚未来临。

哲学在希腊诞生时虽然称为“爱智”之学，实则乃是“指导人生”的学问。在哲学研究趋向“专门”之前，其内容原本“无所不包”。“经典哲学”从普遍处着眼，所谈包罗万象。这项知识使人心胸开阔，可以综观世界，能拓宽视野，有后顾与前瞻的能力。如今有人有一种误解，以为哲学只有哲学家才懂，“凡人”难以了解哲学。如果承认“儒家”也是一门哲学，则儒家所谈的“天道观”与“人道观”便在哲学之内，而开创儒家的孔子所说的教育自然也在哲学之中。以至西方哲学家，也未尝忽略教育。依此类推，至少教育不在哲学之外，所以教师不但不可不知哲学，而且要以哲学为基础，不过这是指“宏观”的哲学，非“专题”哲学。尤其关于人生方面的“哲理”，不容忽略。

哲学对道德的论述，是其内容的三大系统之一，对“善恶”、“是非”的探讨，虽然重点不尽相同，却启发思想，使人知道是非善恶是一个值得思辨的问题。这一论辩，中外一样，已经继续了数千年，乃是人生的一个重要话题，至少从“普遍”处着眼，人的行为表现，有善有恶。至于“善恶”何所指，各有“特殊状况”，从“特殊状况”着眼，可能个人的看法与众不同，但“善者为善”，“恶者为恶”的“善”与“恶”的观念，还是人所同有的。如果怀疑人有善恶的观念，可以注意幼儿粗有知识后，对故事中的人，常常问是“好人”还是“坏人”。这份好奇心，已经在幼年萌芽，纵使以为是成人教导的结果，也不能对儿童的问题避而不答，何况这正是道德教育的一个重要课题。学识精湛，则可从“大处”着眼，明辨是非善恶，不因细小蒙蔽清晰的知觉。

二、必需的实用才能

教育的主要工作在教学，无论是正式的学校教学，或任何有教育作用的教导活动，语言是最普通而又常用的工具，故而语言的应用，要想用而有效，也要有相当的素养。其次则是要会用适当的方法。方法同样是工具。工具虽好，用之不当，同样不见其效。试就此二者加以说明。

（一）语言

教师教学必用语言（聋哑学校不在此限），所以语言的素养乃是必需。前述文学素养与语言有关，此处只就“口语”而论，一并提及影响语言效果的事项。

口语最直接的表现在“言辞”，有外在和内在两种条件：外在条件分口形、声调与面部表情以及仪表姿态，甚至服装举动都在其内；内在条件是对所说的话，心中先有组织，使之前后有序，方能条理分明。

口形和声音有关，歌唱者要训练口形以配合发音。教师训练口形除为发音正确外，也在避免“不当”的唇舌活动。（有人自幼即有当说话时，特意强调口唇的活动，成为习惯后表现出不自然的形状。或者为了强调言辞，用口唇作表情，如表示不屑之撇嘴，常常如此，并非好习惯。至于用以指示的努嘴，不常用还无可厚非）

教师说话的声音，最好悦耳动听。但是声音和发声器官的结构有关，天生的沙哑或声音高亢，可以在后天进行补救。最重要的是要“口齿清楚”，这是可以经过训练而成的。文学中有“声韵学”一门，对每个字的发音必求其清楚正确，如歌唱家即需经过这项训练，因为口说时是将多个字连接起来，原来的“单音字”在连接中略有变化，生出轻重高低长短之别，使语言的声调有了“抑扬顿挫”，也使“语意”更为清晰。这是“说话”的艺术。

表情自然是说话时不可免的。不过有人一贯表情严肃，与所说的内容不相配合，未免使语言褪色。也有人为了表示和善，脸上始终挂着“不由衷”的笑容，反而多此一举。教师说话时的表情，应该顺其自然，视线不离学生（因为还有观察学生的任务），当然可以随着所说的内容而改变表情，但要适可而止。大体说来，过于严肃易使学生畏惧，过于轻松易使学生散漫，最好庄重自然，犹如孔子“望之俨然，即之也温”，当然也要随机应变。

仪态在表情之外，包括躯体的姿态和动作。中国古礼教人立如松，坐如钟。其实这也正是现在所认为的正确且健康的姿势。过去教师站立处有高出地面的讲台，讲求民主之后，认为有与学生不平等之嫌而废除。教师有讲桌遮蔽，站立的姿态不常显露，但上身的姿态仍时时在学生的视线中，特别是手的动作，如板书或手势。特别是手势有加强语气，且引起注意的作用，助长说话的活泼气氛。但若用得太多，对听众反而成为干扰，容易使人感到倦怠。总体来说，教师的仪态，应该是稳重、端庄（非严厉）而和悦，且表情诚挚。

内在条件主要是指使所说的话条理清楚，如此就要“心口并用”。就是一面口述，一面心中思想并组织即将要说的话，方能前后连贯，意思完整。通常教学之前需要准备，即是先要熟悉材料，将之加以组织，以备有条理地说出，即使临时增加材料，仍不失次第。

有人说话时往往因为说得高兴，自己说得兴高采烈、眉飞色舞、口若悬河，自己“得意忘形”，并不注意听众的反应。有人说话时眼看高空，有人则俯视地面，并不直视听众，一则影响听众的心理，一则也不是说话时应有的礼貌。

但教人不同于一般讲演，更不同于日常谈话，而是“有目的”的活动。这项活动，是要把一些“材料内容”告诉听众，使之听得进去，听后又能吸收，成为有用的东西，所以一面要注意自己所说的，一面还要注意听众的情形，此时一心要分作“三用”——想、说、看。具备这三项作用说话，在于平时自己留心观察别人的谈话，验证自己谈话的效果，所谓口才，可以经过练习而进步。

（二）教学与品格陶冶融合

这里先要说明的是，第一，品格陶冶绝不能分立于教学之外。即是不应把教学当作纯粹的“知识传授”，因为“教学”是“教育”的主要任务，其真正的目的在“教人”而非“教知识”，而且品格的提升也就在于“有所知”。第二，从教育的历程说，陶冶中也含着必不可少的“训练”，需要加以说明。

1. 训练正当习惯的方法

首先，品格的内涵颇广，由内在的“意欲”表现到外在的行为，其中含着欲望、冲动与意愿。品格陶冶就在转变欲望，排除冲动，指示正当的意愿，最后成为受理性指引的“意念”，而做出合理性的行为。所谓“合理性”的意念，最简单的是“公正”、“善良”和“心灵自由”。“公正”是人人都可接受的；“善良”是人人都可以具有的；“心灵自由”则是决定自己所可能做的。依照这样的意念而行动，由行动即可看出品格。

这样的意念要经过“训练”才能出现，因为人初生时理性尚未发展出来，所有的意念都为冲动所占据。儿童之“需索无度”、“坚持不变”、“不肯服从”，都出自冲动的“欲”，不得满足绝不罢休。当然这是由于“无知”而“任性”使然，因此才需要教育来匡正。使人“知道”在生活中，有可以“得到的”，也有“不能得到的”；有“可以做的”，也有“不可以做的”。成人是为了他好，才教导他“可”与“不可”之别。所以，首先便要教导其“控制”无知之欲，而学习“服从”。

幼年时“野性未驯”，通常成人都用“管教”（实则常常有管无教）来使儿童“服从”，所用的方式就是“命令”，以为儿童听话是“天经地义”的。如果儿童不听，成人可能会有两种反应：一是“威胁”其听从；一是“放弃”此前的命令。两者都“不算适当”。如果承认儿童有自尊心，同时又有“叛逆心”，则命令使其失去自尊，威胁势必引起其反感，所谓严格的管教

“无效”，原因即在此。儿童也可能“表面上”遵守了命令，内心里却无一丝服从的意思。所以训练与管教不同。这是教师应该知道的。

正确的训练，是“服人”要先“服其心”。第一步是教育者要“融入”儿童的“情感”中，明白其“感受”。儿童的“冲动”本就是情感作用，当这种作用发生时，要减少其冲动的力量，不可立即“撄其锋”，而是要表现容忍，冷静而温和地相对。第二步是用“亲切”的“说明”(温和地接近儿童，用耳语的方式告诉他不可以的理由)，但说明要用儿童经验中的语言，用“感性”的话来说。或者用其他亲切的表示(温和的眼光、摸摸头、拍拍肩之类)，这种表现方式，先是使儿童感到成人并未和自己“作对”而松弛下来，继而以为成人和自己站在同一阵线，将会乐于接受成人的意见。所以训练是一个过程，是“功夫”，是理性的教导工作。

训练的必要，是针对儿童年幼无知，要把许多正当习惯培养起来，使习惯成为定型，需要反复练习且相当长的时间。

“训练”这个名词在重视儿童心理，强调民主之后，被认为含着太多“强迫”的意思，使“接受训练者”完全处于“被动”的地位，乃是“注入式”的，不合教育原则，且也不算公平。其实这样想，乃是“名词概念”的理解问题，误解的“概念”并非名词原意，而是根据“误解”后的某些事实解释，以致失去本意。照本意说，训练是对某些对象应用方法和技巧，使之获得某项能力。其出于善意固不待言，即所用的方法与技巧，也在使受训者学起来容易而有效，绝无欺压受训者的意思。所以用“训练”二字的本意，在于所从事的“活动”不是教一次就能学得完美无缺，而是要一再“重复”，需要经过相当“长”的时间，才能由生疏而熟练；再经过“相当长”的时间，由“纯熟”而成为“反射式”的定型，成为一种习惯，才算完成。

陶冶品格要从训练开始，就在于一种习惯的培养，非一朝一夕之功，从开始培养起，必须假以时日，中间继续不断地练习，练习需要监督和指导。因而指导者和练习者就要时时接触，监督者必须用心观察，不容有一丝松懈。因为稍有疏失，便无法养成习惯，已有的练习便将前功尽弃。

培养品格要从幼年开始，原因在培养正当的生活习惯，一在训练外在行为表现,一在锻炼心智。实际上外在行为受心智主宰,所以还要从心智锻炼说起。

锻炼心智从"控制"冲动的情感作用开始,然后是运用思考的能力,继之的是就所知而判断的能力。经过判断而作出决定,决定行为的取舍,最后才生出实行的力量。

从儿童最简单的表现开始,可见其自幼便用啼哭表示需要,不过幼儿只有本能的需要,并无奢求。随着幼儿渐长,才有了"欲望",欲而不得,便用啼哭作要挟的武器。不能忍受儿童啼哭的成人,往往屈服,以求得耳根清净。一次屈服,便开了"恶例",此后对什么欲望可以满足,或什么不可,便不再有选择的余地,也就是凡有所求,就必须答应,在这方面便失去了控制。反之,如果第一次对无理的要求予以拒绝,任其啼哭,只是置之不理,儿童就有这份聪明,立刻就会发现所用的武器失效而停止。即使不这样,到他哭得筋疲力尽时,也会自动停止,而且绝口不再要求,此后也不再用啼哭作武器。这是训练儿童知道有"可与不可"的一例。

在积极方面,则是利用机会,给儿童讲述生活中"可不可"、"能不能"的事例,并告以"儿童典范"的故事,以开启其"知的领域"。

教学中必须有行为训练,是因为学校班级中,难免有少数不守纪律的学生,影响教学活动正常进行。这样的学生,也就是最需要教育的,因而要从训练开始,但是教育中的训练必须持之以恒。

2. 教师的性格表现

前文一再说,教师要秉持仁慈与诚恳的心,所表现的是郑重、端庄、严肃而不失温和。教室中不能缺少纪律,教师的表现即代表纪律,呈现给学生的即是肃穆的气氛,所以教师要做到自己一走进教室,学生便能感受到这种气氛而安静下来(否则就要反省自己为什么没有这种作用)。只是不守纪律的学生才没有这种感受,因为没有"自律"的能力。此时教师就要用些方法,使他们感受到教师已经在此。对他们特别"注视"一下(非严厉的眼色),使他们知道教师在注意自己,可能立即会收敛起来。

教师第一次走进一个新班级的教室,学生必然特别注意,甚至在教师进入教室前,如果视线可及,已经落入学生的眼中。前述教师的仪态,便已发生作用。率直地说,此时教师的服装、行走的状况、面部表情等,已经给学生造成一个印象。而学生的第一个反应,可能有两种情形:一是一向循规蹈矩的,会静等教师开口;一是比较顽皮的,就会给教师一个下马威,会故意表现得毫无秩序,要试试教师的手段。对后者,教师必须冷静、严肃,先默默地用目光扫视全班,等他们冷静下来,再开始适当的活动。(此时应该表现得完全忘记初入教室时的紊乱,只管一本正经地开始教学。在教室秩序稳定后,随时注意引起学生的兴趣。到学生接受并熟悉教师的教法后,便等于驯服了一个羊群)

教师一贯的性格表现,当然不是在进入教室时才形成,应该是早就确定了,而在教室的表现,则时时和学生的表现有关。原则上,教师必须表现得情绪稳定,纵使学生有时会使教师不快,以致情绪激动起来,也不要立即反应出来,而是要沉着笃定,迟延一下,等自己平静后再反应。此时要切记的是,学生是需要教导的,如学生的表现不当使教师不快,教师不应与学生计较,才显出教师和学生的不同之处。如果教师和学生一般见识,则教师将如何给自己评价?

教师表现得当,一则是秉持教育原则,本着教育爱,用冷静、简明的言辞说明理由(切忌絮叨不休),使学生明白道理;一则是给学生示范"成人"(教师)的风格,表现成熟的度量。将言教与身教合一,才是真正的教育。这是维持教室秩序的一贯态度。

教室秩序是品格陶冶的表现。但品格陶冶的最终效果,在培养学生的"自律"能力。不过"自律"要先从"他律"开始。教师在教室里,是"他律"的象征,表示他律"在此",多数学生会自行警惕,约束自己。但总不免有少数学生盲动已成习惯,缺乏自制力,这是教师常说的不守规者。对这样的学生,要尽快将其"驯服"。

驯服缺乏自制力的学生,教师要秉持两点:一是"关心",二是"尊重"。在这两项之下,自然"没有责罚","没有轻藐",更"没有厌恶"。关心如注意其健康、家庭状况、随机而发的情形(看他玩得出汗时摸摸头,天冷时摸摸手之类)。这样做时,要本着诚挚的爱心,使学生感受到教师不但未曾排斥他,而且关心他,心里会生出一份温暖,化解了原来的顽强和敌对的心理,自然会驯顺起来。尊重的表示,无过于随机托他做一件事,特别是班级任务。例如使惯于不守规的学生负责维持秩序,不重整洁的学生负责保持整洁。有了任务,使其知道自己受到尊重,也会生出责任心,无形中将一改过去的表现。把少数不守纪律的学生变为遵守纪律,然后可以着手培养他们的"自律"。

"自律"是自发自动地"做应该做的","不做不应该做的"。教师必须一贯地坚持原则,不允许例外。最好的方法就是"赞美"与"鼓励"。只要学生有一个短时间"守规"的表现,便要立即夸奖;只要学生"没有"明显的不当,便要"鼓励"再接再厉;只要学生有一点"表现"(知道得多了些,做得好了些,学得认真些),就要表示"喜悦"(教师喜悦的表情对学生便是极大的鼓励)。尤其对"自发自动"的良好表现,必须立即"嘉奖",长久下来,才能确定其"自律的习惯"。到学生有了自律的习惯,才算是教育的成功。所以教师在开始教一班学生时,必须不辞辛劳,"时刻"注意学生的表现,待养成良好习惯后,教学工作便可一帆风顺了。

3. 教学在教人

从教学来说,最重要的一是提高学生的学习兴趣;二是启发学生的思想。二者有相互为用之妙,把握住这两点,教室秩序根本不成问题。

身为教师的人,自己曾经有过学习经验,应该知道兴趣是学习的起点。在引起学生学习兴趣之前,自己先要有一种兴趣,即是对教育的兴趣。这种兴趣之所在,即是看着一群无知无能的少年,存在着"教育"的希望,而热切地观察他们,指导他们,使他们"一点点"改变,增加"知与能";更重要的是,内在与外在"逐渐"表现得接近"期望中的人"。

这样说的关键是,教学以教学生学习为目的,也就是要教学生"有事做"(学),那就需要激发学生"出于自愿"地学,也就是"自发自动"地想要学习。要做到这一点,就要使他们"喜欢"学,就是所谓的引起学习兴趣。到了这个时候,教室秩序已经不需再特意维持了。

引起兴趣在激起好奇心，以一些他们“不知道的”知识，激起其“想要知道”的愿望。人生活在整体世界中，许多事物、形态和符号都是他们需要知道的。具体的事物和形态，还容易认识；“符号”则比较抽象，认识起来可能需要一些周折，在这里或者会发生困难。不过许多“符号”也可视作“形象”，即把某些符号“形象化”，先认识“化形”（图形），再联系到符号，抽象符号就不那么单调无趣了。以中国字来说，开始时是象形文字，最便于初学，后来才增加了有意义的，但也各有讲究，如果教师知道“六书”的来源，根据教学的经验，从常用而笔画少的字教起，学生自会喜欢学，何至于学了几年，还不会写自己的姓名！让学生学习他喜欢的物品名称，可能会引起他学习的愿望，因为物品名称是有实体的，容易和实物联系。有了学习的愿望，便是有了兴趣。“所教的”教材当然是一方面，一个相关的问题、事件或故事，都会有这种作用。

好奇心是人类的一特征。要把不知道的变为知道，就是学习的开端。而学生不知道的很多，也就是说引起学习兴趣的材料不胜枚举，灵活地运用这些材料，只在教师用心。而当发现学生注意力分散或显得疲倦时，一句笑话便能将其睡魔驱走，使其精神重新振奋起来。而这类材料，同时也可以激发学生的思想，因为学习中时时刻刻都需要运用脑力。所要注意的是，选择材料要考虑学生的能力和经验范围。

要激发学生的思想，先要教他们思想的方法。教师自己先要有这种训练。思想的简单说法只是一个“想”字。通常人们对思想有多种说法，就“正式”思考来说，多半是要思想一些内容，如想一件事、想问题、想道理。教学生思想，应该先教思想的方法。正规的思想方法，是所谓“逻辑的思考”，也就是推理的思考，数学就是训练这项思考的。教师在教数学时，不应以学生计算的正误为第一考量，而是应先指导其思考的步骤，使其按道理一步步想下去，然后令学生从思考的过程自行判断可能的正误，这样做才是教其根本。

教学生思考最好的方法，是教他们以任何一点为起点，从而推展出去，看他们能想到什么。这是鼓励拓展思路，不评定他们所想的结果。

(三) 具备实际教学经验

教师在正式教学前,应该先寻求教学经验。通常在培养师资时,都有“教学实习”专门科目,这项学习十分重要。第一要有经验丰富的人指导,第二要“确实”实地练习。在练习时,除了教材之外,要包括“教育”的全部内容。也就是说,教材只重在知识材料,品格陶冶也不能有一丝忽略。品格陶冶除了维持教室秩序外,也要相机练习有关指导学生行为的方法。所以在这练习的过程中,“实习教师”可以学习改变一些成见,例如:

1. 以为学生都会循规蹈矩地上课。
2. 以为学生都能一教就会。
3. 以为自己有问,学生就必然会答。

此时实习指导教师最好指导学生“回忆”自己做学生时的心理、学习状况,以至班上同学的行为表现,如此可以使其预见自己上课时可能遇到的情形,将会把对学生的乐观期望变成“戒慎恐惧”,而多方设想学生可能有的反应,因而就要做周密的准备。课前准备通常多把重点放在教材上,其实这只是教学过程的一小部分,这一部分的效果,和其他更有影响力的作为密切相关,有几点约略如下:

1. 课内时刻观察学生并反观自己

教师上课时不能只看所教的教材,要时时把视线投注到全班学生身上,看他们是否在注意听、用心想或写,甚至有一个人挪动一下,都在教师的视线之内。有人说,教师上课时,要“眼观六路,耳听八方”,要把学生的状况全部包揽在自己的注意中。另一方面,还要时刻审视自己的表现,使自己的一言一行都对教学有效。所以教学并不是一件容易事。教师在教学时,“一心要作多用”,全靠平时练习大脑的分化作用。

试举一个例子来说明。例如上课时,有时教师只用口述,令学生笔记,此时学生一面要注意听教师正在口述的,一面要一字字写下来(因为手写比口述慢),所以一面要看着手写的,一面要记住教师“前面”所说的，一面还要听教师“此时正在说”的，要手、眼、耳、心同时并用，才能记得完全，实际上就是要大脑同时分化作用。常常练习这种作用，便会毫无遗漏。教师就需要这种作用。

这种分化作用在教学中的必需，就在教知识材料时，要注意到品格训练，因为品格训练不容有一丝疏忽，必须长时间持续不断地保持。

2. 课外观察学生并随机指导

通常教师下课后有休息时间，当然也是必需。不过负责的教师，要了解学生的真面貌，必须在学生自由活动时观察(这并不是说教师时时都要如此，自行抽空去观察一下，并无不可)。此时教师可以任意接触任何学生，和他随便说话，表示对他的关心，可以增进师生感情，也可指导一些他必须做的事项，尤其是对特别需要教导的学生，教师借机和他建立情感，学生便容易接受教师的意见。

课外观察的重要，《礼记·学记》中有一段话可资参考。即是：

> 一年视离经辨志，三年视敬业乐群，五年视博习亲师，七年视论学取友，谓之小成。

这七年的学习过程中，对学生的学习，都用一个“视”字。可以说，明显是指成绩考查，但是更有课外“观察”的作用在。试看“辨志”、“乐群”、“亲师”、“取友”并不在学业成绩之内，势必借助平时的观察，此乃“才德”并重的教育。这是前段教育，此后还有两年，说是“九年知类通达，强立而不反，谓之大成”。已不再用视字，意在到这两年，学生已经奠定了学识与品格基础，有了自学的能力，不需要教师时刻监督，最后志业既定，能择善固执，不见异思迁，才算学而有成。

学校教师要培养学生的品格，首先是小学最重要，因为如果此前的家庭教育失当，便可能已经养成了一些“不当”的行为习惯，需要教师来纠正；又因此时正是学习的时机，还有许多需要经过学习才知道的，及早建立“良好的习惯”，犹未为晚。其次是初中阶段，此时性情未定，且正是生理和心理的变化年龄，需要人关心，也需要人指导，不经周密观察，无法给予适当指导。高中以上阶段，性格渐趋稳定，不再需要人时刻监督，只是需要对生活和人生道理多有认识。

依此说来，小学和初中阶段的学生，最好有教师轮流负责课外观察工作。无论学校有无这项要求，负责的教师还是应该自动地实行。最低限度，可借课外观察了解学生，故而要有观察的技巧以及指导的方法。

3. 与同仁合作的能力

合作精神本就是群居所需要的。在工作上与同仁合作也是必需。在和其他教师接触中，一则可以交换教学的技巧，一则可以增加对学生的了解，一则可以互相探讨改进教学方法。教师从事“动作研究”即采取合作的方式。因为一个班级常有多位教师任教，这些教师需要时时互通信息，就要彼此友善相处，互相尊重，形成“志同道合”的工作伙伴关系。一个班级中的任课教师，最好随机或定时互相交换学生学习和行为表现的信息，对于需要特别注意的学生，无论是课业或行为，最好商讨有效的教导方法，即是行动研究的主题。多位教师通力合作最有效果。如此教师在处人方面，便要留意处人之道。这本在教师的品格之中，但到实际运用时，要能表现出来，才不落空。

要取得别人的合作，要先发制人。第一，在于首先要尊敬对方。“敬人者人恒敬之”须时刻在心。但若得不到适当回报时，只要持之以恒，要相信人无不可化者，这本是教育的信念，却随处都可应用。但人心不同，性格各异，所以要特别强调前述的知人之明，要尊重其性格特征，适应各个人的性格以取得合作，这也要在平时多加练习。

4. 与家长沟通的能力

学生的问题，有些是教师可以单独解决的，但更多的时候，还要家长与教师共同努力才能解决。和家长沟通，便要有一些耐心与技巧。

在和家长沟通时，先要知道做父母的心理：第一是父母爱子女，往往看不出子女的缺点，而只强调子女的优点（实则未必是真）；第二是当别人说到自己的孩子时，直接的反应便是“袒护”，因为承认孩子有缺点是失面子的事；第三是认为孩子在学校的问题，教师要负全责，不该再来烦扰家长。如果孩子上了学还要家长管，则与不上学没有分别（持这种态度的家长为数不少）。知道家长可能有这样的心理，开始沟通时便须十分谨慎。

正常的做法，是在教一个班级之初，先联络家长，建立情谊，使家长知道教师和他同样关心他的孩子，然后在某个学生有问题时通知家长，便不致受家长成见的误会。

联络家长要有一些原则性的做法，大致如下：

（1）礼貌地问候。

（2）先说一些其子女可资称道之处。

（3）温和而言简意赅地说明其子女的问题。

（4）用商讨的语气征求家长的意见。

（5）诚恳地请家长协助。

（6）容忍家长不合理的态度或语言。

有时联络家长未必能得到预期的效果，只好待日后继续努力。但教师必须记住一件事，即是绝不可把与家长的不快发泄到学生身上去。教师应该知道，成人之间的意见与年幼者无关。如果教师因和家长不快而责备学生，其后果将是：

1. 冤枉了无辜的学生，可能增加学生对教师的反感，对解决其问题不但无益，甚至适得其反。

2. 学生回家把教师的话告诉家长，更增家长的反感，此后联络更加困难。

3. 显示教师对事情的处理不当，教师气度狭小，不但直接影响当事者的感受，也会影响更多学生对教师的印象。

总之，在出任教师之前，要有周全的准备。如果相信教育是一种专业，从业者便要有完善的训练。孟子说："人之'患'，在好为人师。"有人以为自己曾经读书识字，便可以教人；殊不知"教人"除了读书识字之外，还有许多必须知道的；如自己的条件，学习者的能力、心理状况，教学和指导方法，以至和"职责"有关的多种事项，都要熟悉且运用自如。这些不是短期间可以速成的。

教师职前训练不足，要等到任职“后”再求教学相长，无异于拿学生做“试验品”。那些用做试验的“材料”，倘若成了“失败”的“牺牲品”，将“如何补救”？所以教育活动是“不容失败”的活动，如果失败了，受损失的是一个国家寄托未来的下一代，这是必须异常慎重的工作。

第九章　伦理道德教育的确实做法

前述各章已经阐明伦理道德对人类的重要性，也说明伦理道德教育的必需，更曾举出中国早期实行这项教育的事实。自古及今，实践伦理道德者不乏其人，而违乎伦理道德者亦大有人在。尤其是从东周以后，伦理道德的传统虽存，却不见普遍地表现在人的行为方面。其关键即由于教育的实施流于虚空，从最高领导者、教育工作者，以至教育责任者，对伦理道德，说空话的人多，能够身体力行、足为典范、以德化人者，至少并不普遍，且有德者，如其未担当教育任务，即无法发挥其影响力。

要使伦理道德普遍存于人心，见诸行为，势必求诸教育。而这项教育任务，必须自幼年或自出生开始，由全体“年长者”担负，特别是直接接触受教育者的人，如有血缘关系者，父母当然应直接负责，其余所有“长于”幼儿者，都不能“忽视”这项责任，教育人员当然更责无旁贷。

说出这个道理的原因，是由于当今之世，人和人的接触频繁，讯息传达顷刻千里，幼儿所生存的环境，已经不再局限于一个“小窝”或一个“居室”里。当其尚无活动能力时，已能接受“外来”的声浪震动；当其渐长而接触外在环境时，各种景象都促使其好奇观看，铭记在心；而到其有了行动能力后，看到“许多人”的行为时，必然进行“模仿”。此后言语行动，无不“学自于”所接触到的人，所以可以说幼儿是以“所见的人”为师。根据这一点说，人人对幼儿教育都负有责任。基于幼儿模仿的特性，任何人在幼儿面前，都必须谨言慎行，以免给幼儿做了“不当的”示范，这是属于直接方面的。从普遍处着眼，其并未直接接触幼儿或任何儿童的，仍有难以计量的影响力，且会影响到成年人。如此归根结底，则应该说，每个人都要注意自己的言行，以免给下一代以至别人留下不当的影响。

实际上，道德伦理既是人立身行事的原则，势必要自幼开始培养。若能如上所述，“成人”都肯负起教育的责任，才能进一步确切地研讨教育之道。

在知道了道德伦理教育落入虚空之后，就要从“实际”着眼，找出确实有效的做法。如此就先要知道，道德伦理之所以不能落到实处，关键在“未曾实行”。而既然曾经“教过”，应该是已经“知道”了，则何以不曾做到，很可能是由学而得到了知，却知而不行。于是“教”便要在“知而必行”，以至“即知即行”上用工夫。则教育的做法，便要从“确实地行”着手。

第一节　确定教育责任者的观念

人都依照自己的观念行事。所谓一个人的观念，包括认识、想法、看法、信念，最后成为主张。到了主张的地步，便是一个人所认为是“对的”，在采取行动时，必然依照所认为的“对”而去做。

但是一个人的主张往往有“是与非”两面，也就是可以为“是”（真正的对），也可以为“非”（即是错）。但“主张有错”时，“主张者”很难承认错误，仍然会“自以为是”。在人类世界，“公理”很难得到全体人“无异议”地承认；在“民主方式”的表决中，意见未得通过的少数人，仍然不会相信自己的意见有误。在这种心态下，要其依照“多数决定”而行动，难免存在着若干程度的勉强。所以开明的民主方式，要对少数人的意见仍然表示“尊重”，即在使“不快”冰释，转而成为接受通过的意见，以便决议到实行时，得到“全力”支持。换个方式说，做一件事，需要参与者“全心全意”地付出“心力”。反对者固然难望其跟随，即阳奉阴违者也无法得其实力。

据此而言，要使教育责任者全力以赴地实行道德伦理教育，就要能“确定”这些人对道德伦理教育有“正确的观念”。那么在他们的观念中，就必须存在着一些内容，包括正确的认识、正确的想法、正确的看法、正确的信念和正确的主张，然后才能期望他们能“正确地确实实行”。具体的可以扼要归纳为下述几项。

一、相信人须有格

这样的信念在于对人有相当的认识。所要认识的可分为人的性格和人的品格。

（一）人的性格

性格在日常言谈中，也指“个性”。根据已知的理论，对个性最笼统的说法是包括智力和能力以及行为表现，其形成有两个最主要的因素：一是遗传；一是环境。从道德伦理方面说，孟子认为人性善，荀子认为人性恶，孔子则说：“性相近也，习相远也。”显然孔子不愿把人性的善恶作根本上的确定，只承认人性原本是没有什么差别的，是在后天因习染而有了不同。孔子的说法，大概比较客观。因为一个初生的婴儿，很难说其为善或为恶，倒是“习相远也”提醒人对婴儿的教育要特别小心，以免使其受到不当的习染。何况婴儿要长到相当时日，才大致能看出其个性，而到了这个时候，他已经接受了若干习染了。所以我国有些典籍常将性情二字联用，即指个性中有不可免的情感作用，因为情感是与生俱来的，情感作用对人的影响最大，几乎是支配个性的主要因素。

通常对人个性的说法，只有笼统的描述。如温和、急躁二者，便是强烈的对比。待到出自“别人”口中，说一个人的个性时，严格地说，所指的应该是性格。说性格，其中便或多或少地含着道德伦理的意味，通常在合不合仁义礼智信等五者上着眼。就这五者说，就有相对的双方：仁慈—残酷，义气—不义，礼貌—无礼，聪明—愚笨，守信—无信等。这是在群体生活中，各人就自己对一个人所见所闻而作的批评，恰当与否姑且不论。只是每个人都喜欢得到别人的赞誉，不愿意被人说是不仁、不义、无礼、愚笨、无信。因为得到这样的批评，将影响自己的声誉，且使自己的生活遭遇困难。因此说性格，就不单指个性，而是加入了“五常”的成分，有了“格”的意思。

但是性情与“五常”有合不合之别。不合“五常”的主要原因，如前面各章所说，即在人性中原有相当的“自私”成分。在生活中处处以自己为前提时，罔顾别人的存在；在与人交往时，表现出为人所不喜的行为，因而也将失去别人的帮助。没有别人的帮助，一个人在现实世界很难生存。

伦理道德的出现，就是智者希望人人能顺利生活，所以提出“五常”，教人无论原来（初性）如何，都要在与人相处时，合乎“五常”之道。所以“五常”等于人在初性上加以修饰，把本来与“五常”不合的部分除去，把与“五常”相合的保留，且持之以恒。等于人在原始的形象上，加上一些“有价值”的成分，以便在群居中披上一层文采，使原始的、不成格局的状况有了“格式”。这格式是社会大众所愿意接受的，且是大众所崇敬的，因其适合所有人的生活。

这后加的成分，既然不是与生俱来，当然是在后天培养而成。这一培养工作，即有赖于在成长的过程中，有人教导，靠自己学习，并要确实地表现在行动上，使自己的个性有“格”。到一个人把“格”融会在自己身上，“格”就成了自己的标志，代表了自己这个人，别人在说到这个人时，也往往与其性格合而为一。不过性格中虽有道德含意，却有与道德“合不合”之别。也就是说，人各有别，有的性格合乎道德，不失“格”的意义；有人反是，便无“格”可称了。于是便又有了另一个名称，即是品格。

（二）人的品格

“品格”二字的含意颇广，与性格相近的，指一个人的“人品”及“格调”或“格式”，是专从人的性格合乎道德方面而言。在道德方面，所指的是道德品质，如诚实、仁慈、公正等，见诸行为表现，综合起来，代表一个人，也称为人格。

如此说来，很明显的是，品格是在后天形成且表现的。然而后天要有怎样的环境，或者确切地说，要得到怎样的教养，才会形成合乎道德的品格，是很重要的一项认识。因为教养不当，不但停留在原始自私的本性上，“任性而为”，做出有害于人的举动；而且还会受到许多与道德相反的习染，行事与生活方式违反社会规范，不但自己无法立身，且会成为社会秩序的破坏者。

教育责任者不难知道社会中有违反道德规范的人，也一定希望这样的人越少越好。现在既然又知道道德品格在培养，“责任”所在，便要努力在这方面要求获得实效。要点就是，道德品格需要培养，而教育者责无旁贷。

二、须知行兼顾

（一）重知轻行有误

长久以来，教育在“重知不顾行”的失误中进行，尤其学校教育行政，把“教学”与“训导”分开。明显地表示：教在“知”，训在“行”。于是“教师”只管传授知识，不管学生行为。管行为是“训导”的职责。虽然每个班级有导师，但导师和学生相处的时间非常有限，只有每周一次导师谈话，显然也只在口头，偶尔听到一些有关少数学生的行为问题，也只是“言教”，学生是否听进去，未作继续考察，更遑论观察实际行为。至于“课任教师”，全无指导学生行为的责任，以致学生上课时，不守教室秩序者，教师竟无法约束。

这做法的根本错误，其一是学校行政把教务与训导作了严格的划分，把知与行分开。忘却了在学习中，有的是“知而后行”，知行虽然有先后之分，但其间隔有一定的时间效度，知后久而不行，原有的“知”可能会遗忘，若以为学生知道了必然会行，将是过于相信理想。其二是忽略了有些“知而后行”的“知”需在“行”了以后，“才算完成”，即是有些需要“实践”的“知”，必须在“做”上实际操练过，才能“彻底知道”，才算“知彻”（即王阳明所说的，知而不行，只是不知，因为“行是知的完成”）。其三是伦理道德的学习，需要“即知即行”，即是在知的时候，便要知道如何行，而且要立刻做出来，以知道正确与否。把教与行分两个部门掌管，如何使二者连贯，在时序上又如何安排？

学生在学校上课时有确定的场所，有确定的学习活动，不易看出其自由活动的趋向，唯有下课时才可能看到一些学生的个性表现，则人数有限的训导人员又能看到多少！除非训导人员中，设有专门负责“课外观察指导者”，专门监督并指导学生课外时间的活动，才有教导行为的可能，而实际上却无此项考虑与安排。

再从学生在校的活动说，上课“学知”几乎占了全部时间。“知”的学习可说“充实”，但“行”的学习除了一些文字外，实际的“行”在哪里？纵有皇皇的训导处，又如何发挥其功能？

这制度固然早应改正，然而随制度而造成的实际教学中的错误，更应及早纠正。因为在教学中，就算教师以“教知识”为主，也要学生肯接受，而“教室秩序”便是“首要”的条件。于是教室内的“行为规范”就是“即知即行”的学习。如果教师上课时需要训导人员来维持教室秩序，不但是笑话，实际上也不可能（没有这么多训导人员）。

如果教育责任者承认“行”与“知”不可分，便不会把“公民道德”之类的科目当作“课本”来教。如果教育责任者相信道德伦理是要“实践的”，则在教“知”的同时，还要教如何“做”，并要教学生做出来，而且常常做出来，一直到能随机“主动自然”地表现出来，才算成功。

(二)导正观念

道德伦理的实践,实际上就在教学生建立自己的价值。行为合乎规范,便是“行为者”这个人有了价值,因为得到“赞扬”(好),无形之中,自己便树立了做“好人”的信念。推而广之,人从幼年便喜欢得到“好孩子”的赞誉,然后是“好学生”的评价。赞扬或赞誉使自己对自己有了“价值感”,也对自己有了“信心”,知道自己是一个“好人”,便确定了自己的“身价”,会对自己满足而无憾,这是一个人很重要的“自我概念”,此后除了努力在自己身上“求好”以外,对于身外的一切,可以不去理会,更不会重视物质和虚名,因为相信自己有了最可贵的品格,是无上的光荣,是最值得挺立于天地之间者,可以毫无愧耻地面对任何人。

有了在行为上“求好”的意向,才能自发自动地往好处做。到了每个人能“主动”地“规范自己”,道德伦理教育才算成功。

实际上,教育责任者要想看出自己的教育效果,“教行”比“教知”更易见功,原因是品格行为在于行为表现。教人学习“正当”的行为,只要“口到眼到”——教导并监督,但有学习能力者,都能学会。学会了并一直做下去,便保住了“好”的“名声”,处处得到尊重和赞美。如果绝大多数学生都能做到,在一个班级中,便有了全班的荣誉,说明教师教导有方,也就是教师的成就。“教行”不似“教知识”以抽象文字为主,后者对学生而言,其学习能力因才智而有别,学习迟缓者,虽竭尽其力,终难超出人上。用最实际的话说,把一个“笨”学生教得“循规蹈矩”,学生得到赞美,教师自然感到光荣。而要使一个“笨”学生学得成绩“出类拔萃”,恐怕难乎其难。舍其易而行其难,应该不是智者之为。而且从普遍处着眼,一个社会需要全体人是“道德人”,而对“才智”的需要却并不那么普遍,何况更是事实上的不可能。

三、以身作则

教育责任者必须使自己成为学习者的典范,前章已有论述,此处要重新申明，以“德”教人者，必须先检视自己的“德性”与“德行”，表现在“身教”上。因而首先要在“施教”时，确守一个“信”字，即是要“信言信行”，实际上即是要“言必信，行必果”；反过来说，则是“无妄言，无妄行”。

前章在引述《孟子》中“父子之间不责善”时，说父亲在责备儿子的错误时，儿子心中不服，反驳说：“你说的这些话，教师也曾说过。可是教师自己并没有照着所说的做出来，可见这都是‘空话’。”如果把这个儿子心里的话说得透彻些，他心中可能想：“你们成人只会说，自己也没做到，怎能只管教我做。”这个儿子心中所想的，正是“教育者”要警惕并时时自行检讨的。

说到此，便不能不重提《大学》中所说的“慎独”。因为人是“习惯性”的动物，一个行为成为习惯后，会在不自知的状况下表现出来。如果在无人时常做一个动作，在人前也就会“不经意”地做出来，这就是先贤教人不可“自欺”的原因。从根本处说，一个人的行为，都出自自己的意向。如果自己立身有原则，自会自然地照原则行事，并不计较是否有人知道。而且一个人的行为，都由自己负责，不尽与别人有关，也不是做出来专给别人看的，所以无论人前人后，都要“始终一致”。教育者要先“修己”，而后才能“教人”，不先“自省”就“好为人师”者太多了，孟子认为是“人之患”（孟子曾说“人之患，在好为人师”。可以解释为不计自己的条件，就想做教人的工作）。

这样说来，大有“人师难为”之慨。其实也并非完全如此。如果教育者认识透彻，了解教育的真精神，对教育有十足的信心，并相信自己愿意且能够负起应负的责任，便能确守教育信条，与人为师。

实际上，教育者要做学习者的典范，就要“一秉至诚”，表里如一地“无过言”、“无过行”，不仅在学生面前如此，还要在任何时候任何场所都坚持不变。要知道“十目所视，十手所指”无处不在，不可以为面前没有学生，就“随便”一下。年幼者（学生尤甚）无论上学与否，有其顽皮与好奇之时，常爱“抽空”观察教育者，而且群起分工合作，寻找教育者的“漏洞”，以为笑谈（实则并无恶意），且从而有意渲染，虽然没有实际的伤害，但终究是可以预防避免的。

另一方面，教育者若在学生“心中”建立了典范，会令学生心服口服，成为其最尊崇的“楷模”。学生不但自己对其“衷心诚服”，且不容任何人轻易“侮蔑”，而且会把这种“印象”扩散，形成口碑，使知与不知者都产生“景仰”之意。这一收获，纵使“受者”非为求“虚名”而得，却是“实至名归”。

第二节　彻底实行的先声

教育责任者最好有“先声夺人”的气质，气质来自于素养。无论如何，在面对学习者的时候，要注意自己的态度，因为这是影响学习者的先声。

态度最少表现在两方面：一是面部表现，一是言辞。试对这二者略作说明。

一、态度

态度从整体方面说，包括躯体姿势和表情，是整个人的形象，表现在面部的是最主要的部分，通常说是态度。所以此处要对态度作一较详了解。

面部所表现的态度，是人所能见的外表。但是人们常说“人心不同，各如其面”，就在指面貌虽表露在外，却与内心息息相通，所以态度实际上出自于心，才又有“诚于中者形于外”的说法。

教育者不似一般人。一般人中有的会“面是心非”，教育者则应该“表里如一”。态度既然是“由内而外”的表现，在面对学习者时，一种最有教育效果的方法，即是表现得“端庄而慈祥”。

“端庄”代表“郑重”，内涵里是“诚”与“敬”。“诚”已经说明了许多，可以再补充一下。商场上所信守的诚是“童叟无欺”，其反面的内涵，似乎“老弱”者不似壮年人，有“可欺”之机，坚持不这样做，才表示“交易”的“信实”。把“童叟无欺”引申开来，应该可以用在任何情况中，尤其是教育方面，以“诚”为最高的道德原则，而且本就要教导未成年人“至诚”，当然不可存有一丝“欺”的意思。

这样说的原因是，常人往往或者为了止住儿童啼哭，或者为了应付儿童的要求，或者为了要儿童做一件事，而用“哄骗”的方式“随口”说话或允诺，对所说的本无诚意，当然无意兑现。其后果便是使儿童对成人的说法或承诺全无信心，此后便不再听信成人的话。

当一个儿童对成人说“你又骗我”时，就是存在着曾经受骗的经验。这样事实的形成，错在成人以为儿童“可欺”，虽然“用意只在哄”而不在“骗”，但在儿童心中，却只是一个“骗”字。“大人老是骗人”这个观念若存在儿童心中，教育便难生效了。成人以为儿童可以哄骗这个想法，是必须从根本上矫正的。因为儿童天真无邪，任何印象都会铭刻在心，不但很难改变，而且很难忘怀；所以安慰儿童的“哄”，绝不能有丝毫“骗”的成分。

“敬”也是成人对待儿童时，往往忽略的。关键在成人以为对“小孩子”用不到“敬”；不但不需要，而且会失去成人的“尊严”。事实上，如果懂得儿童心理，就会知道儿童更需要“尊重”。这份需要，是从出生就有的“安全感”的需要。成人如果说话必然实现，儿童会相信成人可以信赖，在自己有需要时，相信成人必能供应，才能确定心中的安全感。随其渐长所出现的“要求注意”，即是要人“重视”。重视之中所含的“尊重”，本就在“敬”，只是幼儿还不懂得“敬”的意思而已，但是其心里需要“把自己当一回事”的想法已经确实存在。

“端庄”和“慈祥”表面上似乎并不相关，实际上二者之间不但并无矛盾，且要同时存在。要辨明这一点，先要说明“端庄”不等于“严厉”。端庄是“稳重”，表现的是“中和”的气质，是由内而外的“稳重”，使见者“肃然起敬”，但绝不会给人“威严”的感觉而使人生出“惧意”。“严厉”则使人“见而生畏”，宁可远而避之。所以端庄者可以表现慈祥，与严厉全然不同。

如此说，端庄便可与慈祥相通。前文也曾说过仁慈，仁慈是温馨爱人，出于基本的“仁”。“祥”为“祥和”或“和善”。一个人表现、面貌和善，必然使人愿意与之亲近。而学习者通常对教育者都怀有意念中的“戒心”，多少有些“畏惧感”。如果教育者所表现的是一片祥和，便可解除其心结，而平静地相对。从教育者来说，无论所面对的学习者是何种状况，都先要和善对待，尤其是需要教诲的时候，更不可严厉相待。

最常见的是学习者有了“需要教导”或“不当”之处后，教育者已经心有定见，便很难保持“好脸色”。对这样的学习者，教师最好先从对方的心理状况入手做一了解。

“需要教导”的状况，往往是针对一件事或一个行为，要学习者“明白其中的一些道理”，此时学习者所需要的是“言简意赅”的解释，当然更希望看见的是一张温和的脸孔。面对温和的脸孔，可以除其预存的忐忑不安，使其放心地聆听教诲。同时如果有所陈述时，也会自由说出，最后教育者与学习者双方多半会在愉快的状况下，达到实际的教育效果。

两人面面相对，人之常情是，喜欢看见的是对方“友善”、“愉悦”的表情。为师者因我国传统的“师严道尊”，有一些误解而致习惯于板着一副“夫子面孔”（端庄不但不等于严厉，也不等于“冷淡”。夫子面孔常被解释为“不苟言笑”、面无表情，虽不至于严厉，也使人有“严肃”之感）。《论语》中描述孔夫子“望之俨然，即之也温”，即是说在一个距离外所见的孔夫子，是一副矜庄的样子；到了他面前，却相当温和，这正是学习者所期望看见的教育者的态度。

二、言辞

教育者的言辞，须因对象而定。此处所说的教育者，是在教育“一贯”的观点下而言，即是从婴儿出生开始，以迄全部学校过程，负有教育责任者,都要运用"适当"的言辞。因为道德伦理教育须从幼年开始陶冶品格,培养行为习惯,重在实行,而幼年则是"奠基"的时期。针对不同的学习者,教育者须依照其所能领会的程度,决定所用的言辞。要略分别如下。

(一) 对婴儿

婴儿首先接触的,即是负有养育之责的养护者。给婴儿喂食、换尿布、洗澡等,总不免和婴儿说说话。婴儿虽然未必懂得话的内容,却能领会"话声"。此时养护者必然用温和慈爱的声音,婴儿也能感受到温馨。尤其在婴儿啼哭的时候,温和的安慰声即有止哭的作用。

生物界有一个共同的现象,即是稍高等的幼小动物,都需要"爱"的抚育。此时的"爱",犹如阳光之普照,不仅是幼小动物,一切生物都由之而生。婴儿对温柔的声音的需要,犹如植物需要得到"和煦"的阳光而欣欣向荣。

和婴儿这种需要相反的,是"粗暴不耐"的声音。所以有这样的声音,往往由于养护者自己正在忙碌,婴儿恰在此时因有需要而啼哭;或者是虽经养护者"安抚",却始终啼哭不止,以致养护者"性起"呵斥。婴儿的啼声虽有时而止,心理上却留下成人无能感知的伤痕(反常的刺激使之震撼而心生畏惧),对婴儿日后性格的发展有极大影响。因为"粗暴的呵斥",和温馨的"爱"恰好相反。

(二) 对幼儿

在幼儿有了动作能力后,和语言发展之前,先要使其知道两个信号,即是"可以"和"不可以"。幼儿已经懂得看成人的"眼色"——赞许或不以为然。成人"点头"表示"可以";"摇头"表示"不可以"。通常成人多半用最简便的方式——口说——向幼儿表示这两种态度。但对"不可以"的,有两种并不适当的声音:一种虽然是"禁止",却无"命令"的意味(不够庄重),"不痛不痒"地说一声不可以,其实是乐见儿童的"顽皮",这种禁止形同“鼓励”;一种是大声“吆喝”,使幼儿受到“震惊”,而感到行动受挫,却并不心悦诚服。其实如果是在面对幼儿的状况,只要“摇摇头”,幼儿便能知道是使之停止。用这种“无言之教”,一则免去幼儿受惊,一则培养幼儿学习对成人“察颜观色”的习惯,又可使之练习“注意力”和“小心慎重”。原因是这个年龄的幼儿,蒙昧无知,只顺其生长的需要而活动,并“不知道”什么是“不可以”。有些可能危及幼儿本身以至环境的活动,在开始时必须“坚决禁止”,使幼儿知道那是“不可以”的活动,以确定其“不可以”的“意识”。

到幼儿会说话时,自然要跟着成人学习。有些成人以教幼儿“骂人”为取乐,这是不足取的。更重要的是成人对幼儿所用的语言。

成人所要注意的是无论在何种状况下,和幼儿说话时最好用温和的声调,尤其在发怒时。通常幼儿惹成人发怒,成人会立即予以责骂。但责骂中成人“泄愤”的成分多于“教导”,“并非教育”。

真正教育的方式是:第一,成人先要“平息”自己的怒气,先了解幼儿使自己发怒的原因何在。这种情形,多半是幼儿不听话,或是行动不恰当,可用的适当方式就是用“说理”代替责骂。第二,说理时必须心平气和,用温和的口气。如果是由于不听话,可以说明孩子不听话的“不可以”处;然后再说明“必须听话”的理由。如果是由于行为不当,则要说明其“不当处”,然后命其自己思量是否如此(给予反省的机会)。如其承认,再命其反思“怎样”才算“得当”。不过要注意的是,“说理”时必须“言简意赅”,“唠叨不休”势必造成反效果。同时在和幼儿作这种“沟通”时,除了态度温和外,还要处在和幼儿最接近的位置,甚至可以拉着他表示亲近,如此幼儿就不会以为成人是自己敌对的一方。

通常成人对儿童,有不可避免的“权威”意识,以为自己的命令儿童“理当”听从,基本上就缺少前文所说的“敬意”,即人所共同需要的“尊重”。殊不知儿童年龄虽小,其生而为人的需要已经存在,何况成人“以大欺小”,既不合理,又不公平,因为幼儿也已经有了“公平”的意识,只是还不会说而已。

(三) 对一般儿童

语言能力发展以后的儿童,与成人言语沟通的机会无时不在。教育者的教育工具,最常用的便是语言。对年龄较长的儿童说话时,至少有两个注意点:

其一,耐心、容忍、聆听。

其二,不急于发言或说教。

儿童有所陈述时,未必都词能达意,往往是语无伦次,不能把握要点,更使人不耐烦的是,只有一面之词,且自以为是。此时的教育者,既要有耐心听,又要能容忍其幼稚笨拙甚至可笑。而且在听时要表现得郑重与专注,必要时给予鼓励的眼光,使其能表达完毕(切忌表示轻忽,不以为然,更不可显示出不耐烦)。

对孟子说人之患在好为人师的一个解释是,人都爱发表自己的意见,以为自己胜过别人。教育者的一种"职业习惯",即是"急于发言",时常忘记与人对话的礼貌在"听",在"不打断"别人的话;面对学习者时,因为职责所在,更不肯延迟发言。其实儿童和成人一样,同样希望得到尊重,尤其在儿童正热心地和成人说话时,非常希望成人郑重其事地聆听。此时无论成人正忙于什么,可能时便要停下来,认真地听其说完。纵使儿童所说的无关宏旨,成人用专心听话的态度对他,也是一种无言的教育——所启示给儿童的是"听人说话"时的"确当态度"。(随机教育比郑重其事的说教更有效。而且学习可能是无处不在,在日常生活中俯拾皆是,品格陶冶就是要随时随地给儿童正当的示范)

认真听儿童说话,就是给儿童"听人说话"的范例。人们不难听到儿童说:"我说话时你都不好好听,怎么只叫我好好听你说话?"在这样的说法里,成人应该警惕到儿童内心里"要求"平等与尊重的意识。

其次是成人在听儿童说话时,"抓到"一个漏洞,通常不是立即反驳,就是先要"表示"自己的意见而打断儿童的话,使之不能尽兴地说完。这对儿童来说,一则是等于被"泼了一头冷水",浇灭了原来的热情;一则是认为成人“爱”压制人，“爱”教训人，只管自己说话，不给人说话的机会，此后虽有话要说，也宁可“缄口不言”。许多儿童不愿和父母多说话，更不肯和父母说心里的话，便是这个原因。

三、给予儿童谈话的机会

所谓陶冶，是在日常生活中随时随地取材（不需专门找教导的机会郑重其事地说教，因为这样可能取材与当时情境不合，流于形式，易使儿童漠视，甚至引起心理上的反感，效果有限）。教育者（包括家长与常常接触儿童的人）与儿童谈话的机会很多，游戏时、休闲娱乐时、吃饭时，都可随意谈话。在这种时间里，如果儿童主动开始一个话题，暂且莫问其话题是否有意义，乐得儿童肯于开口，即可耐心聆听。允许儿童自由说话，才能了解儿童的想法和见解，这是教育者最应该知道的。了解了儿童的心理，才能随机给予指导。

教育学习者，比军事家更要“知己知彼”，因为知道学习者的心理更为重要。事实是，学习者尚未成熟，许多事都是一知半解，但在他们不知道的事理方面，却常有自己的想法，而又自以为是。在这种状况中，成人与儿童，各有自己的成见。成人自以为所知“胜过”儿童，难免有“轻视”儿童的心理，且以教育者自居，并未把对方与自己放在“平等”的“立场”，“他是孩子”的观念始终萦绕在心，往往忽略儿童说的话，也忽略了前面所说的对儿童应有的“尊重”。儿童则以为成人凭借“理所当然”的权威，和自己有距离，难以作“知心”的交流。这两者都是教育者要了解并细心矫正的。

《春秋》之义，责在贤者。教育者除了自己反省之外，要了解学习者，无过于把握谈话的机会。不但听取儿童主动地说话，还要设法制造与儿童谈话的机会。有两种状况可供教育者参考：其一是“家人之间”的谈话；其二是“教育性质”的场合。

“家人之间”以父母或亲属为主，即使是养护者，所担当的也是亲属的责任。如果平时相处和谐,儿童多半愿意把自己的经历倾吐出来,以放松心情。听儿童谈话时所最要留意的,莫过于有关道德伦理方面的意见,而且涉及的话题常常会很多,如儿童读书时发生的事件、同学间的事故、所交往的朋友、常做的休闲活动等,都是儿童常说的话题,其中常牵涉到“为人”与“行事”的道理。就着这类话题,一方面可以了解他本人的观点,一方面可以提醒他作一番反省。如果发现其有谬误之处,在其说完后,先是引导其从另一面设想,帮助其纠正想法;如不然,再予以解释说明。但要注意的是:第一,不可斥责;第二,避免直指其非;第三,不用说教的口吻。适当的方式是,从头到尾只用随便谈话的态度,保持愉快温和,且能随时加入一点幽默。

“教育性质”的谈话,学校中多有预定的时间,且是由导师负责。这样的谈话,导师固然也可有所发现,但时间有限,“不好发言”者往往没有表现的机会。实则表面“沉默”的学生,更需要有“倾吐”的机会。教育中的品格陶冶,在于使每个学生的个性都能适当地发展。沉默者怯于主动发言,常受到忽视,需要教育者引导,在其肯于发言时,要特别注意聆听,并时时给予鼓励的眼光。如此,使习惯于沉默者由学习开口逐渐敢于说话,而且听其言,也往往发现其别有见地,其言也“足以听”。

教育者要想多听学习者的“心声”,最好利用个别或少数接触的时间,用随机谈话的方式,使学习者在轻松的状况下随便发言。如此不但得到其言辞的内容,且可使其感受到教育者的亲切,乐于把握和教育者接触的机会,可能收到更多的性格陶冶效果。

第三节　确实的教育方法

道德伦理教育空言无实为时已久,要使教而有效,必须用“确实的方法”。然而方法只是工具,需要运用得宜,才能见效。一般工具的运用,对象多是物质,技术“巧”者,不难应手奏效,因为物质只有被操纵,并无主动作用。人则不然，即在婴孩时期，也自有“主动”的反应，“不听话”就是最明显的实际表现。

成人对不听话的儿童，只知其“不守规范”，站在道德伦理的立场，往往立即应用成人的权威，逼使儿童“就范”。这种做法，纵使当时有效，却难持久。至于用责骂或说教的，或引起儿童的反感，或只能使儿童漠然处之，同样无效。关键是道德伦理教育要发生实效，选择方法固是其一，“运用得当”则是其二，而教育者本身“确实”实行，才是关键的“枢纽”。以下分别说明。

一、培养正当行为习惯

习惯不是一时或一天养成的，必须经过长时“持久且毫无例外”地重复一个动作，到自然的做出，才算完成。

“正当”的行为习惯，表明是在“正当”两字的限制下，对“行为”作了分类，分别是“当为”与“不当为”。对儿童来说，就是有“可”与“不可”之分；也就是说，儿童动作，有“可以”做的，也有“不可以”做的。可以做的当然没有问题，不可以做的是要“绝对禁止的”。

幼儿开始活动时，只基于本能需要，由活动而发展体能，练习技巧，兼满足其好奇心。所以凡是能触摸的东西，便要伸手去摸；凡是能够活动的东西，就要移动；尤其有变化的东西，更乐于见其发生变化。而在现代家庭生活环境中，有些应用器物操作不当时便会发生危险，如电器开关、取暖设备、点火器材、药品，以至窗口围栏等处都存有危机。幼儿无知，若任其随便玩耍，小则造成伤害，大则危及生命。教育者最好把握几项重要原则。

（一）第一原则——坚持“不可”

幼儿需要养护，更需要教育（不能等到长大再教），而且要及早开始教育。此时其所能知的，只有“可”与“不可”。不过当幼儿活动“受阻”

时，他往往用其本能的反应——啼哭来反抗。“爱而不肯劳之”（“劳”并非只指劳动，违反其意愿，使之学习一件事，同样是劳）的家长，一见幼儿啼哭，立即“屈服”，“放纵”且“放任”，于是幼儿学到一种“征服成人”最有效的“武器”，即是“哭”。“哭”而意愿不达，继以满地乱滚，继以用不吃不喝做“威胁”，必定“如愿以偿”才罢。

对幼儿“不可”的动作，“必须始终坚持禁止”。

要确实做到这一点，全在教育者的坚持。这份坚持，先是在一个动作第一次出现时，即令幼儿知道“不可以”。然后就要随时注意同样动作是否再出现。因为幼儿虽然一次活动受阻，仍不放弃，或者已经忘记，而且此后一有机会，还要尝试，因而教育者就要随时注意（不能忽略），每次都使其“不得逞”，直到其放弃尝试为止。

有的幼儿聪明而顽皮，他想要的动作一次受阻，并不甘心，还要一试再试，而且会趁成人不注意时，悄悄前去，所以成人绝不可轻视，要随时注意其行动，看到其有意到被禁止处去时，最好先行一步，中途“拦截”，此时将见其故作自然地“转而他去”。如此重复若干次后，幼儿才肯放弃，这一“不可以”才算在幼儿的心里确定。

有危险性的活动，常见的是幼儿在沙发上或床上跳动。这两者都能震动，给予幼儿快感。成人以为幼儿能自得其乐，且两种器物柔软，没有太大伤害性，殊不知这类动作都应禁止。究其原因第一即不是好习惯，如果在自己家里可以，到别人家里时，也可能任意跳动，未必是人家所能容忍的，更不合访客礼貌，可能被人以为有失教育之道。第二是万一幼儿跳落地上，则难免受到伤害。

其次是打火机、火柴、火炉之类，幼儿常用做玩具，此类玩耍引起火灾事件时有所闻。如果成人在幼儿第一次玩时即予禁止，养成其“不敢”碰触的习惯，便不致酿成日后无法补救的损失。

再次是幼儿活动范围。幼儿能动后，即以室内来说，动起来就是横冲直撞，往往撞到家具或一些不可碰撞的东西上，损坏器物是一回事，伤及其身更为糟糕。在幼儿行动尚不稳定时，养护者自然不能脱手任其自由活动。到其能稳定行动时，便不愿再受牵掣，往往要甩开成人的手，任意活动。此时成人可以放手，但要紧跟在后，密切注意，看到有危险时，立即唤住或阻止，并善言嘱其下次要小心。这样做一次未必有效，做了多次后，幼儿才能记住。

另一方面是良好饮食习惯的培养。有些父母唯恐幼儿饥饿，喂奶喂食时必将定量令其吃完为止。食有定量固然是好习惯，但也要有相当的伸缩性。往往见幼儿未尽定量时，便态度强硬，特别是能行动的幼儿，贪图玩耍，家长追捉回来，继续强其进食。这种追捉、强迫的“游戏”，往往使幼儿一顿饭，费时一小时之久，后果是养成幼儿“不当”的进餐习惯。

幼儿未吃完定量（是成人定的量，未必符合幼儿的需要）而拒绝再进食，就是已经不饿，便可终止。如其玩过一时，回来想要再吃，便要“拒绝”，而且直到下次吃饭时，决不另给其他的食物。这样似乎有些残忍，但却是建立一个良好习惯所必需的。这样最多一两次后，幼儿便可学会吃完后再去玩，知道吃饭不可有旁骛，这习惯将关系一生。

（二）第二原则——训练言行礼貌

幼儿开始学话后，便要教以“应答”的正确方式。首先是有人召唤，必须“答应”或立即到达唤者面前；然后对召唤者的话，必须“用心听”，这是初步的礼貌，此后对任何人，都要如此。

渐长之后，对家长，则要“出必告，归必面”，即要出去玩耍或到任何地方，必须告诉家长，使之知道自己的行踪。因为对其外出，家长仍有责任顾及其安全。对较幼的儿童，要知道其玩耍处是否需要保护；对较长者，要知道其去处及所会见的人。现时有些家长对上学子女多日外出不归，竟不知其何往，实在令人费解。“出必告”乃是“家庭规范”，是为人子女者应有的礼貌；连带地回来以后，必须面见家长，使之免于为自己担心，是体念“亲情”或关心他人的表现。

语言能力发展之后，便要知道“应对”的礼貌方式。面对任何人，听话或说话均不可免。听话的礼貌是面对并目视说话者，用心听其说完

(不可插话或打断说者)。答话则要声音轻柔,言辞明白,忌急躁,忌迂缓。这些都是要从小教导的。(中国人可能由于语言结构——单音字连接——的原因,说话时惯于高声喊叫,若自幼养成喊叫的习惯,不管任何场所都大声说话,并非好习惯)大抵家长自己能因场合定声音高低,平时不大声说话,会对子女有较好的影响。

(三)第三原则——锻炼言信行果

行为习惯的培养,与品格密切相关。语言行为的外在表现在礼貌,内在的涵养则在“诚信”,是为人做事的必需条件。从幼儿会说话开始,已经学会用说话讨好成人,有时或者为取悦成人,或者为规避责罚,用“假话”欺瞒,于是首先出现的问题便是“说谎”。(这种例子多不胜举,勿需赘言)

避免儿童说谎,首先在成人留心注意。在其开始时,即坚决禁止。其实儿童的谎言“一拆即穿”,重要的是,第一次即不容许其“谎骗”成功,是对其不正当行为的“当头棒喝”。当其“初次”出现时,就要“郑重”或可严厉地“指明其非”;继而告以“说谎”之弊:第一,谎话不能成真,不能取信于人,长久以后将无人再肯听信其言;第二,说谎是不道德的行为,是“可耻”的,将使人不但不信所说的话,也不愿接近;第三,试想自己是否愿意被别人所骗,如果自己不愿意,可知别人也不愿意。

儿童习于说谎,原因在成人的“失误”。当其幼时,有些家长以为会说谎是孩子聪明的表现,不但不禁止,而且以为喜乐,是“无心”地鼓励了幼儿说谎。而这种无心的错误,将使儿童此后乐于应用,乃是一个错误的开端。儿童渐长后,若成人对其谎言不予深究,容其蒙混过去,因“爱之深”而“责不切”,姑息纵容其用谎言遮饰错误行为,则会成为“爱而不知其恶”,爱之势必会害之。

儿童说谎成为习惯,成人要负全部责任。其成因之一,往往起自成人有某些“严格要求”(要求非儿童力所能及的,考试成绩即是其一),儿童表现不合要求时,不问原因(有时儿童会有其不得已的原因,并非有意而为)即予以严厉责罚,迫使儿童为了规避责罚,而用谎骗的手段,成人如不察,就会使儿童"如愿以偿"。这种情形的造成,成人不合理的要求在前而启其端;"不察实情",轻易受骗继其后,使儿童认为成人可欺。既然"欺骗"于己有利,此后便"得心应手"地一再应用,进而"无时"不可应用。于是不读书而考试成绩欠佳,与人约而失信迟到,答应人做的事而未做,都可用谎言解释,以至委过于人以脱己之过,都由"不诚"开始。"不诚则无信",其人最后将成为"不信不义"之人。

言与行相连而不可分,"言不信"者"行必不果"。"言行相违"代表一个人不道德的品格。

因此教育者所要做的,是要随时观察学习者:其一是言行是否"一致",以其自己所说的或所承诺的为准;其二是曾经教导的或其已经知道的,是否"做到",以其"所已知"为准。观察要随时随地实行,发现其有"失"时,要立即指明并嘱其注意改正。这种观察往往要以一个行为表现为目标,不断观察,随时警告指正,直到这个行为"不再出现",教导方算成功。

这项教育要想成功,教育者必须随时观察学习者,观察要"确实"执行,不容懈怠,不能间断是其一。其次是记住"有失误"的行为,以便再次出现时,立即指导。当后续发现同一儿童的失误时,所用的指导方法是其三。正确的方法:一是用温和而略带责备的"眼光与口吻",使之知道"又犯错了",且"又被发现了",看其有无"悔意"。如有悔意,则勉励其此后自行注意。即使缺少悔意,也要"温语"叮嘱其不可再犯。此后更要密切观察,再犯时更加"恳切"地劝说,直到不见再犯为止。二是运用使其"自行记录"的方式,记下犯错的时日,定期予以考查,同时密切注意观察,以见其是否实行,使之知道教育者的眼睛紧随其身,令其提高个人的警惕。

这种做法要"确实"奏效,必须针对个别的对象。工作"费时费力",所以需有耐心且持之以恒。工作费时费力,是由于行为习惯的培养非一朝一夕之功,必须假以时日;而且行为习惯的培养,即是陶冶品格的工作,不能间断,其历程是从幼年到成年的几近二十年。对于学前儿童,其教育责任在家庭,教育者的对象有数,认真去做,不难做到,但必须持之以恒。对于上学儿童,虽然人数较多,但教育者若认真实行,也不难分配人员,分配合理的工作量,合力"确实"做到。无论如何,教育者必须负起这一"务实"的责任。

二、培养正确的观念与信念

观念含有想法与看法,其对象为所知的人与生活以及所生活的环境。人在成长过程中,或多或少都懂得一些概念,即是有了一些自己的想法与看法。当想法与看法在"意念"中有了一个"雏形"时,可以称作"观念",即可以用语言描述出来。到一个人认为自己的观念"确定"并自以"为是"时,也就成了自己的"信念"。

在道德伦理方面,一个人的正确观念在于"明善恶"、"分是非"、"知廉耻"。要对这三点建立正确的观念,教育者除了随机使学习者"知道"事实外,并要使之明白道理,且接受并信服这些道理。

(一) 阐明善恶的方法

从儿童有了知觉之后,教育者便要使之感受"温馨",靠与之亲切地接触,提携爱抚,适时满足其需要,使之感受到愉悦,而觉得"好"的意味。渐长则令其观看自然中美好的风貌,如日出日落、云雾飘扬、鸟语花香,再随机令其观看植物生长的情形、幼小动物的可爱以及依随家人的状况。依其知觉能力程度,告以自然与生命之美。这些都是好的一面,笼统地说,就是"善"。

从人为方面最粗浅处说,公道、公平、爱人、救助人,是出于仁慈。能同情别人,甚至可以仗义而为,对别人有益的事,即使自己受到损失也毫不吝惜,这样的人,在人群中便会被称为"好人"。(幼儿故事中常有好人救人或打败坏人的例子)启发儿童喜爱好人,厌恶坏人的心意,则随着年龄增长，“善恶”在其观念中将日益分明，进一步使之生出自己将要做一个好人的愿望。

另一方面，儿童也有机会知道有人只爱自己，不爱别人，甚至为了自己的利益而伤害别人（故事中也有这样的材料），这样的人，人们会以为是“坏人”或“恶人”。幼儿已经知道坏人“不好”，从其听故事时，总喜欢问这是好人还是坏人，可以了解在他稚弱的心灵中，希望有好人，担心出现坏人。因为怕坏人做出害人的事，由其听到坏人做坏事时的紧张表情可以判断。到此其意识中已经有了“善恶”之别，也有了崇尚好人，厌恶坏人的观念。在这种情况下，可以乘机问其要做好人还是坏人，以启发其建立关于自己为人的观念。

不过儿童渐长之后，所接触的人和事物渐多，也听到一些人的意见，其中好坏的判断莫衷一是，影响所及，或者自己不能决定，或者采取偏颇的说法，大概入学后的儿童往往有这种情形。因为此时期的儿童，已经有了“正义感”，最爱讲究公道与公平，但其理性能力尚未发展到能作明智判断的程度，故而所有的都是“非理性的正义感”。由其对某些事物的描述和意见即可看出，常见的是对“作善”或“作恶”并无定见。其切近的例子如其所说：“某个同学背着老师做了坏事，老师没看见，所以没受责罚；另一个同学也做了同样的坏事，但被老师看见了，于是受到惩罚。”从而结论说：“只要不被发现，就可以做坏事。”再一个较常见的例子是说：“某个商人卖东西不骗人，所以赚的钱很少；另一个则卖不好的东西，价钱却很贵，所以他发了财。”又如“仗势欺人的、玩法滥权的人，人们都怕，也得到好处。好人却被欺侮，被压迫，可见做好人没有好处”。在这种似是而非的说法中，便隐含着需要矫正的观念。

儿童心理上还不成熟，也容易受“不正确”的观念影响。有些世俗人目光短浅，只就当时的结果用善恶报应来判断，说做了好事的人得不到好报，做坏事的人却没有报应。不知道所谓报应，含着迷信的色彩；不知道“正义的伸张”，往往要待“公理”确定；更不知道“作善作恶”不是用“因果报应”衡量，而是出自一个人的本心。一个人要相信自己所“应该”做的是“好事”，做好事自己无愧于心，就是最好的“报偿”。试看坏人做坏事时，并不很安心，做完了以后又战战兢兢，东逃西避，唯恐被发觉，等于自己在惩罚自己，纵然可能有不当收获，却不是真正的好处。

教育者要用这个道理随机教导学习者，可用的例子有传说的故事，有历史故事，更有生活中发生的事实。教导学习者“确定”善恶观念；并使其“坚信”善恶有别；确信“从善去恶”是人立身做事的“唯一原则”。

要确定正确的观念与信念，必须随机询问学习者的意见，以事实为例，令其判断一事实为善为恶，多次验证，以增加其正确的判断力。

(二) 分辨是非的方法

生活中许多行为，都有“是”和“非”两面；而是非和善恶也有连带关系。笼统地说，“是”接近“善”；“非”虽不必至于“恶”，却和善有相当距离。通常“是非”与“对错”相通，也可和行为的“应该”或“不应该”相比照。

从道德伦理方面说，最重要的如下：

1. 听取善言

幼时听取父母师长的教诲，以学习知识和做人做事的方法。人不是生而知之者，需要有人教导才能经过练习而得到知和能。教导者之所以苦心孤诣地教，基本上是由于“关系”或“名分”而生的责任心。不明这道理的，会以为父母管得太多，教师管得太严，使自己不得任性而为，却未想到父母和教师的管教是“为我好”。可以想一想他们何以不去管别人的子女，何以不去管街头的流浪儿？他们的教导乃是出自善意，这是最要明白的。所以家长与子女或师长与学生双方互动，有一个先在的目的，即是长辈要教导幼辈学习并成为一个可以“顶天立地”，符合社会要求的人。

2. 明白道理

教育者教育的“目的”背后的道理是，如孟子所说，“人之异于禽兽者几希”。即是说，人的原始本性和动物相差无几。依照动物性的本能，只根据生物性求延长生命，最主要的就是发展求生的能力。稍微高等一点的动物，待幼儿有了求食的能力后，便要让它去独自求生，因为它们生活在大自然里，能否活下去，全靠自己的本事，否则只有被淘汰。而人类的幼儿期相当长，生活又已进步得十分复杂，且必须群居生活，所以幼年人需要学习的东西特别多。同时人类的亲情不因晚辈成年而终止，顾恤之心终生不已。实际上，就是希望下一代能顺利地生活，更希望其比自己这一代生活得更好。

为了下一代的学习需要，不但家长有责任，更出现了代家长负起一部分教导责任的教师。人类希望子孙绵延，可说是一项超出动物的远见。这远见且遍及于全人类，更进而普及于天地之间的一切。

3. 教育者与学习者皆有当知的“是”与“非”

在上述的道理下，所生出的家长教育下一代的责任是：“子不教，父之过；教不严，师之惰。”这道理是教育者首先要使学习者明白且接受的。依此教育者和学习者都要明白“是”与“非”，且当“从是去非”，因而就要确定：

父教子为“是”；不教子为“非”。

师教徒严谨为“是”；宽松怠惰为“非”。

相对的则是：

子承父教为“是”；不承父教为“非”。

弟子受师教为“是”；不受教为“非”。

4. 学习者所要知道的“是”与“非”

学习者知道了上述基本的“是”与“非”后，再要教导的是：

(1)学习时“自强不息”为“是”；“偷安怠惰”为“非”。

(2)为人“诚信”为“是”；“欺骗”为“非”。

(3)居心“仁慈温和”为“是”；“残忍粗暴”为“非”。

(4)对人“谦恭有礼”为“是”；“傲慢无礼”为“非”。

(5)秉持“己所不欲，勿施于人”为“是”；“自私自利、损人利己”为“非”。

(6)遇事“见义勇为”为“是”;“畏难苟安”为“非”。

(7)学习“明辨道理,依道理行事”为“是”;“无理强辩,颠倒是非”为“非”。

(8)守身“廉洁自持”为“是”;“贪赃枉法无耻”为“非”。

这几条是“扼要”的大纲领,可以应用到生活中许多事务上。纲领不需多,多则繁琐难记,使学习者遭遇困难,反而畏难放弃。要使学习者信守这些是与非,即要随时观察验证,如有不合,便要立即予以指导,务使其信守不渝,完全做到为止。

(三)确定明廉知耻的方法

“廉耻”在上述辨是非中已经提出,此处要再详细说明,因为这一项对品格关系最重。

首先,“廉”是“俭约”的意思,和“贪”相对。从这个含义说,人在幼年最常发生的现象是“贪吃”。人的“口腹之欲”,最常见的是,遇到喜欢吃的东西便要放量大吃,所摄取的数量往往超过需要。相形之下,便成为“贪”。贪在于“欲得无限”。在这个起点上,教育者便要教导其“贪吃”之弊。然后是幼儿对于喜欢的东西,特别是玩物,只要“看见”便想“要”;如果有一样是特别喜欢的,便可成为此样东西的“收藏家”。这种表现,是“贪念”的增长,也是“欲”的无限制发展,必须及早矫正,否则“廉”的意识便很难出现了。

其次是,身外之物(包括名、利和任何可以持有之物)之于“廉”,有“可取”与“不可取”之别,“分所应得”者“取不伤廉”,“非分之得”,取之则成“贪”。

在道德伦理方面,“廉”与“清廉”、“廉洁”合而为“方正”,亦为有“气节”,是受赞誉的品格,这样的人,史册多有记载。相反,“贪赃枉法”多是用“不道德”或“非法”手段获取“不当利得”,史册中也有许多有名的“大奸大恶”。两者相比,可以看出“好人”与“坏人”之别,一是“留芳百代”,一是“遗臭万年”。二者在当时的遭遇可能会颇有不同:“廉洁者”可能因

“持正不屈”，落得屈居人下，贫苦困顿；“贪渎者”可能一时“趾高气扬”，攫夺名位者可能“位高权重”、仗势横行，聚敛财物者可能“富可敌国”、奢侈无度。史书中都不乏其人，但要看他们最后落到什么下场！

教育者要使学习者明白如何取舍，是“持正”还是“纵欲”？从日常生活中许多细节，如“取和予”上，便不难看出“廉”与“贪”的举动。如果看到有“不当处”，便要温和而详细地分别说清楚。

就“耻”字来说，这是只有人知道的一个字。道德伦理是“做人”的规范。这规范指示人有“当为”和“不当为”。“当为而不为”，可耻；“不当为而为之”，同样可耻。前述明善恶、辨是非、持廉去贪，便是“知不知”与“有没有”这个“耻”字的指标。

世道衰微、世风日下之后，从有些人的表现或行为即可以见出“耻”字不在其心目中；等而下之者，更以“可耻的”表现作为“哗众取宠”的手段。于是伤风败俗者有之，违法犯纪者有之，羡慕“无耻的成功者”有之，率意模仿无耻者更大有人在。管子说：“礼义廉耻，国之四维，四维不张，国乃灭亡。”一个国家的兴亡，首先有赖于国民明廉知耻。孟子所说的人之异于禽兽者几希的“希”字，就在人知耻与否，就在人“有耻”与“无耻”上。

教育者应该使学习者明白知道：人之所以为人，在“自爱”而“自尊自重”，学习保持人异于禽兽的优点，要“取法乎上”，“勿盲从流俗”而“自甘堕落”。尤其要“避免”追求“时尚”。因为时尚如同一阵风，过眼即逝，而人生可以长达百年，唯有“屹立不摇”者，才能安身立命。

《论语》和《孟子》中，对“耻”字多有说明，试举几则简易的以为例。

> 古者言之不出，耻躬之不逮也。（《论语・里仁》）

这句话中的“躬”字，是指“自身”，也就是“自己”。古人“重然诺”，即是说古时人重视“答应别人的话”，如答应了就一定要做到，对自己不一定能做到的，就不随便答应。和这两句话内涵相似的就是不随便说“要做什么”，因为说出来而做不到乃是“可耻”的。一般人都轻视“言不顾行，行不顾言”的人，认为这样的人“没有信用”，即是说其人格有问题，问题就在其“不知耻”上。

君子耻其言而过其行。(《论语·宪问》)

这是说君子对“做不到”的事，不说“满话”，因为那是“可耻的”，和“惯说大话”而说了不做的，没有什么差别。学习者少不更事，往往自以为无所不能，把事情想得过分容易，不会深思熟虑，常常是“轻易出口”，而忘了做不到时，自己将要“蒙羞”(羞与耻相连)。

人不可以无耻，无耻之耻，无耻矣。

耻之于人大矣。(《孟子·尽心上》)

这是说，人要有“羞耻心”，有羞耻心才有所为并有所不为。人而“无耻”，可能“好事不做”，不好的事却无所不为。无耻之可耻，是“真正的不知耻”。所以这个“耻”字，就是使人免于堕落的金科玉律。

学习者常为受到教育者的责罚而觉得“失了面子”，也会因受到别人的轻视而觉得“没有面子”。“要面子”就是怕“蒙上羞耻”，可以说是“有羞耻心”。实际上“耻不耻”还是由自己造成的。如果不愿蒙羞，就要自己“管束”自己，“做应该做的”，“不做不该做的”。要知道感到自己可耻时，乃是自己“良心”不安，自己的“羞愧”比别人的责难更难忍受。教育者最好利用这份“羞耻感”，“唤醒”学习者自己“戒慎恐惧”，行动时力求“避免”自己“心生愧耻”，才能坚定意志，为所当为，不为所不当为。为与不为，“耻”字有指引作用。

三、考查验证到“主动做好”出现

学习者的学习，是随时进行的，与时间共同进行。要知道学习的情形，率直地说，教育者必须随时考查验证学习者的实际行动，因为不是教过或说过就必然生效，许多学习项目的“成效”，常要假以时日，直到学习者“主动做到”，才是“学到了”，才是“教育”成功了。所以在学习者学习的过程中，不是“教过”就算“任务完成”，必待实际证明学习者“主动做到”，才算“成功”。因而考查验证是教导后必不可少的工作，必须确实实行。

（一）考查验证

教育工作的“教”，长久以来，只在“口头”，即是“言教”。至于学习者是否“依教而行”，是否“做到了”，便不再过问。道德伦理教育的无效，就在于此。

教育者的“责任”，要在督促学习者在“秉承教言”之后“见诸实行”，且“彻底实行”，才算“贯彻”了责任。故而教导后，还有“长时间”的工作要做，即是还要“继续”观察，随时注意学习者的行动，最好做成记录。如此教育者的眼睛，就要常常跟随学习者，在“自然”的情况下，注意其行动表现；但并非像“执法者”的“监督”那样，以免引起学习者的警惕甚至反感。

“观察”的注意点，最好在学习者能“自由表现时”。这种时候可见的，一种是“常见的”不合道德伦理的行为。如是“初次”发现，应予温和的教导；此后便要特别注意观察，如果“再犯”，可以一面警告，一面鼓励其努力自行检点。一种是“一个人经常”表现的，甚至是同样的不合道德伦理的行动。对这样的情形，要绝对避免“不耐烦”以至“愤怒”，反而是更为温和、慈祥，表示关切，有时只用一种“爱怜”的眼光看他，使他生出“愧悔”，持之以恒，也就是“感而化之”，即是“教化”。

“观察”是随时“留心”学习者的言语行动。需要注意的是，“勿使”学习者知道他是在“被监视”。如此做的道理是，良好的行为习惯见于日常生活中“不经意”的表现（不是有意地做给人看），这样的表现才代表其真正的意向，所以经常表现在一些最细微之处，如一句无心的话，一个随便的行动。对这种情形，以不破坏当时的气氛为主，可以“温语”略加“点醒”，嘱其以后留意；也可留待“闲居”或其他适合时间，随机“解说”，告以

“适当”的表现方式，无须用“责备”的口吻。不当时指点，留待事后再说的，就要教育者“切记勿忘”(忘了等于漏掉一个教育事项)。

“观察”要持续不断，就是因为习惯的养成，是需要对一个行动永远保持一个固定方式，长久以后，“自然”地表现出来，才是习惯。学习者对学习项目，常要不断练习，才能熟练。读书是如此，行动和技巧更是如此。所以观察并非只是看，而是要知道一个良好的行为是否“毫无例外”地连续出现，即是要加以“验证”。必待“一出现”就是“固定的正确方式”，才是“积已成习”。

道德伦理的行为习惯成立后，并不止于外在表现，犹如“礼貌”的表现般，还要由外而内，深入心中，即是“不这样”便使自己“不习惯”，其实就是感到“不舒服”。违反道德伦理习惯的不舒服，乃是“良心不安”。须使学习者领会“谎骗”似乎能得到“安逸”或“如意”，实则“内心”并不安宁。例如令其回想第一次说谎时，心中是否忐忑不安，纵使“蒙骗”成功，在“得意之余”，是否仍觉“有愧于心”。果真如此，即可告以“良心的自责”，其“难堪”的程度，胜过外在的责罚，这就是“道德伦理”的力量。如其有此种切身的体验，可以使之回忆自己的心理历程，以求感悟。也可借一些类似的表示“忏悔”的事例，使学习者明白道德伦理对自己的作用。

(二) 鼓励“主动”出现

道德伦理教育在“实践”，即是要使学习者学习之后“实际做到”，做到“应该的”，绝不做“不应该的”。做与不做，开始时需要教导，然后需要监督验证。监督验证并非出于“主动”。一旦外在的“强制”力量解除，将又回复到原来的“我行我素”的状况，

长久以来，可能是教育者“过分”负责，把学习者永远置于自己的“教诲”之下，教导与督促不遗余力，忽略了“培养主动能力”。似乎“放任”是自己失职，“不管”就“不放心”。(实际上，人生本来就有若干应守的秩序，幼年的受教育者应该早培养秩序生活。学生守秩序的习惯要在学校

中培养。“秩序”是学校对学生的“必需”的要求与训练，必须使学生成为习惯。校内如此，校外亦然）

道德伦理经过学习之后，必须“实际做到”，才算完成了学习历程。教育者也只有看见学习者“做到了”，这项教育工作才算彻底。

所谓“看见学习者做到”，不是在“明显的监督”下做的，那是在“强制”下，“不得已”而做的表面表现，其“做”非出本意。必使其在“自由”的情况下，发自内心地“自动”做出，其行为才出于自身，才是“主动”。而培养这种主动作用，即是教育者不容再忽略的责任。

实际上，培养学习者主动表现符合道德伦理的行为习惯，从开始教导，经过中间的考查验证，到自动做出，乃是一贯的。即是教导之后，便要开始观察，以观其是否已经实行。习惯是经过若干次重复动作，直到自然而然地做出来才成为定型。观察验证是教导的后续活动，要在看到学习者知而不行时，立即加以矫正，因为学习者尚未形成习惯。有些学习者往往要经过多次“矫正”，到其有了“自行警惕”的意识时，“再犯”的次数才可能减少，但还未成为习惯。必须要再接再厉，再观察一段时间，直到不当行为不再出现，才可相信教育已有相当效果，但教育工作尚未结束，而是要考查其观念是否已经确定。

要知道学习者的道德伦理观念是否已经确定，除了可见的行为之外，还要知道其对这种行为的“意见”。最简单的了解方法，是令其比较“道德”与“不道德”的差别，并说出何以“不道德”为“非”；且可进一步令其举出所知的不道德事实，鼓励其加以判断。如其判断正确，可以相信其学习已深入心中，内在观念与外在行为相合，此后会“主动”地做出合乎规范的行为，才表现出已接受道德伦理，而能“自动”地服从道德规范，相信“自己”要做“一个好人”才要如此做，并非别人强迫。同时了解教育者是为“自己好”才有那么多教导活动，不但不会“怨恨”，反而可能生出“感激之情”。

教育者在教导的过程中，开始时固然要用一些“强制”措施，但在强制的同时，还要鼓励“主动力”。因为人和动物之别，就在人有“自作主宰”的特征。幼儿不听话，即是受其“主动倾向”作用的表现。但幼儿并不知道何时可以自作主张，才有“乖拗”的表现。若教育者一味强迫其听话，压抑其正当的主动力，便是一种错误。教育应当引导“主动力”正当发展，才是“人的教育”而非“训练动物”。

结　语

道德伦理中外一体，由深思的智者提出，在人群是人的行为规范；论道理则可上通于天，扩大到宇宙，是自然整体秩序之所在。

在宇宙万物中，只有人知道道理，讲究道理，而且以行为合乎道理为尚。道德伦理就是由于人认为自己在万物中出类拔萃，有异于禽兽，且要在群体中谋生，每个人都要知道如何与别人相处，以得到自己生活之所需，于是出现人人都要信守，且人人都能接受的一些行为规范，即是道德伦理的内涵。

综观中外史实，自古以来，道德伦理的目的，就是在人类群体之中，希望人人在公平、公道、仁慈的基础上，互助互信，和谐地共同生活。

但是群体之中的每一个人，都是一个“单独”的个体，具有生物性个体求生的本能。个体为了延续生命，当然以自己为先。进步到要在群体中求生时，先顾自己的本性仍在。只是在这样的情况中，一个人要顾自己的生活、自己之所需，却不能仅靠一己之力就能完成，而是要依赖于他人。而别人是否肯帮助，就要看那人是否甘愿。如果那人也为自己的生活设想而不肯，遂生出“强行”攫夺的事来，而造成人与人的争斗。

历史记载中人与人相争的事实不胜枚举，除了生活直接的需要之外，又生出争钱财、争名分、争权力等等。其结果，重则杀人盈野；轻则有得有失。在这样的“争”中，破坏了“正义”、“公平”与“公道”，更把“仁慈”变成“凶残”而残害“同类”。为了一己的“私利”，不惜“残人以逞”的日渐增多，于是不得不重新考虑道德伦理问题。

人性善恶的争议虽然并无定论，但是在人心之中，有崇尚正义与公平的倾向则是确定的；且在人天生的情感中，有苦有乐，乐是人愿意享有的，苦则避之唯恐不及。人同此心，心同此理。以人所有的仁慈心，发展成为怜悯与同情，乐人之有福，恶人之有祸。从这一点来说，人本来可以使之发展，但却为后天习染所蔽，私心无限扩展，用损人以利己来满足私欲，以致破坏了群体的和谐。

伦理道德就是教人依从规范，以己度人，推己及人；己所不欲，勿施于人。要做到这一点，从幼年开始，就要学习约束自己：做应该做的，不做不应该做的。这项自我约束，并非与生俱来，要在成长的过程中学习才能做到，故而必须借助教育。

人类的教育事实，存在已久。以中国来说，在公元前两三千年已经开始，而且一开始就以伦理道德为要务。行之至今，虽然也有成效，但因实行未曾彻底，并未完全成功。

伦理道德教育未曾完全成功，是因为在物质文明进步过程中，重物质的趋向变本加厉，相对的，道德伦理却日益衰微。这情形不只中国有，西方也是如此。不但中国的教育界如此看，就连西方闻名全世界的大科学家爱因斯坦也在美国伦理文化学会七十五年纪念会的祝词中说：“伦理文化和八十年前（祝词时为 1951 年，八十年前为 1876 年）比较，并无进展。”这似乎是世界性的现象。爱氏在其《论教育》一文中（发表于 1952 年），认为目前学校侧重教“死知识”，以培养“专才”和“技术”为要务；用强制、压迫、权威，使学生在恐惧中学习，痛苦不堪；既未培养学生独立思考的能力，又未启发学生的心灵，更未建立学生“主动”学习的意愿，使得学生无从发展和谐的人格；只是把人当作“没有生命”的工具来训练；训练他们急于完成野心，却从不知道知识种类多不胜数，一个人所应该期望的，是自己能对社会贡献多少，不是斤斤计较获得。最后爱氏总结说：

"没有伦理文化，就无法拯救人性。"

倡言伦理道德的早期名家，如中国的孔孟，西方的柏拉图、亚里士多德、康德等，都认为人要发挥天赋的心灵，不为物质所迷，以创造人类的和谐。所以道德论述成为哲学的一大系统。这个系统，在概念上，中国以道德包含伦理，源自自古以来，即视"道"为最高的原理原则，而伦理以人与人的关系立论。人的关系从血缘开始，以天生的情感为基础，由近而远。西方则以伦理涵盖道德，拓展到各方面，但和道德息息相关。后世西方哲学谈伦理者辈出，观点各异。不过从伦理道德是人和人的行为问题看，"理论"固然各有可取之处，更重要的是"实践"问题。如果认为伦理道德是人应当遵守的规范，如何使人人"信守"无误，才是问题的焦点，这样看便要着眼于教育。

道德伦理教育未曾彻底成功，必须重新考虑。从根本上说，道德伦理不能"徒托空言"，因为论述已经目不暇接，所缺少的在"实践"。如果以为还有人"不知道"伦理道德为何物，则是教育"不完备"。倘若教育确曾"教过了"，学习者却"知而不行"，便是教育的"实施"有问题，这问题应由"教育"负责。

细考中国的道德伦理教育，经过数千年后，"德行的要项"充斥，繁杂得使学习者只管"背诵"尚"力有不逮"，遑论实践！何况教育者只是侧重"讲述"道德的重要，却未"说明"其重要的"道理"；又未"指导"如何实行；更未实际观察监督学习者的实际表现。加以科学技术在学术界独占鳌头后，群趋于利风靡到教育，道德伦理被视为"腐朽烂言"，竟遭唾弃。

作者一向认为教育是"应用学科"，重在"把握真理"，"彻底实行"。所以本书以以下几个重点为核心。

一、道德伦理教育的目的在培养"人的品格"

教育不但教人从事人的生活，也要教人"发展心灵"；且更要教人努力"惠及"人群（全人类）以及宇宙万物。如此便要教人有"宽阔的胸襟"，有前瞻与后顾的能力。“前瞻”在开拓“未来”，为后代子孙谋幸福；“后顾”在维护文化传统，知道“感谢”先民开创基业的辛苦，继承优良的文化遗产，继续开创新文化。二者合起来，便是教人负起继往开来的责任。

相反，要保持高尚的品格，首先就要“避免”使原始本能的求生倾向“演变”成“物质欲望”，并为此而与同类竞争，因利己而损人。

如此则要秉持人所共有的“公平”、“公正”、“公道”与“仁心”的原有倾向。

二、简化道德伦理项目

简化道德伦理项目，可扼要归为仁、义、礼、智、信“五常”。此五者是每个人立身、行事、待人接物的原则；也是每个人寄望于别人待自己的方式，所以是“普遍的原则”。简单地说，“仁”是仁慈，是天地生物并维持万物和谐共存的根本原则，在人所表现的是温馨慈祥。“义”是正直无私。“礼”是以谦虚为怀，敬人、敬事，秉持诚挚与郑重的心意。“智”是根据天生的智慧，在后天增加经验，即“世事洞明皆学问，人情练达即文章”。“信”即是言行一致。

“五常”总括在“仁”与“诚”两大德之中。“仁”涵盖“仁人爱物”；“诚”在坚持“不自欺”、“不欺人”，归结于“不欺心”。这二者实际上可以涵盖“五常”。大而言之，以“仁”与“诚”为本；分而言之，以“仁、义、礼、智、信”为目。其道理在“人同此心，心同此理”的互相“了解”中，“以己度人”可以明白。教育者无须多用“教言”，唯应以启发学习者自行“反省思考”而得作为要务。

三、道德伦理教育的效果在行为表现

道德伦理教育要待学习者能“实际做到”才算教而有成。这是因为规范行为必须经过一再实行，且毫无例外，日久方能成为习惯。在一个规范行为成为“固定形式”之前，必然会有“不合”规范的行为出现，一遇此种情形，就要“立刻”矫正，直到经过若干时日，再也不见“不规”行为，才算习惯建立。习惯建立后，会不由自主地自然出现，此时方能算是“做到”了规范。故而实际做到与否，首先在教育者所见到的事实。“见到”必在教育者“亲眼目睹”。于是教育者的工作是，随时观察，对未做到者相机给予指示与勉励，必待看见“做到”为止。在这个过程中，教育者必须要时时提醒学习者领悟规范的道理，以增加其对规范的认识与信念，培养其“知行合一”的“性格”。

四、培养良好的行为习惯即是品格陶冶

由行为习惯见出品格，但因人出生后，行为出现的时间较晚，所以品格陶冶，必须自出生立即开始。幼年的教养，责任在父母。然而父母常因爱子心切，姑息惯宠，以致不合正当的教育方式。幼年失教，长大后很难弥补。所以道德伦理教育，以家长为“奠基者”。家长失职，养成不肖子弟，不但是家门不幸，也是社会国家的损失。而家长如欲培养优秀的子弟，必须先健全自己，创造和谐的家庭气氛，且要做年幼者的典范。至于托人看护幼儿者，看护者必须具备教育者的条件，也是教育政策所应顾及的。

我国自古便有“教子婴孩”的说法。在早期农业社会中，存在着“三代同堂”的事实。这事实为“新潮流思想者”所诟病。平心而论，其时家庭组织被诟病处，真正的关键即在道德伦理未曾彻底实行。目前的小家庭制下，夫妻不合者，贻患幼年儿童；夫妻皆有工作者，子女缺少亲情的温暖，更失去“适当的教养”。（看护人即使“合格”，也无法使儿童得到来自父母的温馨，儿童的“孺慕之情”得不到满足。做父母者又因此心怀歉疚，相聚时尽量宠惯以为补偿，以致儿童毫无行为规范）

然而自幼的品格陶冶，却是道德伦理教育最基本的工作。在目前情况下，家长、保姆以及幼儿教育者，必须在这方面有适当的了解，熟悉“适当的教育方法”，确实负起应负的教育责任。

五、道德伦理教育须有整体计划

道德伦理教育为“普遍的教育”，教育必须以此为“第一义”，至于知识技能教育，应为“后续”的考核。因为道德伦理的需要有“普遍性”，而且是普遍可以收效的；知识与技能，由于能力有别，各人的成就不同，另是一发展。轻道德伦理教育，而只侧重知识技能，乃是本末倒置。

整体的教育计划，负有指导全国教育者的责任。责任者要有宏观世界的目光，要为发扬民族文化传统负责，要对全体下一代以至下两代负教育的责任。这责任承先启后，乃是一项重任（不能视同“玩儿票”或“变魔术”）。

计划的开始，就要把道德伦理教育作为“普及教育”。其中“教育”固然通常“直指”下一代的学习者，但是“普及”的含义却“兼指教育者”。因为就目前的情况说，负有教育责任的“教育者”，并非全部都能实行“道德伦理教育”的工作；或者把教育的责任都付诸学校，家庭教育早已失去功能，对儿童幼年的品格陶冶已经不存。倘若家庭与学校对道德伦理教育都付诸阙如，要再实行此项教育，势必要在整体规划下，先“培养”教育者。如其缓不济急，也要使培养教育者和学习者的工作同时并进，因为教育者中的幼年教育者，需要学习教育的道理与方法。只有负总责的教育者，才有权力与能力来规划实行。

实际上道德伦理教育者中，除了家长和学校教师之外，全体成年人也都有责任，因为社会上各种各样的人往往形成一种社会风气，而会影响下一代。如果这些人中有行为不合道德规范者，将降低道德教育的效果。为避免发生这种事实，教育责任者还要配合其他行政部门行事。

六、善用培养品格与行为习惯的材料

陶冶品格，始于婴儿期的乐教——聆听柔和的乐声，能使婴儿感到宁静与温馨。歌声乃是人类共同的语言。到幼儿能行动后，便会随着歌声起舞，用来表现心中的愉悦。由衷地感到愉悦，性情的发展便能达到“中和”的地步。我国自从兴起教育，便用乐教陶冶品格。其后乐虽失传，但有其他的乐代之，也不乏陶冶品格的材料（但非指震耳欲聋的流行乐）。

其次是艺术材料。幼儿期的“涂鸦”乃是创造思考发展的黄金时期，供给简单的绘画材料，任其“涂抹”，无须计较优劣，以鼓励其发展观察力与思路为旨。

再次是文学诗词，是自儿童期以后锻炼其表达情感和语文能力的最佳工具；故事中典范人物的言行是激发意志的材料。用歌唱代替背诵，使儿童在游戏的意识中学习，才符合教育的意义。

有关道德伦理教育的材料甚多，包括古今人物故事与事实等，可使有能力的学习者阅读后讲说；使有表演能力者表演故事剧，同时穿插辩论、幽默以提高兴趣，并加深印象。

规范项目应适当地“融入”各科教材中，如是非之理不难融入数学；道德之美在文学之中；史学中有许多道德例证；自然科学中更有爱物惜物的环保知识。善于运用，首先在有心。

参考书目

【中文部分】

一、经部

易经　诗经　书经　周礼　礼记　韩诗外传

二、史部

史记　左传　汉书　国语　历代传记　古今图书集成

三、子部

大学　中庸　论语　孔子家语　孟子　荀子　老子　庄子

墨子　管子　周子通书　张子全书　二程全书　朱子大全

王阳明传习录

四、专著

刘　　向：说苑

刘 宗 周：人谱，商务，1971 年

刘　　卲：人物志，中华，1983 年

刘　　勰：文心雕龙，大夏出版社，1991 年

班　　固：白虎通，广文书局，1987 年

董 仲 舒：春秋繁露，商务，1984 年

南 怀 瑾：论语别裁，老古出版社，1996 年

王 贵 民：商周制度考信，明文书局，1989 年

甘 阳 译：人论(Ernst Cassier 原著)，结构群出版社，1989 年
刘君灿译：人类存在的目的(Einstein 原著)，晨钟出版社，1973 年

【英文部分】

Encyclopedia Britannica, Great Books(GB)
Encyclopedia of Ethics, Garland, NY, 1992
Encyclopedia of Philosophy, Macmillan, 1986 年台湾版
Encyclopedia of Social Sciences, Macmillan.
Aristotle: Ethics, (GB) Vol. 5
Augustine: Vol9
Bentham, J. : The Principle of moral and legislation, 1789
Brinton, C. C. : A History of western morals, 1959
Broad, C. D. : Five types of ethical theory, 1930
Darwin, C. : The descent of man, (GB) Vol. 49
Dewey, J. : Human nature and conduct, 1922
Einstein, A. : Ideas and opinions, 1957
Hume, D. : Treaties of human nature, 1955
Kant, E. : Practical reason, (GB) Vol. 42
Locke, J. : Essay concerning human understanding, (GB) Vol. 35
Maslow, A. H. : Motivation and personality, 1970
Mill, J. S. : Utilitarianism, (GB) Vol. 43
Moore, G. E. : Principia ethica, 1903(Ency. yh)
Plato: Republic, (GB) Vol. 7
Smith, A. : The theory of moral sentiments, (GB) Vol. 39
Spinoza, B. : Ethics, (GB) Vol. 31

凤凰文库书目

一、马克思主义研究系列

《走进马克思》 孙伯鍨 张一兵 主编
《回到马克思：经济学语境中的哲学话语》 张一兵 著
《当代视野中的马克思》 任平 著
《回到列宁：关于"哲学笔记"的一种后文本学解读》 张一兵 著
《回到恩格斯：文本、理论和解读政治学》 胡大平 著
《国外毛泽东学研究》 尚庆飞 著
《重释历史唯物主义》 段忠桥 著
《资本主义理解史》(6卷) 张一兵 主编
《阶级、文化与民族传统：爱德华·P. 汤普森的历史唯物主义思想研究》 张亮 著
《形而上学的批判与拯救》 谢永康 著
《21世纪的马克思主义哲学创新：马克思主义哲学中国化与中国化马克思主义哲学》 李景源 主编
《科学发展观与和谐社会建设》 李景源 吴元梁 主编
《科学发展观：现代性与哲学视域》 姜建成 著
《西方左翼论当代西方社会结构的演变》 周穗明 王玫 等著
《历史唯物主义的政治哲学向度》 张文喜 著
《信息时代的社会历史观》 孙伟平 著
《从斯密到马克思：经济哲学方法的历史性阐释》 唐正东 著
《构建和谐社会的政治哲学阐释》 欧阳英 著
《正义之后：马克思恩格斯正义观研究》 王广 著
《后马克思主义思想史》 [英]斯图亚特·西姆 著 吕增奎 陈红 译
《后马克思主义与文化研究：理论、政治与介入》 [英]保罗·鲍曼 著 黄晓武 译
《市民社会的乌托邦：马克思主义的社会历史哲学阐释》 王浩斌 著

二、政治学前沿系列

《公共性的再生产：多中心治理的合作机制建构》 孔繁斌 著
《合法性的争夺：政治记忆的多重刻写》 王海洲 著
《民主的不满：美国在寻求一种公共哲学》 [美]迈克尔·桑德尔 著 曾纪茂 译
《权力：一种激进的观点》 [英]斯蒂芬·卢克斯 著 彭斌 译
《正义与非正义战争：通过历史实例的道德论证》 [美]迈克尔·沃尔泽 著 任辉献 译
《自由主义与现代社会》 [英]理查德·贝拉米 著 毛兴贵 等译
《左与右：政治区分的意义》 [意]诺贝托·博比奥 著 陈高华 译
《自由主义中立性及其批评者》 [美]布鲁斯·阿克曼 等著 应奇 编
《公民身份与社会阶级》 [英]T. H. 马歇尔 等著 郭忠华 刘训练 编
《当代社会契约论》 [美]约翰·罗尔斯 等著 包利民 编
《马克思与诺齐克之间》 [英]G. A. 柯亨 等著 吕增奎 编
《美德伦理与道德要求》 [英]欧若拉·奥尼尔 等著 徐向东 编
《宪政与民主》 [英]约瑟夫·拉兹 等著 佟德志 编
《自由多元主义的实践》 [美]威廉·盖尔斯敦 著 佟德志 苏宝俊 译

《国家与市场：全球经济的兴起》［美］赫尔曼・M. 施瓦茨 著　徐佳 译
《税收政治学：一种比较的视角》［美］盖伊・彼得斯 著　郭为桂 黄宁莺 译
《控制国家：从古雅典至今的宪政史》［美］斯科特・戈登 著　应奇 陈丽微 孟军 李勇 译
《社会正义原则》［英］戴维・米勒 著　应奇 译
《现代政治意识形态》［澳］安德鲁・文森特 著　袁久红 译
《新社会主义》［加拿大］艾伦・伍德 著　尚庆飞 译
《政治的回归》［英］尚塔尔・墨菲 著　王恒 臧佩洪 译
《自由多元主义》［美］威廉・盖尔斯敦 著　佟德志 庞金友 译
《政治哲学导论》［英］亚当・斯威夫特 著　佘江涛 译
《重新思考自由主义》［英］理查德・贝拉米 著　王萍 傅广生 周春鹏 译
《自由主义的两张面孔》［英］约翰・格雷 著　顾爱彬 李瑞华 译
《自由主义与价值多元论》［英］乔治・克劳德 著　应奇 译
《帝国：全球化的政治秩序》［美］麦克尔・哈特［意］安东尼奥・奈格里 著　杨建国 范一亭 译
《反对自由主义》［美］约翰・凯克斯 著　应奇 译
《政治思想导读》［英］彼得・斯特克 大卫・韦戈尔 著　舒小昀 李霞 赵勇 译
《现代欧洲的战争与社会变迁：大转型再探》［英］桑德拉・哈尔珀琳 著　唐皇凤 武小凯 译
《道德原则与政治义务》［美］约翰・西蒙斯 著　郭为桂 李艳丽 译
《政治经济学理论》［美］詹姆斯・卡波拉索 戴维・莱文著　刘骥 等译
《民主国家的自主性》［英］埃里克・A. 诺德林格 著　孙荣飞 等译
《强社会与弱国家：第三世界的国家社会关系及国家能力》［英］乔・米格德尔 著　张长东 译
《驾驭经济：英国与法国国家干预的政治学》［美］彼得・霍尔 著　刘骥 刘娟凤 叶静 译
《社会契约论》［英］迈克尔・莱斯诺夫 著　刘训练 等译
《共和主义：一种关于自由与政府的理论》［澳］菲利普・佩蒂特 著　刘训练 译
《至上的美德：平等的理论与实践》［美］罗纳德・德沃金 著　冯克利 译
《原则问题》［美］罗纳德・德沃金 著　张国清 译
《社会正义论》［英］布莱恩・巴利 著　曹海军 译
《马克思与西方政治思想传统》［美］汉娜・阿伦特 著　孙传钊 译
《作为公道的正义》［英］布莱恩・巴利 著　曹海军 允春喜 译
《古今自由主义》［美］列奥・施特劳斯 著　马志娟 译
《公平原则与政治义务》［美］乔治・格劳斯科 著　毛兴贵 译
《谁统治：一个美国城市的民主和权力》［美］罗伯特・A. 达尔 著　范春辉 等译
《论伦理精神》张康之 著
《人权与帝国：世界主义的政治哲学》［英］科斯塔斯・杜兹纳 著　辛亨复 译
《阐释和社会批判》［美］迈克尔・沃尔泽 著　任辉献 段鸣玉 译
《全球时代的民族国家：吉登斯讲演录》［英］安东尼・吉登斯 著　郭忠华 编
《当代政治哲学名著导读》应奇 主编
《拉克劳与墨菲：激进民主想象》［美］安娜・M. 史密斯 著　付琼 译
《英国新左派思想家》张亮 编
《第一代英国新左派》［英］迈克尔・肯尼 著　李永新 陈剑 译
《转向帝国：英法帝国自由主义的兴起》［美］珍妮弗・皮茨 著　金毅 许鸿艳 译
《论战争》［美］迈克尔・沃尔泽 著　任辉献 段鸣玉 译
《现代性的谱系》张凤阳 著

三、纯粹哲学系列

《哲学作为创造性的智慧：叶秀山西方哲学论集(1998—2002)》 叶秀山 著
《真理与自由：康德哲学的存在论阐释》 黄裕生 著
《走向精神科学之路：狄尔泰哲学思想研究》 谢地坤 著
《从胡塞尔到德里达》 尚杰 著
《海德格尔与存在论历史的解构：〈现象学的基本问题〉引论》 宋继杰 著
《康德的信仰：康德的自由、自然和上帝理念批判》 赵广明 著
《宗教与哲学的相遇：奥古斯丁与托马斯·阿奎那的基督教哲学研究》 黄裕生 著
《理念与神：柏拉图的理念思想及其神学意义》 赵广明 著
《时间性：自身与他者——从胡塞尔、海德格尔到列维纳斯》 王恒 著
《意志及其解脱之路：叔本华哲学思想研究》 黄文前 著
《真理之光：费希特与海德格尔论 SEIN》 李文堂 著
《归隐之路：20 世纪法国哲学的踪迹》 尚杰 著
《胡塞尔直观概念的起源：以意向性为线索的早期文本研究》 陈志远 著
《幽灵之舞：德里达与现象学》 方向红 著
《形而上学与社会希望：罗蒂哲学研究》 陈亚军 著
《福柯的主体解构之旅：从知识考古学到“人之死”》 刘永谋 著
《中西智慧的贯通：叶秀山中国哲学文化论集》 叶秀山 著
《学与思的轮回：叶秀山 2003—2007 年最新论文集》 叶秀山 著
《返回爱与自由的生活世界：纯粹民间文学关键词的哲学阐释》 户晓辉 著
《心的秩序：一种现象学心学研究的可能性》 倪梁康 著
《生命与信仰：克尔凯郭尔假名写作时期基督教哲学思想研究》 王齐 著
《时间与永恒：论海德格尔哲学中的时间问题》 黄裕生 著
《道路之思：海德格尔的“存在论差异”思想》 张柯 著
《启蒙与自由：叶秀山论康德》 叶秀山 著
《自由、心灵与时间：奥古斯丁心灵转向问题的文本学研究》 张荣 著

四、宗教研究系列

《汉译佛教经典哲学研究》(上下卷) 杜继文 著
《中国佛教通史》(15 卷) 赖永海 主编
《中国禅宗通史》 杜继文 魏道儒 著
《佛教史》 杜继文 主编
《道教史》 卿希泰 唐大潮 著
《基督教史》 王美秀 段琦 等著
《伊斯兰教史》 金宜久 主编
《中国律宗通史》 王建光 著
《中国唯识宗通史》 杨维中 著
《中国净土宗通史》 陈扬炯 著
《中国天台宗通史》 潘桂明 吴忠伟 著
《中国三论宗通史》 董群 著
《中国华严宗通史》 魏道儒 著
《中国佛教思想史稿》(3 卷) 潘桂明 著
《禅与老庄》 徐小跃 著

《中国佛性论》 赖永海 著
《禅宗早期思想的形成与发展》 洪修平 著
《基督教思想史》 [美]胡斯都·L. 冈察雷斯 著 陈泽民 孙汉书 司徒桐 莫如喜 陆俊杰 译
《圣经历史哲学》(上下卷) 赵敦华 著
《禅宗早期思想的形成与发展》 洪修平 著
《如来藏与中国佛教》 杨维中 著

五、人文与社会系列

《环境与历史：美国和南非驯化自然的比较》 [美]威廉·贝纳特 彼得·科茨 著 包茂红 译
《阿伦特为什么重要》 [美]伊丽莎白·扬-布鲁尔 著 刘北成 刘小鸥 译
《现代性的哲学话语》 [德]于尔根·哈贝马斯 著 曹卫东 等译
《追寻美德：伦理理论研究》 [美]A. 麦金太尔 著 宋继杰 译
《现代社会中的法律》 [美]R. M. 昂格尔 著 吴玉章 周汉华 译
《知识分子与大众：文学知识界的傲慢与偏见，1880—1939》 [英]约翰·凯里 著 吴庆宏 译
《自我的根源：现代认同的形成》 [加拿大]查尔斯·泰勒 著 韩震 等译
《社会行动的结构》 [美]塔尔科特·帕森斯 著 张明德 夏遇南 彭刚 译
《文化的解释》 [美]克利福德·格尔茨 著 韩莉 译
《以色列与启示：秩序与历史(卷1)》 [美]埃里克·沃格林 著 霍伟岸 叶颖 译
《城邦的世界：秩序与历史(卷2)》 [美]埃里克·沃格林 著 陈周旺 译
《战争与和平的权利：从格劳秀斯到康德的政治思想与国际秩序》 [美]理查德·塔克 著 罗炯 等译
《人类与自然世界：1500—1800年间英国观念的变化》 [英]基思·托马斯 著 宋丽丽 译
《男性气概》 [美]哈维·C. 曼斯菲尔德 著 刘玮 译
《黑格尔》 [加拿大]查尔斯·泰勒 著 张国清 朱进东 译
《社会理论和社会结构》 [美]罗伯特·K. 默顿 著 唐少杰 齐心 等译
《个体的社会》 [德]诺贝特·埃利亚斯 著 翟三江 陆兴华 译
《象征交换与死亡》 [法]让·波德里亚著 车槿山 译
《实践感》 [法]皮埃尔·布迪厄 著 蒋梓骅 译
《关于马基雅维里的思考》 [美]利奥·施特劳斯 著 申彤 译
《正义诸领域：为多元主义与平等一辩》 [美]迈克尔·沃尔泽 著 褚松燕 译
《传统的发明》 [英]E. 霍布斯鲍姆 T. 兰格 著 顾杭 庞冠群 译
《元史学：十九世纪欧洲的历史想象》 [美]海登·怀特 著 陈新 译
《卢梭问题》 [德]恩斯特·卡西勒 著 王春华 译
《自足语义学：为语义最简论和言语行为多元论辩护》 [挪威]赫尔曼·开普兰 [美]厄尼·利珀尔 著 周允程 译
《历史主义的兴起》 [德]弗里德里希·梅尼克 著 陆月宏 译
《权威的概念》 [法]亚历山大·科耶夫 著 姜志辉 译

六、海外中国研究系列

《帝国的隐喻：中国民间宗教》 [英]王斯福 著 赵旭东 译
《王弼〈老子注〉研究》 [德]瓦格纳 著 杨立华 译
《章学诚思想与生平研究》 [美]倪德卫 著 杨立华 译
《中国与达尔文》 [美]詹姆斯·里夫 著 钟永强 译

《千年末世之乱：1813 年八卦教起义》 [美]韩书瑞 著 陈仲丹 译
《中华帝国后期的欲望与小说叙述》 黄卫总 著 张蕴爽 译
《私人领域的变形：唐宋诗词中的园林与玩好》 [美]王晓山 著 文韬 译
《六朝精神史研究》 [日]吉川忠夫 著 王启发 译
《中国社会史》 [法]谢和耐 著 黄建华 黄迅余 译
《大分流：欧洲、中国及现代世界经济的发展》 [美]彭慕兰 著 史建云 译
《近代中国的知识分子与文明》 [日]佐藤慎一 著 刘岳兵 译
《转变的中国：历史变迁与欧洲经验的局限》 [美]王国斌 著 李伯重 连玲玲 译
《中国近代思维的挫折》 [日]岛田虔次 著 甘万萍 译
《为权力祈祷》 [加拿大]卜正民 著 张华 译
《洪业：清朝开国史》 [美]魏斐德 著 陈苏镇 薄小莹 译
《儒教与道教》 [德]马克斯·韦伯 著 洪天富 译
《革命与历史：中国马克思主义历史学的起源，1919—1937》 [美]德里克 著 翁贺凯 译
《中华帝国的法律》 [美]D. 布朗 等著 朱勇 译
《文化、权力与国家》 [美]杜赞奇 著 王福明 译
《中国的亚洲内陆边疆》 [美]拉铁摩尔 著 唐晓峰 译
《古代中国的思想世界》 [美]史华兹 著 程钢 译 刘东 校
《中国近代经济史研究：明末海关财政与通商口岸市场圈》 [日]滨下武志 著 高淑娟 孙彬 译
《中国美学问题》 [美]苏源熙 著 卞东坡 译 张强强 朱霞欢 校
《翻译的传说：构建中国新女性形象》 胡缨 著 龙瑜宬 彭珊珊 译
《〈诗经〉原意研究》 [日]家井真 著 陆越 译
《缠足："金莲崇拜"盛极而衰的演变》 [美]高彦颐 著 苗延威 译
《从民族国家中拯救历史：民族主义话语与中国现代史研究》 [美]杜赞奇 著 王宪明 高继美 李海燕 李点 译
《传统中国日常生活中的协商：中古契约研究》 [美]韩森 著 鲁西奇 译
《欧几里得在中国：汉译〈几何原本〉的源流与影响》 [荷]安国风 著 纪志刚 郑诚 郑方磊 译
《毁灭的种子：二战及战后的国民党中国》 [美]易劳逸 著 王建朗 王贤知 贾维 译
《理解农民中国：社会科学哲学的案例研究》 [美]李丹 著 张天虹 张胜波 译
《18 世纪的中国社会》 [美]韩书瑞 罗有枝 著 陈仲丹 译
《开放的帝国：1600 年的中国历史》 [美]韩森 著 梁侃 邹劲风 译
《中国人的幸福观》 [德]鲍吾刚 著 严蓓雯 韩雪临 伍德祖 译
《明代乡村纠纷与秩序》 [日]中岛乐章 著 郭万平 高飞 译
《朱熹的思维世界》 [美]田浩 著
《礼物、关系学与国家：中国人际关系与主体建构》 杨美慧 著 赵旭东 孙珉 译 张跃宏 校
《美国的中国形象：1931—1949 》 [美]克里斯托弗·杰斯普森 著 姜智芹 译
《清代内河水运史研究》 [日] 松浦章 著 董科 译
《中国的经济革命：20 世纪的乡村工业》 [日]顾琳 著 王玉茹 张玮 李进霞 译
《明清时代东亚海域的文化交流》 [日]松浦章 著 郑洁西 译
《皇帝和祖宗：华南的国家与宗族 》 科大卫 著 卜永坚 译
《中国善书研究 》 [日]酒井忠夫 著 刘岳兵 何莺莺 孙雪梅 译
《大萧条时期的中国：市场、国家与世界经济》 [日]城山智子 著 孟凡礼 尚国敏 译
《虎、米、丝、泥：帝制晚期华南的环境与经济》 [美]马立博 著 王玉茹 译
《矢志不渝：明清时期的贞女现象》 [美]卢苇菁 著 秦立彦 译

《山东叛乱：1774年的王伦起义》［美］韩书瑞 著 刘平 唐雁超 译
《一江黑水：中国未来的环境挑战》［美］易明 著 姜智芹 译
《施剑翘复仇案：民国时期公众同情的兴起与影响》［美］林郁沁 著 陈湘静 译
《工程国家：民国时期(1927－1937)的淮河治理及国家建设》［美］戴维·艾伦·佩兹 著 姜智芹 译
《西学东渐与中国事情》［日］增田涉 著 周启乾 译
《铁泪图：19世纪中国对于饥馑的文化反应》［美］艾志端 著 曹曦 译
《危险的边疆：游牧帝国与中国》［美］巴菲尔德 著 袁剑 译
《华北的暴力与恐慌：义和团运动前夕基督教传播和社会冲突》［德］狄德满 著 崔华杰 译
《历史宝筏：过去、西方与中国的妇女问题》［美］季家珍 著 杨可 译
《姐妹们与陌生人：上海棉纱厂女工，1919—1949》［美］艾米莉·洪尼格 著 韩慈 译
《银线：19世纪的世界与中国》林满红 著 詹庆华 林满红 译
《寻求中国民主》［澳］冯兆基 著 刘悦斌 徐硙 著

七、历史研究系列

《中国近代通史》(10卷) 张海鹏 主编
《极端的年代》［英］艾瑞克·霍布斯鲍姆 著 马凡 等 译
《漫长的20世纪》［意］杰奥瓦尼·阿瑞基 著 姚乃强 译
《在传统与变革之间：英国文化模式溯源》钱乘旦 陈晓律 著
《世界现代化历程》(10卷) 钱乘旦 主编

八、当代思想前沿系列

《世纪末的维也纳》［美］卡尔·休斯克 著 李锋 译
《莎士比亚的政治》［美］阿兰·布鲁姆 哈瑞·雅法 著 潘望 译
《邪恶》［英］玛丽·米奇利 著 陆月宏 译
《知识分子都到哪里去了：对抗21世纪的庸人主义》［英］弗兰克·富里迪 著 戴从容 译
《资本主义文化矛盾》［美］丹尼尔·贝尔 著 严蓓雯 译
《流动的恐惧》［英］齐格蒙特·鲍曼 著 谷蕾 杨超 等译
《流动的生活》［英］齐格蒙特·鲍曼 著 徐朝友 译
《生活的艺术》［英］齐格蒙特·鲍曼 著 仇子明 等译
《流动的时代：生活于充满不确定性的年代》［英］齐格蒙特·鲍曼 著 谷蕾 武媛媛 译
《波德里亚：一个批判性读本》［美］道格拉斯·凯尔纳 编 陈维振 陈明达 王峰 译 李平武 审校
《齐格蒙特·鲍曼：后现代性的预言家》［英］丹尼斯·史密斯 著 萧韶 译
《萨义德》［英］瓦莱丽·肯尼迪 著 李自修 译
《瓦尔特·本雅明：救赎美学》［美］理查德·沃林 著 吴勇立 张亮 译
《未来的形而上学》［美］爱莲心 著 余日昌 译
《文化理论关键词》［英］丹尼·卡瓦拉罗 著 张卫东 张生 赵顺宏 译
《自由的铁笼：哈耶克传》［英］安德鲁·甘布尔 著 王晓冬 朱之江 译
《异端人物》［英］特里·伊格尔顿 著 刘超 译
《当代文化理论》［澳大利亚］安德鲁·米尔纳 著 刘超 译
《感受与形式》［美］苏珊·朗格 著 高艳萍 译
《公共领域的伦理学》［英］约瑟夫·拉兹 著 葛四友 译

九、教育理论研究系列

《教育研究方法导论》［美］梅雷迪斯·M. 高尔等 著　许庆豫等 译

《教育基础》［美］艾伦·C. 奥恩斯坦等 著　杨树兵等 译

《教育伦理学》贾馥茗 著

《认知心理学》［美］罗伯特·L. 索尔索 著　何华等 译

《现代心理学史》［美］杜·P. 舒尔兹 著　叶浩生等 译

《学校法学：案例和观念》［美］米歇尔·W. 拉莫特 著　许庆豫　译

书　　名　教育伦理学

作　　者　贾馥茗
责任编辑　刘国颖
装帧设计　张金风
出版发行　凤凰出版传媒集团
　　　　　凤凰出版传媒股份有限公司
　　　　　江苏教育出版社（南京市湖南路 1 号 A 楼　邮编 210009）
苏教网址　http：//www.1088.com.cn
集团网址　http：//www.ppm.cn
照　　排　南京展望文化发展有限公司
印　　刷　江苏凤凰通达印刷有限公司（电话 025-57572508）
厂　　址　南京市六合区冶山镇（邮编 211523）
开　　本　960×1 304 毫米　1/32
印　　张　9.5
版　　次　2012 年 6 月第 1 版　2012 年 6 月第 1 次印刷
书　　号　ISBN 978-7-5499-1862-1
定　　价　25.00 元
邮购电话　025-85406265，85400774 短信 02585420909
E－mail　jsep@vip.163.com
盗版举报　025-83658837